UNIVERSITY OF NORTH CAROLINA AT CHAPEL HILL
DEPARTMENT OF ROMANCE LANGUAGES

NORTH CAROLINA STUDIES
IN THE ROMANCE LANGUAGES AND LITERATURES

Founder: URBAN TIGNER HOLMES

Editor: FRANK A. DOMÍNGUEZ

Distributed by:

UNIVERSITY OF NORTH CAROLINA PRESS

CHAPEL HILL
North Carolina 27515-2288
U.S.A.

NORTH CAROLINA STUDIES IN THE
ROMANCE LANGUAGES AND LITERATURES
Number 298

ILUSIÓN ÁULICA E IMAGINACIÓN CABALLERESCA EN *EL CORTESANO* DE LUIS MILÁN

ILUSIÓN ÁULICA E IMAGINACIÓN CABALLERESCA EN *EL CORTESANO* DE LUIS MILÁN

POR
IGNACIO LÓPEZ ALEMANY

CHAPEL HILL

NORTH CAROLINA STUDIES IN THE ROMANCE
LANGUAGES AND LITERATURES
U.N.C. DEPARTMENT OF ROMANCE LANGUAGES
2013

Library of Congress Cataloging-in-Publication Data

López Alemany, Ignacio
    Ilusión áulica e imaginación caballeresca en *El Cortesano* de Luis Milán / Ignacio Ló-
pez Alemany
       pages cm. – (North Carolina studies in the Romance languages and literatures ; 298)
       Includes bibliographical references and index.
       ISBN 978-1-4696-0998-0 (pbk.)
       1. Milán, Luis, 16th cent. Cortesano. 2. Courts and courtiers – Early works to 1800.
3. Valencia (Spain) – Courts and courtiers – History – 16th century. I. Title.

BJ1605.L58 2013
946.7'6304-dc23   2013007253

Ilustración de cubierta: Grabados ornamentales de *El Cortesano* de Luis Milán,
Madrid, 1874

© 2013. Department of Romance Languages. The University of North Carolina
    at Chapel Hill.

ISBN 978-1-4696-0998-0

IMPRESO EN ESPAÑA

PRINTED IN SPAIN

ARTES GRÁFICAS SOLER, S. L. - LA OLIVERETA, 28 - 46018 VALENCIA
www.graficas-soler.com

A mis padres y hermanos,
por llenar la casa de libros viejos para leer.

ÍNDICE DE CONTENIDOS

AGRADECIMIENTOS

P ARA ser verdaderamente justos sería necesario comenzar con María de la O, monja de la Compañía de María de San Fernando (Cádiz), que me enseñó a leer cuando aún estaba en el preescolar. Después habría de continuar con un rosario de profesores desde el Colegio Nuestra Señora del Carmen en Madrid y de la Facultad de Filología de la Universidad Complutense de Madrid. Por último, debería incluir numerosos compañeros, amigos, colegas y estudiantes, con que me he encontrado tanto en Madrid como en la Universidad de Duke (Durham, Carolina del Norte), la Universidad de Carolina del Norte en Greensboro y en varios congresos, bibliotecas, archivos, etc. De todos he aprendido y aprendo mucho; con todos disfruto charlando de libros... o de fútbol.

Sin embargo, de entre todas estas personas, me enorgullece poder llamar maestros, mentores y amigos a Isabel Colón Calderón, Margaret R. Greer, Frederick de Armas, Charles Davis y Anne Cruz. La generosidad y la paciencia de todos ellos conmigo es una lección de vida que va mucho más allá de los estudios hispánicos, la filología o la teoría literaria.

Es también de justicia, y es tarea que hago con gran gusto, agradecer al "Program of Cultural Cooperation Between Spain's Ministry of Culture & United States' Universities" la concesión de una beca que me permitió investigar en España durante el verano de 2010. La Universidad de Carolina del Norte en Greensboro ha sido también muy generosa en la concesión de sendas becas de "Summer Excellence" y "New Faculty Grant," con las que logré concluir las lecturas necesarias para este libro en el verano de 2011. Además de estas becas, mi universidad también hizo el gran esfuerzo –en los difíciles tiempos económicos que atravesamos– de liberarme durante un semestre de tareas docentes y administrativas, para poder finalizar la redacción de este libro.

También querría agradecer a las revistas *eHumanista* y *La Corónica* por permitirme publicar aquí una reelaboración y expansión de trabajos que ya aparecieron anteriomente en sus páginas.

Por último, el mayor agradecimiento se lo debo a mi mujer, Amy Brabeck, que me aguanta todos los días y que, sin duda, agradece también la finalización de este libro, a la vez que empieza a temer la preparación del siguiente.

CAPÍTULO 1

INTRODUCCIÓN
LA CORTE EN LA HISTORIOGRAFÍA Y EN LA CRÍTICA LITERARIA

A PESAR del éxito contemporáneo de los estudios cortesanos en la investigación histórica, lo cierto es que la corte –tanto real, como noble, o eclesiástica– había sido una de las instituciones del Antiguo Régimen más incomprendidas y despreciadas por la historiografía hasta las décadas de 1980 y 1990. Actualmente, no sin un cierto retraso, la crítica literaria apenas empieza a valorar la naturaleza de cierta literatura pensada, escrita, leída y recitada para disfrute de la sociedad cortesana, así como las necesarias consecuencias que de su condición áulica habrán de seguirse en la edición, lectura e interpretación de esos mismos textos. A causa de ese olvido crítico, y antes de poder pasar a mayores complejidades sobre el papel desempeñado por el mundo palaciego dentro de la historiografía y la crítica literaria moderna, tal vez sea pertinente realizar algunas aclaraciones –pocas– sobre el significado de la propia noción de corte y su desarrollo moderno.

En castellano, el término aparece definido por primera vez en la segunda mitad del siglo XIII, en concreto, en la segunda de las *Siete Partidas* del rey Alfonso X,

> Corte es llamado el logar do es el rey e sus vasallos e sus oficiales con él, que le han cotidianamente de aconsejar et de servir, et los otros del regno que se llegan hi, ó por honra dél, o por alcanzar derecho o por facer recabdar las otras cosas que han de veer con él: et tomó este nombre de una palabra de latín que dicen *cohors*,

13

> que muestra tanto como ayuntamiento de compañas, ca allí se
> allegan todos aquellos que han á honrrar et guardar al rey et al
> regno. Et otrosí ha nombre en latín *curia*. (II, título IX, ley 27;
> 82-83)

La fragmentación del poder público que supuso la feudaliza-
ción de la sociedad medieval, hizo que los términos latinos *cohors* y
curia, diferenciados en el mundo romano, se resolvieran en las lenguas romances en un único vocablo dual en sus significados. Como
consecuencia, en castellano, la palabra "corte" empezó a utilizarse
tanto para hablar de una localización espacial (*curia*), como para
designar al conjunto de personas que rodeaba al monarca (*cohors*).
Estas personas, se clasificaban en tres grupos: los vasallos, a los cuales las mismas *Partidas* (IV, título 25, ley 1) comparaban con el vaso
de barro en manos del alfarero pues, como el artesano, el rey podía
hacer y deshacer con ellos según su gusto; un segundo grupo de oficiales con un encargo o trabajo asignado para el mantenimiento de
la casa y, por último, un conjunto heterogéneo de personas que acu-
dían y permanecían más o menos tiempo junto al rey con intención
de medrar o de alcanzar algún favor. Sin embargo, en su asepsia legal, esta definición no atiende a aquello que se escapa de la mera
organización de personas en un lugar determinado: la capacidad de
la corte para atraer a las personas con ambiciones políticas o sociales, a aquellas de mayor talento artístico y, como consecuencia, su
posición en el centro de la rivalidad entre pares, de las disputas por
el poder, de las relaciones de clientelismo y mecenazgo, de las aspi-
raciones, esperanzas, pasiones, vicisitudes y fracasos de los cortesanos. Además de todo ello, la corte funcionará como una escuela en
la que se habrá de aprender toda una nueva suerte de mecanismos
de defensa y de medro con los que tratar de sobrevivir en la sociedad áulica. En cierta manera, como escribe Marcello Fantoni, "the
court is a centre of cultural production aimed at the 'fabrication' of
majesty" (2), con todas sus consecuencias culturales, pero también
sociales.

Nuestro llamado prohombre del teatro, Juan del Encina, en uno
de sus poemas de circunstancias define la corte de una forma muy
similar a como aparece en las *Partidas*, "[a]llí es corte real / donde
el rey y reina fueren" ("Porque algunos le preguntavan" v. 11). No
obstante, unos versos más adelante, sabedor que esa respuesta no
podía satisfacer la curiosidad de aquellos que le preguntaban, conti-

núa con una serie de comparaciones en las que se pone de mani-
fiesto el poder simbólico que emana del monarca y de su corte, a la
que el poeta describe como un cielo del cual los reyes son el norte
(vv. 37-38) y como un enjambre de abejas tras su rey (vv. 46-47).
Por último, la corte es "fuente de discreción" (v. 73) y, los hombres
y mujeres de palacio, "un gran primor de gente" (v. 82). Sin embargo, como él mismo reconoce, ése no es sino el "haz" de la hoja, por
lo que hacia el final de la composición nos muestra también su "envés." Es decir, el "bivir muy trabajoso" que es la corte para el que
quiere negociar en ella (v. 128), o la "muy desesperada vida" (v.
150) que supone para el que acude a ella a buscar un favor que no
consigue. Finalmente, resume, "aunque está de bienes llena, / cada
qual, según le suena, / tal sonido della da" (vv. 178-80).

Pero si la disquisición de Juan del Encina en este poema circunstancial "Porque algunos le preguntavan qué cosa era la corte y
la vida della" es, fundamentalmente, positiva y halagüeña hacia la
institución y los monarcas a los que aspiraba a servir, este sentimiento está muy lejos de ser compartido de forma unánime entre
sus contemporáneos. Uno de los más críticos será Bartolomé de Torres Naharro, que trueca el entusiasmo del salmantino por un acer-
bo reproche en su comedia *Jacinta*. En ella, el caballero "Jacinto" se
queja extensamente de este tipo de vida que, según él, coloca al cortesano a la intemperie frente a los caprichos, manías y gustos del
rey, sin que ningún mérito objetivo juegue un papel relevante a la
hora de ganar su favor:

> Oy en las cortes rëales
> no vemos usar virtud,
> mas con gran solicitud
> ensayar cuentos de males,
> por tavernas y ospitales
> valientes honbres guerreros,
> y en lugar de los leales,
> susceder oy los parleros;
> que los grandes cavalleros
> estiman en sus secretos
> los traydores por discretos,
> y los buenos por grosseros.
> Si con un señor entráis,
> mil servicios le haréis,
> mas todos los perderéis

> por un yerro que hagáis.
> Si perdón le demandáis
> de cualquier quexa que tenga,
> por demás os fatigáis
> como a él no le convenga.
> Y a la corta o a la luenga
> reniego del mejor d' ellos,
> pues he de servir a ellos
> y buscar quien me mantenga. (I: vv. 37-60)

Éstas son dificultades a las que, de alguna manera, ya aludía Juan del Encina. No obstante, lo que varía notablemente de uno a otro es el tono y el punto de vista. Mientras el primero escribe desde la perspectiva del que aún se encuentra "haciendo la corte" y con una posición estable como horizonte de su ambición, Torres Naharro ya se ha cansado de esperar y ver que, tras largos años de servicio, su condición no mejora. Más duro aún será el poeta valenciano Cristóbal de Virués que, en su tragedia *La gran Semíramis*, hace que Celabo, el valiente capitán reconvertido en cortesano, lance una diatriba de la corte en la que ésta queda resumida en un "caos" que "se compone / de todo cuanto la quietud destruye" (III, vv. 1830-31).[1]

Estos ejemplos de nuestra temprana literatura cortesana muestran la complejidad intrínseca de los estudios áulicos una vez que escapamos de la simple descripción legal para adentrarnos en el análisis de la vida en el interior de sus cortes. Es evidente que la definición del texto alfonsino, aunque exacta, resulta insuficiente para el estudio de la experiencia viva. Tal vez por esa dificultad, un cortesano inglés confesaba su incapacidad para explicar –más allá de las frías definiciones legales– en qué consistía verdaderamente la corte, y admitía: "in the court I exist and of the court I speak, but what the court is, God knows, I know not" (*apud* Griffiths 67).

La naturaleza amorfa de la corte moderna y maquiavélica no es, en absoluto, fácil de descifrar. En ella los egoísmos, la simulación, la prudencia calculadora, los gestos, las insinuaciones, las miradas, las amistades y las alianzas estratégicas se han convertido en "virtudes" necesarias para la consecución de todo poder en el palacio, e inclu-

---

[1] Para una perspectiva crítica de esta obra desde el punto de vista de los estudios de corte, véase Ignacio López Alemany "La configuración cortesana."

so para la supervivencia en la sociedad. Hasta bien entrado el siglo XX, sin embargo, esta institución, que tanta influencia había tenido en el desarrollo político, cultural y religioso de Europa, se trataba de un objeto sin interés para los historiadores; un campo marginado por las grandes corrientes historiográficas que, por el contrario, preferían privilegiar en sus estudios la naturaleza mensurable de la administración burocrática frente a la difícil documentación y valoración de un rumor detrás de las cortinas, un gesto durante un banquete, o el valor exacto de la proximidad al rey. Por esta razón, el recorrido de la historiografía de la corte es aún breve, aunque intenso.[2] Cesare Mozzarelli alertaba del tiempo que era necesario recuperar cuando reconocía en 1983 que, hasta entonces, la corte había sido un campo de trabajo casi virgen para el historiador,

> si tratta d'un tema inesistente, e quindi intrattabile dal punto di vista della storia cosideratta generale: più di qualche cenno incidentale, di qualche battuta stereotipada (e stereotipada negativa), nella storiografia non si pùo trovare. ("Prince e corte…" 237)

Los prejuicios decimonónicos despreciaron cualquier referencia a todo aquello que rodeara a la persona del monarca durante el Antiguo Régimen. Para la historiografía de entonces, la investigación de los mecanismos por los que se regían las relaciones personales de la corte carecía de sentido. Para ellos, el estudio histórico debía consistir, fundamentalmente, en el cómputo, descripción e interpretación de las acciones de los "grandes" personajes y sus *res gestae*. Estos objetos de estudio eran fácilmente analizables de un modo positivo y, pensaban, facilitarían el desarrollo de una historia más objetiva, una ciencia fundamentada en datos ciertos. No obstante, este intento no podría deshacerse nunca de los prejuicios de una cierta teleología implícita que Walter Benjamin denominó la "historia de los vencedores."

Esta historiografía creía que mediante la realización de una investigación adecuada y con el rigor propio de las ciencias naturales, sería posible erigir un templo de conocimiento sostenible a perpetuidad. Sin embargo, la linealidad de estos presupuestos metodoló-

---

[2] Para un detallado resumen de la trayectoria historiográfica de la corte en España, además de una extensa bibliografía que comprende hasta el año 2003, ver Pablo Vázquez Gestal, "La corte en la historiografía modernista española."

gicos quedó rota en el siglo XX con las dos guerras mundiales, el nuevo papel de Europa en el concierto internacional, y la propia fragilidad de sus instituciones políticas contemporáneas. Asimismo, conforme esta ruptura se iba consolidando, se desarrolló un creciente interés por encontrar formas de legitimación, organización y distribución del poder alternativas al modelo del Estado. Es entonces cuando se empezó a examinar y revisar la relación entre Estado Moderno y el poder, y cuando valores como la "casa," la "amistad," el "clientelismo" y otros sistemas informales de poder fueron descubiertos y comenzaron a adquirir cierto protagonismo historiográfico.

Como fondo del resquebrajamiento del modo de hacer historia en el siglo XIX se encuentra la ruptura del mito del "progreso" como creencia de que el devenir histórico es un continuo con un propósito interno y un destino final. De una manera similar a como el *movimiento del tiempo* –lineal y en un solo sentido– había formado parte integrante del pensamiento religioso y político del mundo occidental desde prácticamente su origen, así había escrito su propia historia. El rápido desarrollo tecnológico occidental había propiciado el pensamiento de que las máquinas, con la velocidad de sus ruedas dentadas, nos traerían en cualquier momento la resolución del misterio de la ciencia.

Hoy, la anterior intangibilidad de la verdad como destino del pensamiento lógico ha sido derrotada, e incluso demolida a favor de una verdad supuesta, débil, como la que defiende Gianni Vattimo (*El fin de la modernidad*) o, aún más radical, por la negación de la misma polaridad verdadero/falso en autores como Paul Veyne, para favorecer una producción que se considera meramente "existente" (*Cómo se escribe la historia*). Según Morin (250), la verdad científica –y por tanto la historiográfica– ya no existe de forma unificada, sino en miles de pedazos inaprensibles, temporales, circunstanciales, pragmáticos, secundarios y, en cualquier caso, incapaces de saciar el ansia de saber del ser humano.

De forma paralela, conforme el pensamiento liberal y los estudios de teoría política han desarrollado sus postulados y el profundo calado de los distintos existencialismos se ha ido asentado, el pensamiento posmoderno ha renunciado a la construcción de grandes teorías o, al menos, ha desistido de buscar explicaciones universales. La historia como decurso unitario se ha deshecho en favor de una colección de imágenes del pasado que se proponen desde diversos puntos de vista, sin que ninguno prevalezca sobre otros, conscientes de que ya no es posible –y no existe– un punto de arranque inmaculado desde el que componer el edificio del conocimiento (Garay 25-35). Se ha renunciado a la creencia de que es posible encontrar un punto de partida objetivo –el dato positivo, la lucha de clases, el inconsciente, el feminismo, etc.– desde el que poder dar una explicación global a los fenómenos culturales. No se ha renunciado al saber, sino al querer saberlo todo. Ya no hay axiomas incuestionables –inderivables, diría Wittgenstein–, sino puntos de partida elegidos de forma libre y que, sin vergüenza alguna, se aceptan como más o menos arbitrarios.[3]

Asumir que el punto de vista propio, re-delimita y redefine el objeto de estudio de todo investigador en cada una de sus observaciones científicas hace posible la convivencia de la ingente multiplicidad interpretadora en que vivimos hoy (Meyer Schapiro 51-8). Dentro de este contexto y desde la honesta asunción de estos presupuestos es donde la obra de Derrida alcanza todo su sentido y valor para la historiografía. El teórico francés lucha por encontrar un "non-site," un lugar fuera de todo lugar, desde el que iniciar un cuestionamiento total del desarrollo del pensamiento racional (116). Sin embargo, por su propia naturaleza, esa búsqueda de un "no-lugar" desde el que observar la realidad, estaba abocada –de un modo casi trágico– al fracaso, o a enredarse en juegos de malabarismo y prestidigitación lógica como finalmente ha ocurrido.

Este nuevo contexto cultural e intelectual ha traído consigo una profunda revisión del papel desempeñado por la corte dentro de la dinámica política y cultural durante la primera modernidad. Las estructuras del poder han sido redefinidas y flexibilizadas para incluir el "poder informal" que se deriva de las relaciones interpersonales de mecenazgo, clientelismo y dependencia; conceptos hoy esenciales para comprender la práctica efectiva del poder tanto dentro del "círculo de la corte" como del "círculo de gobierno," cuya distinción, en ocasiones, es inútil intentar llevar a cabo.

Los estudios áulicos, primero en el mundo anglosajón e Italia y, más tarde extendidos ya de forma global, tienen desde su origen un interés interdisciplinar que ha facilitado una aproximación entre los

---

[3] Según Wittgenstein esta tarea sería además de todo punto imposible puesto que "[t]odas las proposiciones de la lógica son paraiguales; no hay esencialmente entre ellas leyes fundamentales y proposiciones derivadas" (*Tractatus...* 6.127).

estudios históricos y la antropología, la sociología, la filosofía y las respectivas historias del arte, la música y la literatura, etc. En el punto de partida de este deseo de colaboración se encuentra el hecho de que el estudio del poder –actual motor de la historiografía cortesana– atraviesa y se impregna de todas estas disciplinas y, por consiguiente, los estudios de la cultura palaciega han de ser, necesariamente, interdisciplinares. Para comprender las políticas de poder del monarca es indispensable conocer el funcionamiento de la corte y su cultura, entendiendo esta última en un sentido amplio, tal y como se viene haciendo desde los estudios de la nueva historia cultural y los estudios culturales. Esto es, dentro de este concepto de cultura se ha de incluir también elementos que anteriormente habían sido desdeñados por considerarse simple acompañamiento o guarnición de lo que se consideraba el verdadero poder. Así había sucedido con el ritual, la etiqueta, los gustos artísticos, el cuidado del cuerpo, la conversación, el manejo del espacio y el tiempo destinado al ocio que, poco a poco, han ido siendo recuperados incluso para el gran público gracias al interés que han despertado estudios –como los que pusiera de moda Georges Duby– dedicados a la "vida privada" de distintos colectivos sociales de la época. Si anteriormente para la historiografía éstas no eran sino curiosidades, u oportunidades para juzgar y tachar a los monarcas y a su círculo íntimo de manirrotos o inmorales, ahora estas mismas manifestaciones han adquirido entidad propia dentro de la investigación histórica hasta constituirse en un vigoroso subgénero que comienza también a encontrar su lugar dentro de la crítica del arte y de la literatura.

Hoy, gracias a la progresiva asimilación de las investigaciones paneuropeas de Norbert Elias en torno a la corte (*The Civilizing Process*; *La sociedad cortesana*), sabemos que todas estas muestras de la cultura palaciega, lejos de estar vacías de contenido, son termómetros eficaces con los que medir la evolución de la sociedad áulica, así como de las relaciones personales de los que en ellas vivían. Ahora entendemos que tanto la etiqueta como el ceremonial eran fórmulas de sometimiento del señor a sus vasallos que, no obstante, podían actuar también de modo reversible ya que, a su vez, limitaban la propia actuación del monarca. Al fin y al cabo, como comenta Saint Simon acerca de Luis XIV de Francia –y acertadamente lo recoge Elias en su *Sociedad cortesana*– "con un almanaque y un reloj, a trescientas leguas de él [el rey] se podía decir lo que estaba haciendo" (178). El propio elogio, la adulación y el perfecto conocimiento del ritual y la etiqueta situaban al vasallo en una posición privilegiada de la que, si era astuto, podía aprovecharse incluso a expensas del propio monarca.

El primer mandamiento de la manipulación cortesana consiste en "dirigir al interlocutor de mayor rango, casi sin que éste se dé cuenta y como espontáneamente, adonde se le quiera llevar" (Elias, *Sociedad cortesana* 147). Algo así parece proponer Torres Naharro en su comedia *Jacinta* cuando el caballero, Jacinto, inquiere al criado, Pagano, acerca de la forma en la que ha de comportarse y hablarle a Divina, dama de palacio que funciona como trasunto dramático de Isabella d'Este, presente entre el público de esta representación. En su respuesta Pagano invita al caballero a hacer uso de las virtudes cortesanas y, por consiguiente, a comportase con la astucia del "raposo,"

> JACINTO
>
> Digo qu' estó dudoso
> de saber hablar agora
> con una tan gran señora
> y ante quien voy temeroso.
>
> PAGANO
>
> Aprende tú del raposo
> que supo al cuervo hablar
> diziendo que era hermoso,
> ¿si sabía bien cantar?...
> Y él començó de gritar,
> y el queso se le cayó
> y el raposo lo tomó
> por su buen lisonjear. (I: vv. 253-64)

Yendo más allá, el saber hablar cortesano, la virtud y la vestimenta, serán tres de las características que mejor definan al caballero en nuestra literatura cortesana. Si se percibe una falta de coherencia entre ellas, una que no se corresponde con las otras dos, entonces la trama se suspende y encamina sin remedio hacia la resolución de ese conflicto. Éste será uno de los *topoi* más repetidos de nuestra literatura clásica, especialmente en la variante de pastores y labradores fingidos. Uno de los primeros y mejor logrados ejemplos (con permiso de Cervantes) se encuentra en la *Tragedia de don Duardos*, de Gil Vicente. Allí, Flérida se sorprende de la falta de adecuación entre el vestido y el habla del recién llegado hijo de los cuidadores de su huerta. Cuando Flérida ya no puede soportar más la confusión que le provoca lo que el corazón le dice y lo que los ojos ven, reprende al hortelano/caballero Duardos y exige: "Deves hablar como vistes / o vestir como respondes" (vv. 744-45).[4] En el pensamiento neoplatónico, los modales de cortesía, el bien hablar, y el ingenio fino –aunque Marcelo en la *Diana enamorada* defienda que también en las espesuras de los bosques y en las rústicas cabañas pueda encontrarse (153)– han de corresponderse con la apariencia física y, ésta, con la calidad moral.

Los modos, las vestimentas, etc., lejos de ser superficiales, juegan un papel esencial en la comprensión del *ethos* cortesano ya que el ser y su apariencia tenderán a fundirse en un único signo. Al margen de esta literatura pastoril y caballeresca, las faltas en los modos, las vestimentas y en la elegancia a la hora de hablar eran unos de los temas más recurrentes de la poesía lúdico-burlesca cortesana. En la corte valenciana del duque de Calabria y Germana de Foix, estos temas encontrarán amplio espacio en la poesía de motes de Luis Milán en *El libro de los motes* (1535) y en *El Cortesano* (1561), y en la obra poética de Juan Fernández de Heredia en sus *Obras* (1562), según podrá verse en el capítulo 4.

En el interior de cada corte las relaciones sociales estaban definidas de un modo muchas veces sutil que requería de un cierto aprendizaje. En la Modernidad, el aprendizaje de sus reglas se hizo progresivamente más complicado, lo que alentaba un sinfín de manuales, libros de avisos, galateos, "labirintos," etc. que, a su vez, alimentaban el continuado éxito editorial de *Il Cortegiano* de Castiglione hasta la llegada de la Ilustración (Capítulo 3). Estos manuales tenían por principal objeto enseñar al sujeto cortés la difícil habilidad de verse a sí mismos en tercera persona en sus relaciones con otros miembros de la corte. Si eran capaces de lograrlo, entonces podían predecir la forma en que su comportamiento sería juzgado por los demás y, así, actuar conforme a ello. Todo ello, naturalmente y a pesar de su complejidad psicológica y tensión que debía suponer este continuo examen interno, había de hacerse con la mayor naturalidad y *sprezzatura* (Snyder 319-20).

El objetivo último de todo cortesano es, al final, encontrar un lugar lo más cercano posible del monarca o del señor, de donde

---

4 Curiosamente, en una copla atribuida a Juan Fernández de Heredia en *El Cortesano*, el valenciano repite casi exactamente los mismos versos "O vestí como habláys / o hablá como vestís" ([S6v]; 468).

emana la fuente más importante del poder. En su defecto, al menos, lograr aproximarse a su círculo más inmediato y esperar que llegue el momento apropiado para volverlo a intentar. Las relaciones entre el señor y el vasallo, o entre el mecenas y su protegido, estaban regidas por un principio no escrito de merced–gracia que, aunque ciertamente rígido, tal vez no lo fuera tanto como en un principio había supuesto Norbert Elias. Elizabeth Wright (13), por ejemplo, ha demostrado que la compañía de un afamado poeta o dramaturgo como Lope de Vega, podía elevar el prestigio y *auctoritas* de su propio mecenas, el duque de Sessa, y así era reconocido por observadores contemporáneos tan agudos como el poeta Francisco de Quevedo. En el caso del dramaturgo de Madrid, la causa de su alto predicamento entre la nobleza no se encontraba en los servicios prestados dentro de la corte del duque, sino en el éxito cosechado entre el vulgo que llenaba los corrales para ver sus comedias. De esta forma, el poeta conseguía escapar de la relación merced–gracia y lograba un relativo equilibrio, una cierta independencia –o, tal vez mejor, de co-dependencia– dentro de la dinámica habitual de relación entre un mecenas y su protegido. Su colaboración en el aumento del poder simbólico del duque, pensaría el Fénix, debía de ayudarle, en último término, a pavimentar su propio camino hacia la corte real una vez que el duque lograse llegar a la intimidad del monarca.

Una centuria antes, y en unas circunstancias políticas y sociales muy diferentes, Juan del Encina debió de pensar de forma similar al creador de la comedia nueva cuando trataba de alcanzar un puesto similar en la corte de los Reyes Católicos. Sus credenciales eran sus buenos servicios al duque de Alba, e incluso a los reyes, amén de un reconocido prestigio como músico y poeta. Uno de sus intentos más claros por lograr su meta puede leerse en el prólogo a su poema "Triunfo de la fama." Allí, tal vez falto de originalidad, sigue el tópico de los poetas con ambición política y se compara con Virgilio para reivindicar la función del poeta "cronista" –y de sí mismo– como sujeto necesario para inmortalizar las hazañas "dinas de perdurable memoria" (301) del rey Fernando y la reina Isabel y, de esta manera, modelar la imagen y la fama de los monarcas para la posteridad. Ambos casos –el de Encina y el de Lope de Vega– no son sino dos ejemplos de ambición cortesana que se repite docenas de veces durante la Edad Moderna y que impregnará sus biografías y su producción literaria, más allá de sus fracasos o éxitos dentro de la corte.

A pesar de ello, y salvo muy escasas excepciones, la corte y la sociedad áulica han sido ignoradas por la crítica literaria hispánica hasta muy recientemente. Tal vez el motivo sea que hasta finales de los años ochenta y comienzos de los noventa no se consolidó en España un interés historiográfico por estudiar el ejercicio del poder en el ámbito de la corte. También debió de influir el pensamiento romántico de que una relación de nuestra más preciada literatura con intereses tan espurios como los de la ambición y el poder pudiera contaminar una supuesta pureza atribuida al objeto artístico. Esta creencia prefiere tomar la "circunstancia" cortesana en que vive el poeta como una elegante capa que se pone sobre los hombros antes de una recitación, o un entorno de producción sin consecuencias sobre ella. De esta forma, tradicionalmente, la crítica ha obviado el especial significado que otorga a una obra dramática el hecho de que ésta se representara, por ejemplo, en el palacio de los virreyes o incluso en el Alcázar real; o el de que una declamación poética tuviera lugar en la "salacorte" de palacio en presencia de toda la corte; o el de que la contemplación de una pintura estuviera vedada a toda la corte y se encontrara reservada en una sala para uso privado del monarca.

Afortunadamente, y gracias al camino ya recorrido por la historiografía de corte, en las últimas décadas se ha producido un avance notable tanto en la crítica literaria como en la tarea filológica de recuperación y edición de textos literarios de temática cortesana. De entre todos los géneros literarios, el más beneficiado ha sido, sin duda alguna, el teatro. Ya en la década de los ochenta se encuentra algún estudio pionero de gran calado como fue el de Ann E. Wiltrout sobre Diego Sánchez de Badajoz y el mecenazgo de la casa de Feria. En los inicios de los noventa, aparecen los primeros estudios panorámicos como los de *La práctica escénica cortesana: de la época del emperador a la de Felipe III* (1991) y, dos años después, *Nobleza y espectáculo teatral. Estudio y documentos (1535-1621)*, ambos firmados por Teresa Ferrer Valls. También en 1991 aparece un trabajo monográfico sobre los dramas cortesanos de Calderón a cargo de Margaret Greer en el que la investigadora advertía de la necesidad de ahondar en nuestro conocimiento del drama palaciego ya que, escribía, al fin y al cabo, "Golden Age Spanish drama began and ended at court, in the *églogas* of Juan del Encina and the court plays of Calderón" (5).

Ciertamente, por su propia naturaleza, el teatro cortesano genera una abundante documentación cuya disparidad abre la investiga-

ción a una colaboración interdisciplinar que pueda dar cuenta de
los distintos méritos literarios, musicales y técnicos; pero también
para analizar los contratos de los dramaturgos, los autores, las compañías de actores, los pintores, los escenógrafos, los músicos y los
carpinteros. En esta documentación encontramos un reflejo de la
vida política y las tensiones de la corte que se plasma en disputas
para conseguir el encargo de su organización, los celos y enfados
por la distribución de los asientos... y el larguísimo etcétera que
puede imaginarse de una producción dramática en una sociedad
cortesana tan alambicada como la española durante el imperio. La
recolección de estos documentos para el teatro en volúmenes como
Representaciones palaciegas: 1603-1699. Estudio y documentos o,
centrados en Madrid, *Teatro palaciego en Madrid: 1586-1707. Estudio y documentos* y *Teatro palaciego en Madrid: 1707-1724. Estudio y
documentos* han cumplido y aún cumplen, a pesar del lógico descu-
brimiento de nueva documentación, una tarea fundamental para
una interpretación desde el punto de vista áulico del teatro representado en palacio. Estos libros, han hecho accesible al público general una documentación de archivo convenientemente organizada
y, a su vez, animan a la aparición de trabajos similares dentro de las
cortes de la nobleza regional y periférica.

El teatro áulico también se ha visto favorecido de participar de
una unidad mayor y más compleja como es la fiesta cortesana, que recibe gran atención por parte de la nueva historia cultural. En los últimos años, Judith Farré Vidal, Bernardo García García, María Luisa
Lobato y, en general, el elenco de estudiosos que ha contribuido a
importantes colecciones como *La fiesta cortesana en la época de los
Austrias* (2003) y *Dramaturgia festiva y cultura nobiliaria en el Siglo de
Oro* (2007) han ayudado a imprimir un fuerte dinamismo, variedad y,
a la vez, profundidad, a los estudios del teatro cortesano. Recientemente ha crecido también el interés por el teatro desarrollado en los
Reales Sitios, fundamentalmente en Aranjuez aunque, tal vez, dejando
un poco de lado San Ildefonso. Esta laguna ha sido suplida con creces
por la monografía de Alicia López de José *Los teatros cortesanos en el
siglo XVIII: Aranjuez y San Ildefonso* (2006) que, a través de documentación oficial, cartas personales, diarios, etc. estudia con detalle el papel del teatro palaciego en los Reales Sitios en el período que va de Felipe V hasta la abdicación de Carlos IV en 1808.

En lo que respecta a la poesía, también en los últimos años, han
aparecido algunos estudios que buscan insertar la obra poética den-

tro del entramado de las relaciones de mecenazgo. Aunque cada vez abundan más los artículos, las monografías específicas siguen llegando muy poco a poco. Entre ellas ha sido pionera la de Elizabeth Wright mencionada anteriormente, *Pilgrimage to Patronage* (1991) dedicada a los intentos de Lope de Vega por lograr un puesto como cronista real.[5] Eduardo Torres Corominas, en *Literatura y facciones cortesanas en la España del siglo* XVI: *Estudio y edición del* Inventario *de Antonio de Villegas* (2008), estudia, documenta y edita de forma ejemplar el *Inventario* de Antonio de Villegas pero, sobre todo, interesa su interpretación a la luz de las tensiones entre los distintos círculos cortesanos en la época del emperador. Además, para nuestro estudio en particular, tiene especial interés la publicación de la primera edición crítica del *Libro de motes de damas y caballeros* (2006) de Luis Milán, y la edición facsimilar del *Cancionero de Uppsala,* también conocido como *Cancionero del duque de Calabria* en 2003, que se acompaña de un segundo volumen de estudio a cargo de María del Carmen Gómez Muntané.

En lo que se refiere a la prosa, tal vez el movimiento más llamativo ha ocurrido en la edición de textos primarios del tipo de manual de cortesanos y, curiosamente, la abundancia de ediciones facsimilares como la preciosa edición de *Filosofía cortesana* (1587) de Alonso de Barros con un estudio de Trevor J. Dadson (1987). A cargo de este mismo editor corrieron las *Obras completas* de Gabriel Bocángel y Unzueta (2000), entre las que se encuentra, naturalmente, su propuesta áulica en *El Cortesano* (1655). De entre todos los autores, tal vez sea, no obstante, Baltasar Gracián el que más se haya reeditado en los últimos años. Por razones obvias, la aportación más significativa para este trabajo ha sido la edición de *El Cortesano* de Luis Milán en dos ocasiones (2001 y 2010), la primera de ellas con un volumen facsimilar y, ambas, con un iluminador estudio acerca de la biografía de Luis Milán y su obra literaria. Evidentemente también se encuentran algunas monografías, entre las más recientes destaca la de Felipe E. Ruan, *Pícaro and Cortesano*, en la que el autor trata de poner el fenómeno cortesano dentro del contexto particular de la realidad social y cultural española.

Un último aspecto a tratar sería el de los grupos de trabajo especializados de tipo interdisciplinar. Entre ellos, cabe reseñar el naci-

---

[5] El trabajo de Elizabeth Wright no se centra exclusivamente en la poesía, aunque tal vez sea esa su principal aportación.

miento en el año 2008 del Instituto Universitario *La Corte en Europa* –www.iulce.es– dentro de la Universidad Autónoma de Madrid, coordinado en la actualidad por el historiador de corte, José Martínez Millán. Al contrario que otros proyectos de investigación relacionados con la corte, éste tiene una duración indefinida y una incardinación permanente dentro de la estructura de la universidad, lo que augura un sólido futuro a los estudios cortesanos en España.

Con todo, como el lector puede suponer, el propósito de estos párrafos no es el de recoger de modo exhaustivo el trabajo que en el ámbito de la corte se publica o se lleva a cabo en diferentes congresos, grupos de investigación, etc., lo que sería una tarea excesiva e inútil. La meta de esta pequeña excursión editorial no es sino dar una muestra de los frutos que la reciente atención crítica ha empezado a brindar a los estudios de la literatura hispana en su contexto cortesano. Dentro de esta sensibilidad es donde busco engarzar el presente trabajo sobre la ilusión áulica y la imaginación caballeresca en *El Cortesano* de Luis Milán.

* * *

Tras este capítulo introductorio sobre el devenir de la historiografía cortesana y su correlato en la crítica literaria, el libro continúa con una breve semblanza de los principales protagonistas de la corte virreinal de Valencia, don Fernando de Aragón, duque de Calabria, y su esposa doña Germana de Foix, viuda de Fernando el Católico, y portadora del título de Alteza Real durante toda su vida por deseo expreso de su primer marido. Sus retratos históricos no pretenden sustituir a mayores monografías que, en el caso del virrey, se antojan muy necesarias. Por el contrario, se busca incidir únicamente en aquellos aspectos de sus vidas que pudieron haber influido en su interés por el mecenazgo literario y musical con que distinguieron su corte. Primeramente se repasan sus vidas por separado hasta llegar al momento en que ambos fueron nombrados virreyes vitalicios en 1526. Posteriormente se procede a evaluar los méritos de los virreyes durante la década de gobierno conjunto (1526-1536) y, por último, revisamos la trayectoria biográfica de Luis Milán siguiendo, fundamentalmente, los hallazgos documentales publicados por Vicent Josep Escartí. De los tres –Fernando de Aragón, Germana de Foix y Luis Milán– se busca completar su esbozo biográfico con su imagen en la literatura de la época y la historiografía moderna para, con ello, lograr una mayor comprensión de su significado cultural más allá de su trayectoria vital.

El tercer capítulo, "Lo que va de *Cortegiano* a *Cortesano*," es nuestra primera aproximación a la "crónica ficticia" de Luis Milán y cumple varios propósitos: matizar la obvia comparación del texto valenciano con el del conde italiano; presentar evidencias e indicios del proceso de escritura y reescritura de la obra desde 1535 hasta 1561, año en que finalmente se publica *El Cortesano*, y mostrar las tres diferentes versiones del primer cuadernillo del libro dentro de este contexto de reelaboración y publicación póstuma. Por último, en este capítulo se analiza la carta prologal dirigida a Felipe II y el uso de la leyenda romana de Marco Curcio como una muestra cultural sobre la que narrar el progresivo desplazamiento del ideal social de la época desde el héroe militar hacia el cortesano.

El cuarto capítulo estudia la poesía repentizada de Luis Milán en su *Cortesano*. Se presta singular atención al buen uso de la lengua y el ingenio verbal como elementos con que los cortesanos construían su prestigio frente a sus rivales. La primera parte de este capítulo analiza la poesía de motes que tenía lugar en la corte virreinal en todas sus variedades: galante, de juego, como parte de la práctica de motejar, y de la justa o torneo de motes, así como el modo en el que los cortesanos competían con la "lengua spada" y la "lança de conversación" según correspondía a su condición de representantes de una tradición caballeresca que se había hecho cortesana. En la segunda parte, se analiza el uso de los romances, variaciones repentizadas y simples referencias a romances bien conocidos como mecanismos de ataque y de defensa en la conversación cortesana. Por último, se presta atención al conocimiento y uso de la poesía italiana e italianista que tiene el poeta valenciano.

El siguiente capítulo se ocupa de la teatralización de la vida en los palacios y de los primeros pasos del drama cortesano en la sociedad del quinientos. Se analizan los lugares más comunes para la representación de espectáculos teatrales y se utiliza el palacio del Real valenciano como pertinente ejemplo de estudio para, por último, centrar nuestra atención en la "Farsa de las galeras de San Juan" en la que unos caballeros rescatan a sus damas después de que éstas fueran apresadas por una armada turca. Se presta especial interés a los preparativos y el consumo de este tipo de farsas dentro del contexto áulico y político de la representación.

Después de analizar la reelaboración de una leyenda clásica como la de Marco Curcio Romano en el capítulo 3, y de emplear los dos siguientes en el estudio de la poesía y al teatro respectivamente, el capítulo 6 se detiene en la celebración de la fiesta cortesana. Este capítulo, "Celebraciones cortesanas del amor y del mes de mayo," se adentra en la adaptación al gusto áulico de tradiciones populares como la de la celebración de fiestas para conmemorar el mes de mayo. Para ello se incorporan episodios propios de las novelas de caballerías, se sustituyen los elementos folclóricos y agroganaderos por otros análogos pero vinculados a la mitología clásica, y se sublima y literaturiza la pulsión erótica. Por último, se procede a la necesaria cristianización de los rasgos paganos que pudieran amenazar la aceptación social de la fiesta o el ideal moral custodiado por la Iglesia.

A estos seis capítulos acompañan dos apéndices que buscan servir a futuros investigadores y animar el debate textual sobre el *Cortesano* que es, a día de hoy, prácticamente inexistente. En el primero hay una pequeña colección de dichos y sentencias recogidos a lo largo de las seis jornadas que componen *El Cortesano* de Luis Milán. El segundo, es una edición del texto de la "Farsa de las galeras de San Juan" recogida en la tercera jornada. Aunque *El Cortesano*, como ya se ha dicho, consta de dos excelentes ediciones modernas (2001 y 2010), la tirada y distribución de ellas es aún insuficiente, por lo que todavía es un texto de difícil acceso. Comprobará el lector que mi edición contiene importantes enmiendas al texto de 1561, así como a las ediciones posteriores, por lo que espero, ayuden a crear un debate sobre la composición y construcción textual de *El Cortesano*.

CAPÍTULO 2

EL POETA, EL DUQUE Y LA REINA

Antes de pasar más adelante, y tras haber concluido el breve repaso de la historiografía y la crítica literaria que se ha acercado a la corte, parece importante hacer un alto en el camino para conocer mejor quiénes eran las personas que habitaban la corte virreinal de Valencia: su educación, sus intereses, su recorrido vital, etc. Con esta intención, y sin querer ser demasiado prolijo, en este capítulo vamos a acercarnos a las biografías de Luis Milán, autor del *Cortesano*, y de los virreyes, Fernando de Aragón y Germana de Foix. La intención no es la de sustituir otras biografías, sino de interpretarlas a la luz de los objetivos que tiene este trabajo, es decir, poniendo mayor énfasis en aquellos aspectos que afecten más a su papel en la configuración de esta corte y su recepción histórica y literaria, aunque eso suponga pasar de puntillas otros aspectos que, si bien de gran importancia para otro tipo de estudios, tal vez no sean imprescindibles para éste.

En primer lugar, este capítulo hace una semblanza de Luis Milán. No se aporta nueva documentación, sino que, en lo esencial, se basa en la publicada en la introducción de Escartí a las ediciones de 2001 y 2010, aunque también se hace eco de otras posibilidades presentadas por otros investigadores. Sobre todo, aquí se quiere dar especial importancia a la fama literario-musical de Luis Milán como parte importante de su supervivencia cultural en la literatura y en la historia de la música. A continuación, y siguiendo los mismos principios, haremos una aproximación a la vida de Fernando de Aragón y, después, a la de Germana de Foix, hasta el matrimonio de ambos y el inicio de su virreinato conjunto, que es la sección con que concluye este capítulo. En todo caso, la intención última es acercar al lector a unas biografías poco conocidas, y cuya comprensión, sin lugar a duda, ilumina varios aspectos de la lectura del *Cortesano* y, cómo no, de este estudio.

LUIS MILÁN

Luis Milán es, según Gerardo Arriaga, "una de las personalidades más notables y polifacéticas del Renacimiento español" ("Luis Milán" IX). Hoy, es, efectivamente, considerado un autor de gran talla dentro de la historia de la música del Renacimiento español y europeo. No obstante, su fama en vida no debió de ser muy grande porque Narváez, en 1538, creía ser el primer tratadista de vihuela de España, cuando Milán había publicado su libro *El Maestro de vihuela* dos años antes.[1] Puede ser, también, que Narváez considerase su libro de una naturaleza distinta al de Milán, pero este olvido lo repite de nuevo Juan Bermudo que, en 1555, tampoco menciona a Milán entre los mejores tañedores de vihuela de la época en su *Declaración de instrumentos musicales*. Tal vez su fama se circunscribiera a un ámbito más local ya que Gil Polo sí lo recoge en el "canto del Turia" de su *Diana enamorada* (1564) y habla de él como uno de los mejores músicos –y también poeta– de su tiempo:

> A don Luis Milán recelo y temo
> que no podré alabar como deseo,
> que en música estará en tal alto extremo,
> que el mundo le dirá segundo Orfeo;
> tendrá estado famoso y tan supremo,
> en las heróicas rimas, que no creo
> que han de poder nombrársele delante
> Cino Pistoya y Guido Cavalcante. (221-22)

---

[1] En realidad el libro empezó a imprimirse en las prensas de Francisco Díaz Romano en 1535, pero no pudo completarse hasta el 4 de diciembre de 1536. *El libro de Música de Vihuela de mano Intitulado El Maestro*, era una especie de *gradus ad parnasum* que contenía villancicos castellanos y portugueses, romances y sonetos italianos divididos en dos libros en los que las tablaturas de música de las 40 fantasías incrementan su grado de complejidad según se avanza en el libro o, como dice el propio Luis Milán, siguiendo "la misma orden que tendría un maestro con un discípulo principiante" (3v).

Esta enfática admiración por parte de Gil Polo nos hace pensar que tal vez hubiera visto el texto de *El Maestro* que Luis Milán publicara en 1535-1536 y que, por consiguiente, el verso en el que afirma "que el mundo le dirá segundo Orfeo" fuese una alusión al grabado con que Luis Milán abría su libro. En éste puede verse una imagen de Orfeo tañiendo una vihuela y, alrededor del dibujo y ciñéndolo por fuera, están escritos unos versos en los que se lee: "El grande Orpheo / primero inventor // por quien la vihuela / paresce en el mundo // si fue el primero / no fue sin segundo // pues Dios es de todos / de todo hazedor."

También pudiera ser que Gil Polo conociese otros textos de Luis Milán, como *El Cortesano* (1561). En él, Diego Ladrón, uno de los cortesanos más participativos en el libro, presenta a nuestro músico ante las damas de palacio con las siguientes palabras: "Señoras, he aquí a Orpheo, / que yo le querría más feo" ([G7v]; 288). Por último, es posible que Gil Polo utilizara el apelativo de "segundo Orfeo" como un simple lugar común, pues era frecuente en la época –y no únicamente en España– autodenominarse o elogiar a los poetas como nuevos orfeos.[2] La tierra valenciana debió de ser especialmente fértil para este *topos* pues, además de su presencia en *El maestro de vihuela* de Luis Milán y la *Diana enamorada* de Gil Polo, también Juan Fernández de Heredia –cortesano rival de Milán en *El Cortesano*– recibe idéntico apelativo en unos versos de Nicolás Espinosa a la *Segunda parte de Orlando* (1555) donde dice de Fernández de Heredia que "será un nuevo Orpheo en el poniente" (Martí Grajales [v]); y, por último, Jorge de Montemayor se presenta también a sí mismo como una nueva voz órfica en el "Canto de Orfeo" de *La Diana* (1559).

Juan de Timoneda también menciona a Luis Milán, aunque únicamente como músico, en un "Romance metafórico" que aparece en la *Rosa de amores* (1573), donde Cupido se acerca a besar la mano de Venus acompañándose de un cortejo en el que se encuentran Virgilio, Juan de Mena y Boscán. En el séquito de Venus aparecen "Don Gaspar de Romaní, / don Manuel Fernando, humano, / don Alonso Rebolledo, / mancebo en saber muy cano, / esse don Lüys Milán, / a la música cercano, / Marco Antonio y Pellicer, Samper discreto y anciano" (*apud* Gallardo, "Reflexiones" 17).

---

[2] Patrick Gerard Cheney explica que los poetas renacentistas ingleses buscaban presentarse a sí mismos como una "new Orphic voice" (3).

En el *Emporium* (1599) de Pedro Agustín Morlá, encontramos la primera referencia directa al libro de *El Cortesano*. El jurista valenciano se refiere a su conterráneo comparándolo con Cicerón y, a su obra, con *De oratore*, diciendo que "el muy célebre don Luis Milán escribió un libro ingenioso y de mayor utilidad, intitulado *El Cortesano*, y así como en Cicerón se presenta al perfecto orador, en aquel libro se representa al varón perfecto, adornado de todas las cualidades, que ante todos desea mostrarse educado, leal compañero, de buenas costumbres, amable y digno de admiración" (*apud* Arriaga 17-18).

A parte de estas referencias, los detalles de la vida de Luis Milán han resultado, hasta muy recientemente, una incógnita y, cuando por fin parecían empezar a resolverse gracias a los documentos presentados por Vicent Josep Escartí en 2001, de nuevo han vuelto a complicarse y se ha presentado una duda razonable a los hallazgos del filólogo e historiador valenciano que, no obstante, sigue contando con la documentación más sólida sobre la biografía del músico y poeta.[3] En la edición de *El Cortesano* hecha en 1874, los autores de la breve introducción, Feliciano Ramírez de Arellano y José León Sancho Rayón, se ven obligados a confesar que, a pesar de haber revisado el Dietario del Ayuntamiento y "otros papeles de aquel tiempo," han sido incapaces de dar con alguna información biográfica relativa a nuestro músico y poeta (ix). Las biografías posteriores se limitaron a repetir una serie de tópicos acerca de un posible nacimiento hacia el año 1500 en Valencia, tal vez Játiva, una corta estancia en la corte de Portugal con la que se explicaba la dedicación de *El Maestro de vihuela* al rey don Juan de Portugal, así como una supuesta pensión de siete mil cruzados que habría recibido del monarca luso (Trend 16-18), además de, tal vez, otra estancia en Italia, con la que se explicaría su familiaridad con la música italiana contemporánea. Según algunos, *El Maestro*, además, se habría impreso con tipos traídos a Valencia desde Venecia (Trend 18). También se ha dicho que Luis Milán recaló en la corte del duque de Calabria y la Reina Germana gracias a su amistad con el poeta Juan Fernández de Heredia aunque, en el sentido más estricto, ninguno de los dos llegó a formar parte de la corte como oficiales. Para concluir, la fe-

---

[3] Además de en la introducción a la edición de *El Cortesano* (2001), esta argumentación puede leerse en V. J. Escartí (2009), y en su introducción a la edición de 2010 (27-34).

cha de su fallecimiento se estimaba en algún momento posterior a la publicación de *El Cortesano* en 1561, pues el colofón de este libro reza de la siguiente manera: "Fue impressa la presente obra en la in- / signe ciudad de Valencia, en casa de Ioan / de Arcos. Corregida a voluntad y / contentamiento del Autor. / Año MDLXI."

La única voz discordante en cuanto a las fechas de nuestro autor correspondía a don José Ruiz de Lihory, a finales del siglo XIX, quien rebuscó sin el éxito en los archivos valencianos algún documento que le ayudara a reconstruir la biografía de nuestro autor para su inclusión en la publicación de *La música en Valencia. Diccionario biográfico y crítico*. Ruiz Lihory consideraba que la fecha de nacimiento debía trasladarse a 1516, como el tercer hijo de don Luis Milán y doña Violante Eixart. Sin embargo, admitía que aquella no era sino únicamente la mejor de sus hipótesis (333-37).

Más allá de ahí, los que se aventuraron a explorar en la vida de Luis Milán, generalmente acabaron deambulando por una serie de fabulaciones cuya carencia documental se trataba de cubrir con la imaginación. Tal es el caso del musicólogo Luis Gásser (9-12), autor de un estudio –de otra parte interesante– acerca de la técnica y composiciones de nuestro autor. No obstante, al adentrarse en su biografía construye una hipótesis sobre una posible identidad conversa de Luis Milán basándose en que, según él, la invocación a la Virgen que se hace en el prefacio de *El Maestro* (xxx) sería demasiado exagerada y piensa que se debe a un edicto inquisitorial valenciano de 1512. Continúa su argumentación diciendo que la pronunciación catalana de Zapater –uno de los personajes de *El Cortesano*– tiene gran parecido fónico con Sabath, como también el apellido del autor, Milán, guardaría sospechosas semejanzas con *mîlâh*, la palabra hebrea equivalente a circuncisión. Por último, el tomar el apellido de una ciudad como era Milán, correspondería a la habitual práctica de los conversos de tomar el nombre de una ciudad en el momento de su bautizo.

No obstante, gracias al paciente y esmerado trabajo de Josep Vicent Escartí hoy tenemos muchos más datos, y más fiables, sobre la vida de este músico y escritor valenciano sin tener que recurrir a atrevidas conjeturas. Sabemos ahora que, al contrario de lo que se venía diciendo, la fecha de nacimiento de nuestro autor habría que retrasarla hasta, al menos, 1507, pues en el testamento de 1506 realizado por su padre, señor de Massalavés y, a la sazón también llamado Luis Milán, dividía todas sus posesiones entre sus dos hijos,

Pere y Joan (41). La ausencia de nuestro autor en este testamento únicamente es explicable si éste no hubiera nacido aún, pues un descuido o mala intención sería impensable. No obstante, nuestro músico sí aparece en un testamento posterior fechado en 1519 (40).

No se encuentra más información relativa al músico y escritor valenciano sino hasta el año 1535, cuando sale publicado su *Libro de los motes de damas y cavalleros*, del cual finalmente contamos con una edición crítica a cargo de Isabel Vega Vázquez[4] y, un año más tarde se publica su libro mejor estudiado, el *Libro de Música de vihuela de mano. Intitulado El Maestro* (1536). Escartí deduce que en algún momento anterior a 1535 Luis Milán podría haber iniciado estudios eclesiásticos en Italia, tal vez en Roma, puesto que la familia Milán estaba emparentada con la de los Borja, los Borgia italianos. La suposición de Escartí tiene además la virtud de explicar la ausencia de documentos sobre la vida de Milán durante aquellos años y hasta 1535, así como su aparición en documentos posteriores como "nobilis et reverendis Ludovici del Milà, clerici" (42), y la fuerte huella italianista de sus composiciones en *El Maestro*, si bien esta influencia no está, ni mucho menos, limitada a aquellos que viajaron a Italia.

Otros han apuntado que con anterioridad a 1535 Luis Milán pudo haber estado en la corte lusa y quizá huido de Valencia.[5] Tal vez a esa oscura marcha de Valencia sea a lo que se refiere Juan Fernández de Heredia en las siguientes coplas que le dirigió a Luis Milán como respuesta a unas suyas que empezaban "Joan turcas maneras...:"

---

[4] Hay, además, dos ediciones facsimilares: Luis Milán, *Libro de motes de damas y caballeros, Valencia, 1535*. Valencia: Servicio de Reproducción de Libros, Librerías París–Valencia, 1982; Luis Milán, *Libro de motes de damas y cavalleros: Intitulado el juego de mandar*. Valencia: Vicent García, 2005; se encuentra también una edición facsimilar con transcripción moderna en Luis Milán, *Libro de motes de damas y caballeros (Valencia, Francisco Díaz Romano, 1535)*. Ed. Justo García Morales. Barcelona: Ediciones Torculum, 1951. Por último, también puede consultarse hoy una edición en línea, tanto facsimilar como su transcripción moderna, a cargo de Alberto Noguera: http://parnaseo.uv.es/lemir/Textos/Motes/index.html (consultada en junio de 2011). Entre las ediciones modernas, además de la citada de Isabel Vega Vázquez, también se encuentra una de 1874 publicada junto a *El Cortesano* y editado por Feliciano Ramírez de Arellano y José León Sancho Rayón, en la colección de Libros españoles raros y curiosos.

[5] Ruiz de Lihory afirma que Luis Milán hubo de refugiarse en Portugal –en la corte del rey Juan III– "a consecuencia de un duelo con persona muy principal."

> Dar de sant Martín razón,
> hasta el vino es maravilla,
> el que nunca entró en Castilla
> ni aún en tierras de León.
> Siempre fuistes de levante,
> huiste de ir a poniente,
> y aun de ahí dize la gente
> que estáis malsano delante.
> Sépase de aqueste mal,
> que hay diversas opiniones,
> si está el daño en las pensiones,
> o en la suerte principal.
> Si está en todo, es mas afrenta,
> y daño en tal cavallero,
> que no le valga un dinero
> lo principal... ni la renta. (*Obras* 180-81)

El tiempo pasado al abrigo de la corte portuguesa explicaría la dedicación del *El Maestro* (1536) al "muy alto et poderoso et invictísimo príncipe don Juhan, por la gracia de Dios rey de Portugal y delas yslas, etc." (A2r), así como también la inclusión de villancicos portugueses en su colección, lo que constituye una absoluta novedad y sorpresa dentro de los libros de vihuela.

Su madre, Violante Eixarch, deja constancia de que Luis Milán era aún soltero en 1538, aunque posteriormente casaría con Ana Mercader, con la que tendría una hija, Violante Ana de Milán, y quizá un hijo en 1555 que posiblemente no sobreviviera al padre o incluso no llegara a nacer. Todo esto le hace a Escartí concluir que esta Ana Mercader debería de ser una distinta de la que con tal nombre aparece en su libro *El Cortesano*, pues aquella está casada entonces con Miguel Fernández y no es posible que en 1555 se encontrara aún en edad fértil (Escartí 51).

Luis Milán fallecería finalmente el 9 de agosto de 1559, según el documento que aporta Josep Vicent Escartí (46, n. 57), cuando intentaba escapar a la vecina ciudad de Alzira para evitar la peste que asolaba Valencia. Por deseo expreso de nuestro autor, en su testamento de 1555, que Escartí recoge en un apéndice de su edición de *El Cortesano*, su cuerpo fue enterrado en el monasterio de Santa María de la Murta donde ya se encontraban los restos de su madre.

Recientemente, esta cronología, bien documentada y razonada, ha sido cuestionada por el musicólogo Gerardo Arriaga ("Reflexiones," 13-16), que sigue una nota manuscrita de Barbieri. En este manuscrito, el gran compositor y estudioso del siglo XIX escribe que, además del autor de *El Cortesano* y el *Maestro de vihuela*, debía haber en aquel tiempo y en aquella misma corte, otro del mismo nombre y apellido que no fuera nuestro vihuelista. Según Gerardo Arriaga ("Reflexiones"), el maestro Barbieri se refiere a otro Luis Milán que parece colegirse del debate poético recogido tanto en las *Obras* de Juan Fernández de Heredia y en *El Cortesano* de Luis Milán, aunque con muchas variantes entre ambas versiones. Recojo aquí las coplas de Luis Milán:

> Señor ut, re, mi, fa, sol,
> Joan Fernández sin par,
> ogaño os podrán pescar
> en la mar por verderol.
> Un tiempo fuisteis pagel
> trayendo turca de grana,[6]
> yo no sé por quál desgana
> dexastes la color dél
> por una sperança vana.
> (Milán, *Cortesano* [C8r]; 222.
>   Fernández de Heredia, *Obras* 175)[7]

Estas coplas –de acuerdo con las *Obras* de Fernández de Heredia– recorren un complicado camino ya que, después de que Luis Milán se las enviara a su señor, el duque de Calabria, éste se las entrega a uno de los cortesanos de aquella corte, de nombre Luis Ferrer, quien, por último, se las hace llegar a Juan Fernández, aunque ocultando la identidad del poeta. Fernández de Heredia le responde:

> Señor don Luis Ferrer:
> quien las coplas me ha traído,
> como apenas le he entendido,

---

[6] Trascribo las coplas tal y como aparecen en *El Cortesano* de Luis Milán. En las *Obras* de Juan Fernández de Heredia, en las que también se recoge este intercambio de coplas, este verso no hace referencia a la prenda de vestir, sino que reza, "de roca, cuando la grana."

[7] De aquí en adelante, y para facilitar el trabajo de futuros investigadores, todas las citas directas a *El Cortesano* de Luis Milán vienen acompañadas de la página tanto en la edición de 1561, como, a continuación, en la edición de 2001.

> no puedo bien responder.
> Pregunté: Por quién se dan
> las coplas, ¿no me dirés?
> Dijo: "En ellas lo verés,
> por don Luis del Milán";
> como hay dos, no sé cuál es.
> El re, mi, fa, sol, declara
> cuál es de los dos señores,
> con puntos, que son peores
> que si fuessen por la cara.
> Bien dezís, mas qué se pierde
> aclarar lo que está escuro,
> siendo de él, no estoy seguro,
> pues que me ha llamado verde,
> que no me diga maduro.
> (Fernández de Heredia, *Obras* 176-77)[8]

Como bien puede entenderse de estos versos, Juan Fernández de Heredia indica que hay dos personas con el mismo nombre de Luis Milán, mientras que Luis Ferrer –o su enviado–, lejos de negarlo, responde con claridad que de los dos, el de las coplas se trata del músico.

Para Arriaga, el que hubiera un segundo Luis Milán explicaría mejor la publicación de *El Cortesano* en 1561, es decir, dos años después de la fecha en la que Escartí fija su fallecimiento y que, lógicamente, corresponderían a este otro y nuevo Luis Milán, y no al que nos ocupa ("Reflexiones" 14-15). La explicación de Vicent Escartí, no obstante, sigue resultando la más plausible, puesto que se asienta en evidencias documentales y no en burlas poéticas. Según Escartí, aunque el libro de *El Cortesano* hubiera sido revisado, tal vez la situación caótica causada por las epidemias de 1557, 1558 y, especialmente 1559, demorarían su publicación hasta la remisión de la peste. Otra posibilidad, que no rompe la cronología de Escartí, y que tampoco hemos de descartar, es que el impresor mintiera sobre

---

[8] En *El Cortesano*, por el contrario, no encontramos estas coplas sino otras muy distintas. Juan Fernández confiesa que las originales eran de escasa calidad y, por tanto, decide rehacerlas para poder competir con Luis Milán, como se desprende de este fragmento: "Yo quedé tan arrepentido, que luego rasgué todas las malas coplas que pude haver. Y de nuevo le respondí a todas las suyas con las que agora le responderé a quantas me dirá. Y respondo a las del verderol que me ha hecho, con estas..." ([C8v]-D1r; 224)

la revisión por parte del autor antes de su impresión y, así, presentar un producto más autorizado y, por tanto, con mayor posibilidad de venta (vid. Capítulo 3).

En un caso y en otro, no obstante, queda por responder otra pregunta tal vez más interesante, ¿por qué no publicó Milán su libro cuando aún podía participar del patrocinio del virrey? Si, como coinciden los investigadores, la mayor parte de su contenido debió de componerse en torno al año 1535 para después sufrir algunas modificaciones posteriores, ¿qué movió a nuestro autor a comenzar su redacción y qué a postergar su publicación? A esta pregunta, así como a las intenciones de su redacción y posterior publicación trataremos de dar algunas posibles respuestas –y crear nuevos interrogantes– en el siguiente capítulo.

FERNANDO DE ARAGÓN (1488-1550)

Fernando de Aragón nació en Andria la Pullia, el 15 de diciembre de 1488 como primogénito de Federico I de Nápoles y doña Isabella del Balzo. Desde pequeño recibió la educación acorde a un príncipe renacentista, con intereses similares a los tradicionales de su familia; esto es, el coleccionismo de libros de gran valor, el teatro, la música y la caza. La biblioteca de sus padres era entonces una de las mejores y más completas colecciones del Renacimiento italiano y una seña de identidad familiar desde que la comenzara su tatarabuelo el rey Alfonso V de Aragón (Alfonso I de Nápoles). Su afición por los libros llegó a convertirse en un lugar común en los escritos de la época, tanto que incluso llega a entrar en colecciones de apotegmas y cuentecillos como la carta dirigida al obispo de Badajoz en las *Epístolas familiares* de Fray Antonio de Guevara, quien cuenta que

> El buen rey don Alonso, que tomó a Nápoles, decía que todo era burla, sino leña seca para quemar, caballo viejo para cabalgar, vino añejo para beber, amigos ancianos para conversar y libros viejos para leer. (I, 148)

Sus sucesores en el trono continuaron enriqueciendo la incipiente colección hasta que a finales del siglo XV ya era considerada una de las más importantes de Europa (Cabeza Sánchez-Albornoz

23). Tal vez por eso, cuando Fernando de Aragón, último príncipe jurado de Nápoles, pierde el reino y es enviado contra su voluntad a la corte de Fernando el Católico, uno de sus objetivos continuados a lo largo del resto de su vida sería la recuperación de la mayor cantidad posible de los volúmenes que habían conformado la biblioteca familiar y que entonces se encontraban ya dispersos por Europa. Efectivamente, Alfonso II, en su apresurada huída, a pesar de emplear cinco galeras y aun otro barco de menor tamaño, únicamente se llevó una pequeña parte de la biblioteca aragonesa, junto con otros muchos objetos de valor. La parte restante de la colección, 1140 libros, sufrió el expolio de Carlos VIII de Francia en diciembre de 1495, y pasaron a engrosar la biblioteca de Blois –origen de la que con el tiempo llegará a ser Bibliothéque Nationale de París (Cabeza Sánchez-Albornoz 26-27; Arciniega García 114-21)– junto con, también, numerosos tapices, esculturas, cuadros y muebles de gran valor. Más adelante, Federico, último rey de Nápoles y padre de Fernando de Aragón, vendería otros 138 libros al cardenal de Amboise y, por último, otra parte de los fondos de la biblioteca llegarían a España de mano del duque de Calabria. Tanto empeño puso en la recuperación de su legado bibliográfico que, en torno a 1527, ya había recuperado unos 830 libros de los cerca de tres mil que se estima tenía la biblioteca iniciada por su abuelo (Nelson 196). La mayoría de estos volúmenes rescatados se encuentran hoy en la biblioteca de la Universidad de Valencia.

De alguna manera, esta bibliofilia del duque de Calabria y su interés por recuperar la biblioteca familiar podrían interpretarse casi en términos freudianos como un intento por recomponer un pasado que el destino le había arrebatado –no sin engaño– cuando el Gran Capitán lo embaucó para que rindiese la plaza a cambio de una libertad que, posteriormente, no le fue concedida. El duque de Calabria, una vez adulto y devuelto a una posición social más cercana a la que por cuna le correspondía, empeñó gran parte de su vida y de sus posibilidades económicas en la recuperación del patrimonio material de su familia, pero también del patrimonio espiritual que trató de revivir en los entretenimientos cortesanos de su palacio valenciano y en el mecenazgo de músicos y poetas. Después de su segundo matrimonio con Mencía Mendoza, y posiblemente también debido a su influencia, el interés por adquirir nuevos libros ajenos a la biblioteca familiar aumentó de forma considerable, a la vez que otros placeres de los que tanto había disfrutado con la reina

Germana cayeron notablemente; tal fue el caso de los saraos, las fiestas, la caza, la música y la danza.

Pero volvamos a la cronología de sus primeros años, a su infancia, y la forma en que ésta le influyó posteriormente. Cuando apenas contaba con siete años, su educación fue confiada a Crisóstomo Colonna da Caggiano (*ca.* 1457- *ca.* 1539), un humanista cercano a Giovanni Pontano. Colonna le enseñaría la lengua latina y con él comenzaría a leer los clásicos, a los cuales siempre sería aficionado (Fernández de Oviedo 138). Ya durante esos primeros años parece que comenzó a disfrutar con las farsas y espectáculos teatrales de gran aparato (López-Ríos 132), lo que despertó un gusto por el teatro que nunca decaería a lo largo de su vida. Esta afición por el drama es patente en el libro de Luis Milán, donde, además de numerosos juegos parateatrales podemos leer la *Farsa de las galeras de San Juan*, una *máscara de griegos y troyanos*, y una representación de la *fiesta del Mayo*, hecha al modo italiano. La afición por la caza la atestigua Gonzalo Fernández de Oviedo en sus *Batallas y Quinquagenas* (138), además de los numerosos volúmenes dedicados a esta práctica en la biblioteca familiar, y el relato de la "montería" que encontramos –si bien llena de burlas– en *El Cortesano* de Luis Milán.

Su esmerada educación musical la recibiría primero en Apulia y después en la capital del reino y quedó de tal manera enraizada que, con el tiempo, le llevaría proteger a un número tal de músicos y cantores que muchos consideraron excesivo para su posición económica.

Posiblemente el mejor testimonio de los frutos de este patrocinio lo tengamos en la recopilación musical del *Cancionero del duque de Calabria*, también conocido como *Cancionero de Uppsala* por la ciudad en que Rafael Mitjana encontró lo que luego publicaría bajo el título de *Cincuenta y cuatro canciones españolas del siglo* XVI (1909). Según Mitjana, esta colección de canciones supone "la más antigua colección impresa [de música profana española] que nos sea conocida" ([5]). Fray José de Sigüenza, hablando del mecenazgo ejercido por el duque de Calabria, no duda en afirmar que tenía "la mejor capilla de músicos, ansí de vozes naturales como de género de instrumentos que huvo en España" (II.1: 32; 128). Inevitablemente, el sostenimiento de todos estos placeres: bibliofilia, literatura, música y caza harían una importante mella en las finanzas de palacio, lo que parece confirmarse en el reproche –si bien muy leve– que le hizo Fernández de Oviedo de estos "todos sus viçios principales" que ocupaban la mayor parte de sus rentas (138).

Aunque durante su infancia casi no se diera cuenta, la legitimidad de su padre para ceñir la corona fue siempre cuestionada por motivos políticos y sería precisamente esta fragilidad el principal argumento que esgrimirían tanto españoles como franceses para reivindicar una y otra vez sus derechos sobre el reino. El partido de los angevinos –que se oponía al rey– se había refugiado en Francia e incitaba insistentemente a Carlos VIII para que organizara una expedición militar a Nápoles e incorporara el reino a la corona francesa. Así, en 1494 el ejército francés atraviesa los Alpes y llega a Nápoles, dando origen a uno de los mayores quebraderos de cabeza del Rey Católico, las llamadas "guerras de Italia." Fernando el Católico organiza entonces una liga con Venecia para expulsar al francés y, en 1495, Gonzalo Fernández de Córdova, el llamado Gran Capitán, desembarca en el sur de la península, atraviesa Calabria y reestablece el control.

Cinco años después, Luis XII –sucesor de Carlos VIII en el trono francés– planea otra vez la manera de ocupar Nápoles. En esta ocasión, no obstante, intenta una estrategia distinta. Españoles y franceses se alían y firman un pacto para dividirse el reino tras su ocupación: la mitad norte, con la denominación de reino de Nápoles y Jerusalén, estaría controlada por Francia, mientras que la meridional, con el nombre de ducado de Calabria, lo estaría por manos españolas (Almela i Vives 15).

Como era de esperar, aquella división no tarda mucho en mostrarse ineficaz y convertirse en un foco de continuas hostilidades entre las dos potencias europeas. Finalmente, el Gran Capitán tras vencer en las batallas de Ceriñola y Garellano logra para Fernando el Católico el control sobre la totalidad del reino. El infortunado Fernando de Aragón, duque de Calabria y, por tanto, heredero del trono, se refugió en la plaza de Tarento. Sin embargo, sitiado por el Gran Capitán, decide rendirse, toda vez que éste le jura públicamente que, tras la entrega, sería libre de marcharse de allí a donde él quisiera. Una vez que el príncipe adolescente se entrega, el general español rompe su juramento arguyendo "razones de Estado," apresa al joven príncipe de 14 años y lo hace llevar a la corte de Fernando el Católico. La acción del Gran Capitán –tal vez el episodio más debatido de su vida– aunque deshonrosa, marcará el ascenso de su estrella (Ruiz-Domènec 329) a la vez que truncará la vida del príncipe napolitano que a la pérdida del reino ha de sumar la suspensión de su esmerada educación humanista que hasta entonces, aun en medio de las tensiones políticas, había sido capaz de desarrollar.[9] Por encargo de Fernando el Católico, el joven duque llegaría a ocupar puestos de responsabilidad tales como la lugartenencia de Barcelona, Mallorca, Rosellón y Cerdeña en el año 1506, pero siempre desde una situación de control de movimientos que consideraba humillante para una persona de su cuna y formación. El rey de Francia, conocedor del descontento del heredero napolitano, le propone, a través de la mediación del duque de Ferrara, un plan de huida que habría de conducirlo directamente a París. Fernando el Católico descubre la trama de espías organizada a tal efecto y hace apresar al duque y enviarlo al castillo de Játiva, donde vivirá once años encerrado hasta que, en 1523, es liberado por Carlos I. El duque contaba entonces con 35 años de edad.

En opinión de algunos investigadores tales como Almela i Vives (20) o Sarthou, el motivo de este encarcelamiento es posible que estuviera relacionado con unos celos por parte del rey Fernando ya que su segunda esposa –la entonces joven Germana de Foix– mantenía una gran relación e intimidad con el duque Calabria –de la misma edad que ella–, y con quien tenía gran afinidad en cuanto a formación cultural e intereses. De otra parte, para el Marqués de Cruilles, el padre Fullana Mira, García Mercadal y Querol Roso, las razones tienen menos de romanticismo y más de política.[10] Todos ellos comparten la opinión de que la frustrada huida del duque estaba relacionada con algún tipo de pacto con el rey francés para recuperar el trono napolitano, lo cual, desde el punto de vista del Rey Católico, no podía quedar sin un castigo ejemplar.

---

[9] Sería por aquellas fechas, y en cualquier caso, en 1503, cuando el rey Federico I de Nápoles escribiría una tierna carta a su pequeño hijo Fernando en la que, además de mostrarle su amor y advertirle de lo cambiante de la fortuna, le pide "no dexes el estudio de las letras," a la vez que "procurar ser amado de toda calidad de gentes siendo grato y afable quando se permite a tu dignidad" (BNE, Mss. 11592, 226r). Tal vez por el consejo de su padre, tal vez porque era su natural inclinación, lo cierto es que siempre fue cercano a las letras y de afable condición. No obstante, su educación –una vez fuera de Italia– sufrió no pocos reajustes. Para una visión de cómo se continúa la formación del joven príncipe en España, probablemente el artículo de López-Ríos en la bibliografía sea el más completo.

[10] Aunque de acuerdo con las tesis que sostienen una razón política para la prisión del duque, tampoco la posibilidad contraria puede calificarse como desatinada. Fernando el Católico también mandó a la prisión del castillo de Simancas al entonces Vicecanciller de la Corona de Aragón, don Antonio Agustín, precisamente "por haber requerido amores de la reina Germana" (Bernáldez 672).

En cualquier caso, el 4 de noviembre de 1512 se trasladaría al ilustre prisionero al Castillo de Játiva, donde se pide al alcaide real que lo "aloje." Tras la muerte del rey Fernando, las conmociones populares que tuvieron lugar en la península no dejaron de afectar al duque que llegó a ser propuesto por el movimiento de las germanías para encabezar el movimiento revolucionario y desposarse con la reina Juana –viuda de Felipe el Hermoso y comúnmente calificada como "la loca"–, a la cual Fernando el Católico había encerrado a su vez en Tordesillas. De esta forma, pensaban los rebeldes, podría tomar la corona del reino aragonés en lugar del nieto de los Reyes Católicos, el joven rey Carlos (Sarthou 169). El duque de Calabria se negó a asociarse con el movimiento rebelde e incluso rechazó huir de la prisión. Como premio a esta lealtad el rey lo libera en 1523, acto que llevó a cabo el entonces virrey de Valencia, Diego Hurtado de Mendoza, conde de Mélito.[11] Una vez libre, es acompañado a la corte vallisoletana donde le esperaba el rey para asignarle una renta anual del 30 000 ducados, así como una brillante participación en el protocolo de su propia boda, ya que el duque fue uno de los encargados de recibir a Isabel de Portugal en la frontera y acompañarla hasta Sevilla para que se desposara con el monarca español (Santa Cruz, vol. II, 36).

Es posible que fuera en aquella época, y durante estas bodas, cuando el emperador le prometiera al duque el oficio de ayo de su futuro hijo, como indica José Luis Gonzalo Sánchez-Molero (184). Es también posible que esto no ocurriera sino hasta el año siguiente, cuando Fernando de Aragón recibió a los monarcas en Valencia, ya como virrey y lugarteniente, y recién casado con Germana de Foix en una boda apadrinada por los propios monarcas.

No obstante su promesa, finalmente, el emperador acabó por elegir a Juan de Zúñiga y Avellaneda como ayo del príncipe. En opinión de Iniesta Corredor (66), tal vez el emperador acabara desestimando la candidatura del duque de Calabria por su carácter alegre, pero Gonzalo Sánchez-Molero sospecha que los motivos probablemente tenían un calado más político que personal. Es probable que el emperador pensase que con su presencia en la corte, el duque –a quien además acom-

---

[11] Francés de Zúñiga relata aquí una anécdota que daría buena muestra de la liberalidad del duque, el cual, al salir de su prisión, habría dado al alcalde "unas *Décadas* de Titu Livio y una corónica que fue del rei don Alonso su visagüelo y, a suplicación de su muger (del alcayde), el duque reçibió un hijo suyo a bienes perdidos y espital perpetuo." (88)

pañaría la reina Germana– podría constituirse en un rival político. La presencia de este regio matrimonio en la corte podría eclipsar a la propia emperatriz durante las prolongadas ausencias del emperador (184) y constituirse en una amenaza para la integridad territorial de la península. Esta decisión abrió una brecha insalvable entre el emperador y el duque que, a pesar de todo, mantendría su destacada posición como virrey de Valencia y lugarteniente del emperador. Años después, tras enviudar de Germana, volvería a intentar postularse para el cargo de ayo, pero ya no había lugar para siquiera considerarlo.

GERMANA DE FOIX (1488-1536)

En la actualidad contamos con algunas importantes biografías sobre la Reina Germana entre las que cabe destacar las escritas por el Marques de Cruilles (1891) –reeditada en 2007 junto con un importante estudio de Ernest Belenguer–, Luis Querol Roso (1931) y Javier García Mercadal (1942), además de una documentada tesis doctoral inédita de la historiadora Regina Pinilla Pérez de Tudela (1982) que revisa los años del virreinato conjunto de don Fernando de Aragón y Germana de Foix y un ensayo de Rosa E. Ríos Lloret (2003) que, sin ser estrictamente una biografía al uso, nos acerca a la vida de la llamada "Reina Viuda" desde una perspectiva que presta gran atención al momento y circunstancias históricas de Germana para contextualizar su vida y su controvertida historiografía. Un objetivo similar, aunque desde múltiples disciplinas (historia, literatura, arte, arquitectura, política, sociedad, etc.) fue el que inspiró la exposición "Germana de Foix i la societat cortesana del seu temps" desarrollada en la ciudad de Valencia, y cuyo catálogo fue preparado por Ríos Lloret en colaboración con Susana Vilaplana Sánchis (2006). Evidentemente estos no son los únicos estudios que abordan con mayor o menor extensión la biografía de la virreina de Valencia, pero sí los más completos. En cualquier caso, encontramos también breves referencias, semblanzas y juicios –muchos juicios– en otras obras dedicadas a las revueltas de las germanías, estudios sobre la vida y reinado de Fernando el Católico, Carlos V, etc., e incluso en una reciente biografía novelada a cargo de Carmen Güell, *Jaque a la reina muerta* (2010).

Germana, hija de Juan de Foix, vizconde de Narbona y María de Orleans, nació en 1488 en Mezières donde pasó los primeros años de su infancia. Al año escaso del fallecimiento de su madre en 1492 se produjo un incendio que redujo el castillo a escombros y obligó al padre a enviar a sus dos hijos, Germana y Gastón, a vivir a la corte del rey Luis XII. Diez años después, Juan de Foix moría y en su testamento le encomendaba, de nuevo, su progenie al monarca francés.

Así, desde los seis hasta los diecisiete años, cuando se concertó su matrimonio con Fernando el Católico, Germana se crió y educó como "demoiselle" en la corte francesa, entonces muy influida por el mundo borgoñón y el italiano. En esta corte aprendería a leer, a escribir, a tañer instrumentos, danzar y cantar; intereses que mantendría el resto de su vida y que serían determinantes para la creación –junto con su tercer esposo, el duque de Calabria– de la capilla poético-musical del palacio virreinal valenciano. Doña Leonor, hermana de Carlos V, al referirse a su habilidad para el canto y la danza, deja un valioso testimonio según el cual, después de "verla y oírla ya tocando muchos instrumentos, como el laúd, el manicordio y cantar su parte con otras, bailar y conversar con unos y con otros, [la consideraba] un portento de discreción, honestidad y gentileza" (*apud* Ríos Lloret, *Germana de Foix...* 77).

El Rey Católico estaba en la cincuentena en el momento de sus segundas nupcias con la joven Germana y, según la interpretación habitual que recoge Belenguer, nunca la quiso como a Isabel (*Fernando el Católico* 305-08), siendo su matrimonio únicamente por conveniencia política –por razón de estado– como reza el propio título de la obra de José María Dousinague. No obstante, resulta sorprendente que las circunstancias de esa boda sean algo destacable por la historiografía al hablar de un matrimonio real de la época, o que ese "desamor" del rey se haya convertido en una de esas sombras que parecen siempre rodear a Germana cuando se quiere hacer una comparación –no por inevitable menos injusta– con la reina Isabel. También es sorprendente que para explicar el renacido apetito sexual de un monarca cincuentón por su joven esposa francesa, fuera necesario recurrir a explicaciones más propias de obras como *Celestina* al acusar a Germana de haber influido a su esposo con unas "yerbas." En la mentalidad de la época y sobre todo, en la consideración de castellanos y aragoneses, era incomprensible la actitud del Rey Católico hacia su nueva mujer, por lo que tenían que asociarla de alguna manera con rituales nigrománticos. Como explica Ríos Lloret, "era casi imposible, según el código de aquella época, que un hombre cabal 'se trastornara' por el amor de una mujer a no ser que ella le hubiese hecho un maleficio, maleficio que, una vez conjurado, acababa con la pasión" (58).

Lo cierto es que Germana no tenía ninguna posibilidad a la hora de competir con Isabel la Católica, no ya en el corazón del rey Fernando, sino a los ojos de un pueblo que veía inapropiado que el rey aragonés sustituyera tan pronto a su querida difunta reina. Sobre todo –sospechaba el pueblo castellano– el matrimonio no era sino una maniobra más por parte del Rey Católico para evitar que Felipe de Habsburgo y Juana de Castilla heredasen la Corona de Aragón. Germana, por consiguiente, era el símbolo de esa estratagema real.

La apertura del testamento de Fernando el Católico tras su muerte demostró que, al margen de cualesquiera que sean las consideraciones de los historiadores, y sus distintas varas de medir, Germana de Foix gozó de gran estima en el corazón del monarca. En su última voluntad le pide a su nieto Carlos que se haga cargo de ella personalmente y que se asegure de que siempre reciba los honores propios de una reina, de la reina viuda en que ahora se convertía. Según algunas interpretaciones, Carlos I podría incluso haber mantenido una relación sentimental con Germana de la que habría nacido una hija de nombre Isabel. Por aquel entonces el rey Carlos tendría diecisiete años y la Reina Viuda veintinueve y, si bien es cierto que ha sido un tema muy debatido por los historiadores, las razones argüidas por, entre otros, Manuel Fernández Álvarez (98-99) no son nada concluyentes y, hoy por hoy no es posible demostrar ni esta relación, ni la existencia de la hija.

En cualquier caso, el nuevo rey de España, como antes Fernando el Católico, decidió hacer un uso político del estado de Germana para casarla con el marqués Juan de Brandeburgo y lograr así el voto del hermano de éste –elector de Brandeburgo– en su candidatura para encabezar el imperio. No se puede decir que la reina Germana radiara alegría con este matrimonio pero lo aceptó con la resignación de quien se sabe un peón en el complejo tablero político que ahora, como antes su antiguo esposo, manejaba el nuevo rey y, por tanto, ella "se contentaba casándose con ese marqués" (Cruilles 143).

Este matrimonio (1519-1525) fue igualmente impopular para la reina ya que si su primera boda fue criticada porque –pensaban los súbditos del rey Fernando– aquella muchacha francesa no era digna sucesora de la reina Isabel, ahora las críticas se repetían desde el otro lado. ¿Cómo era posible que una mujer que había sido esposa del Rey Católico pudiera ahora unirse en matrimonio con un marqués de inferior linaje y aún menor patrimonio?[12] Como puede verse, la opinión general no estaba dispuesta a aceptar a Germana, fueran cuales fueran sus decisiones o, mejor dicho, las decisiones que por ella y para ella habían sido tomadas, en favor del estado.

La época de este breve matrimonio la describe el Marqués de Cruilles comentando que "su casa siendo ya Marquesa de Brandeburgo[13] era frecuentada por lo más selecto de la corte y se celebraban en ella aquellas farsas equivalentes a las aplaudidas representaciones dramáticas por particulares que en la alta sociedad se acostumbran en nuestros días" (147), con lo que puede verse un anticipo del gusto teatral del que después se hará gala en *El Cortesano* de Luis Milán y, sobre todo, debe hacernos reflexionar sobre el papel de Germana tanto en el mecenago musical como en la organización de las farsas y otras diversiones durante su tercer matrimonio.[14]

Pero antes de llegar a su boda con el duque de Calabria, estos años estarían marcados por la revuelta de las germanías y la eficaz, aunque terrible, represión de los moriscos en Bernia, Benaguacil y

---

[12] Gonzalo Fernández de Oviedo recoge en sus *Batallas y Quinquagenas* al respecto un comentario de la que fuera camarera de Germana de Foix, Isabel Fabra, la cual, al enterarse del nuevo matrimonio de su señora, le dijo:

> Señora, yo servía a vuestra Alteza siendo reyna e muger del Rey Católico, mi señor, en tanto quél bivió. E después que Dios le llevó tanbién, hasta agora, quasi otros cuatro años ha. Pero pues tal baxeza days a vuestra perssona e querés ser muger del Marqués sea en buena ora, pero no será [...] Yo me voy a mi casa, que el Rey Cathólico e sus predeçesores dieron de comer a los míos e a Remón Despés mi marido, que en gloria sea, e eso me basta a mí e a mis hijas e suçesores. (349)

[13] En realidad se equivoca el marqués de Cruilles al referirse a Germana de Foix como marquesa de Brandeburgo, pues nunca hizo uso de ese título pues, como se ha explicado, el emperador se ocupó de que siempre mantuviera dignidad de Alteza y reina.

[14] Es interesante notar aquí que, para celebrar el enlace de la reina Germana con el marqués de Brandeburgo, Juan Fernández de Heredia compuso *La Vesita*, un pequeño drama cortesano que representa las discusiones de una señora con sus criadas, así como la conversación con las damas que la visitan en su casa, galanterías de damas y caballeros, danzas y canciones cortesanas y un torneo de caballeros. Años más tarde, en 1540, el duque de Calabria, tras enviudar de Germana, utilizaría esta misma representación, si bien con distinto prólogo, para celebrar sus segundas nupcias con Mencía de Mendoza.

Espadán que llevó a cabo la reina Germana tras sustituir a Diego Hurtado de Mendoza en 1523 en el virreinato y lugarteniencia de Valencia, mientras que su nuevo esposo ocupaba la capitanía general.[15] Germana mostró haber aprendido bien la cultura del maquiavelismo político del que había sido modelo su primer esposo y, siempre obediente a las directrices del emperador, introdujo un fuerte carácter económico a la represión mediante confiscaciones de bienes y multas, además de un ejercicio de la violencia con claro interés ejemplarizante. Como resultado, al final de la revuelta, unos ochocientos individuos habían sido ejecutados mediante horca, tormento, arrastre y descuartizamiento (García Cárcel 45-46). Esta crueldad, permitida e incluso incitada y aplaudida por el emperador, es la que ha impedido a los historiadores acercarse a la compleja vida y personalidad de Germana de Foix para acabar en estereotipadas acusaciones.

En el verano de 1525, toda vez que la tranquilidad ha vuelto a Valencia, llega como real prisionero a la costa levantina, el fruto magnífico de la victoria de Pavía, Francisco I de Francia. La reina doña Germana, mientras tanto, se encontraba en su residencia del palacio arzobispal cuidando de su convaleciente esposo que, a los pocos días, expiraría.

De nuevo viuda, Germana acude a Carlos V y se pone a su disposición. El emperador le pide que se encuentre en Illescas con el monarca francés, aún prisionero, y, junto a la marquesa de Cenete y Leonor de Austria, colabora para llegar a un acuerdo que desatasque la situación en que se encuentra Francisco I. Las reuniones tienen un éxito casi inmediato y concluyen con la firma del llamado Tratado de Madrid por el cual el monarca francés es finalmente liberado y se compromete a contraer matrimonio con la hermana del emperador (Foronda 267).

Durante el tiempo que la reciente viuda pasó en la corte imperial es posible que se acercara de nuevo a Fernando de Aragón, duque de Calabria, el cual había sido recientemente liberado de su prisión en Játiva por su lealtad a Carlos I. La situación de ambos era análoga, pues los dos tenían un pasado regio y se encontraban sin corona a expensas

---

[15] Evidentemente son muchos los estudios que se han dedicado a la revuelta de las Germanías y su represión. Ríos Lloret (143-150) hace un buen resumen de estos distintos puntos de vista que van desde la defensa apologética hasta la crítica destemplada, pasando por los intentos de imparcialidad más recientes.

de lo que el rey decidiera hacer con ellos. No resulta difícil pensar, como así lo hace el Marqués de Cruilles, que entre ellos naciera un sincero afecto (171). Según Manuel Fernández Álvarez, que en esto prefiere seguir a Fernández de Oviedo, el duque se resistiría con uñas y dientes a esta boda fundamentándolo en que Germana "había engordado espantosamente" (338).[16] Sin embargo, como explica Ríos Lloret (92), en realidad era un matrimonio muy conveniente para Fernando de Aragón pues le aseguraba una posición social y económica que no tenía y a la que, de otra manera, no podía aspirar.

GERMANA DE FOIX Y FERNANDO DE ARAGÓN COMO VIRREYES VALENCIANOS (1526-1536)

Con motivo de su matrimonio, Fernando de Aragón recibe el virreinato valenciano, cuyo título ya ostentaba Germana de Foix. Como todo enlace arreglado por el emperador, también éste tiene segundas y terceras intenciones dentro de la política nacional e internacional. Mediante la boda de Germana con Fernando, Carlos V es capaz de mantener a la Reina Viuda en una posición de privilegio a pesar de su mala fama dentro del virreino por su severidad en el castigo de los agermanados y moriscos. A su vez, devuelve al pueblo valenciano como virrey vitalicio –lo cual era algo excepcional– al heredero del siempre querido Alfonso el Magnánimo y, de esta forma, el emperador puede premiar también la lealtad de aquel que prefirió continuar en la cárcel de Játiva antes que liderar el movimiento revolucionario valenciano. Fernando de Aragón es, de inmediato, una opción aplaudida por el pueblo y la nobleza valenciana que ve en él al legítimo heredero de la corona de Aragón, y no a un representante del emperador o una extensión del poder castellano.

El puesto de virrey viene cargado de una serie de prerrogativas de orden político, legislativo, militar, social, religioso y económico que pueden ejercerse en mayor o menor grado aunque siempre dentro de los límites marcados por la corona, con lo que, habitual-

---

[16] Francés de Zúñiga, acerca de la gordura de la reina, cuenta en su *Crónica burlesca del emperador Carlos V* el chiste de que la reina Germana, al poco de casarse, "una noche, estando con él [el duque de Calabria] en la cama, tenbló la tierra (otros dizen que las antífonas desta reyna). Con el miedo del temblor de la tierra saltó de la cama y del golpe que dio hundió dos entresuelos, mató un botiller y dos cozineros que en vaxo dormían" (128)

mente, el virrey es un personaje más cercano a un alto funcionario del estado como pueda ser un secretario real, que propiamente a un "alter ego" del monarca (Pinillos; Lalinde). De hecho, las más de las cartas enviadas por el emperador y conservadas en el Archivo del Reino de Valencia (sección *Cartas a los virreyes*) se refieren al control del gobierno mediante instrucciones precisas sobre futuras actuaciones o, por el contrario, solicitando informes sobre cómo se han ejecutado anteriores indicaciones. Además, gran número de esta correspondencia es de tipo circular, es decir, enviada a todos los virreyes del imperio solicitando fondos para la Cruzada o bulas, etc. Así, por ejemplo, en gran parte de las cartas conservadas, el nombre del duque o de Germana no llega siquiera a aparecer en el escrito (ARV, *Cartas a los virreyes*, 251-252).

Desde el nacimiento de la Corona de Aragón, el rey siempre había delegado su poder y autoridad en algún familiar o funcionario con obligaciones que variaron conforme a cada época. De esta forma, las ausencias del rey quedaban atenuadas con ese gobierno temporal. Durante el siglo XV, sin embargo, el frecuente absentismo de Alfonso el Magnánimo hizo del virreinato y la lugartenencia una necesidad. Más tarde, sería Fernando el Católico quien crearía la figura y el modelo de virrey que luego se consolidaría en la Edad Moderna.[17] Según lo establece el Rey Católico, este trabajo ha de recaer siempre sobre un noble durante un tiempo limitado aunque variable y determinado con anterioridad a la toma de posesión. Inicialmente fueron tres años y, en ocasiones este plazo se podía ampliar a cinco, o incluso indefinidamente, pero siempre sujeto a la voluntad del monarca.[18]

---

[17] En el periodo de 1497-1505, el cargo lo ocuparía Enrique de Aragón, primo hermano de Fernando el Católico. Posteriormente, entre 1505 y 1512 sería su propia hermana Juana, la cual ostentaba el título honorífico de reina de Nápoles. Entre 1523 y 1525 sería Germana de Foix, viuda de Fernando el Católico, casada con el marqués de Brandeburgo y, posteriormente, entre 1526 y 1536 junto con su tercer marido, el duque de Calabria.

[18] Durante el reinado de Carlos V, el virreinato de Valencia recayó sobre nobles emparentados de una u otra forma con la familia real, costumbre que cambió con la llegada de Felipe II al trono. Además, este monarca, a partir de 1567 nombró virreyes ajenos al territorio valenciano y, por lo común, castellanos. María de los Peligros Belchí opina que aquello obedecía a una estrategia bien calculada por el monarca que "conocedor de las resistencias que en los territorios de la Corona de Aragón se alzaban amparándose en los fueros de cada reino, designaba un virrey foráneo, circunstancia que podría justificar una posible vulneración, escudándose en el desconocimiento de la legislación foral por lo que a la larga el poder real salía reforzado" (38).

En cuanto a las competencias de los virreyes, éstas también podían variar en función del grado de centralización que quisiera imponer cada monarca. En el caso de Fernando de Aragón y Germana de Foix, el control ejercido por Carlos V dejaba muy poco espacio para la autonomía política de los virreyes que hubieron de buscar otras vías de influencia y relevancia en la España de la época al margen de la política y la fuerza militar. Las posibilidades no eran muchas y el mecenazgo se presentaba, probablemente, como la más atractiva para ambos.

El comienzo del virreinato de Fernando de Aragón y Germana de Foix está marcado por una serie de decisiones destinadas a aumentar su *auctoritas* para presentarse ante la nobleza como auténticos reyes y señores, y no como meros "funcionarios reales." Entre estas decisiones, una significativa, aunque a primera vista pueda parecer intrascendente, es la de no trasladarse a Valencia hasta que finalizaran las obras de embellecimiento del Palacio Real, lugar en el que decidieron establecer su residencia y escenario de sus ilusiones áulicas. Una vez realizadas las mejoras necesarias, los duques desplegaron "un lujo verdaderamente regio" –como lo califica el Marqués de Cruilles (174)– desde su propia entrada en el Real, que se produce precedida de músicos que tocan timbales y clarines, y una guardia de cien hombres de armas y de a caballo, todos ellos uniformados de amarillo con barras de terciopelo carmesí.[19]

Norbert Elias (*Sociedad cortesana* 60-90) ha llamado la atención sobre la importancia que en esta época tienen las viviendas como símbolo de la persona que en ellas habita. La ocupación, pues, de este Palacio Real, sería la primera acción significativa de este virreinato pues, ni virrey ni virreina, quieren asumir un papel de "delegados" del emperador. Fernando de Aragón, heredero de la casa de Aragón y príncipe jurado del reino de Nápoles, unido a la reina Germana, viuda del rey Fernando el Católico y sobrina del rey Luis XII de Francia constituyen un matrimonial real y los avatares de la política o del destino no iban a menguar su regia naturaleza.

Según Elias, "la elaboración diferenciada de lo externo, como instrumento de la diferenciación social, es característica no sólo de

---

[19] Según el marqués de Cruilles serían cien hombres de armas "con los correspondientes de a caballo." Lo cierto es que, como explica el moderno editor Ernest Belenguer (290), el documento que se aduce como base de esta información (LIII) no aclara si son cien en total o cien de a pie y cien de a caballo.

las casas, sino de la configuración general de la vida cortesana. La sensibilidad exquisita de estos hombres para percibir las relaciones entre rango social y configuración de todo lo visible en su ámbito de acción e inclusive de sus propios movimientos es tanto producto como expresión de su situación social" (*Sociedad cortesana* 87). Eso será efectivamente lo que don Fernando de Aragón y doña Germana de Foix procuren en todo momento: mostrar su diferenciación social mediante la construcción y sostenimiento de su imagen real dentro de su "ámbito de acción" y movimientos. Para ello, se rodearán de una de las más exquisitas cortes culturales de la época que pronto adquiere fama como lugar de diversión y mecenazgo de las artes literarias y musicales (Romeu i Figueras, "Mateo Flecha"). Con ello, el palacio comienza a atraer a la clase más elevada de la sociedad valenciana, ávida de diversión y entretenimientos acordes con su clase. La permanencia y promesa de continuidad que tenía el raro carácter vitalicio del nombramiento de nuestros virreyes contribuyó en gran manera a crear un ambiente de corte estable cuyo prestigio cultural y funcionamiento doméstico parecen querer recordar a los de una auténtica corte reinante. No obstante, el fasto que en ella se desarrolló, el mecenazgo literario y musical y la intensa vida cultural y de ocio, ocasionaban unos gastos que con frecuencia excedían las rentas que recibían. Esta actitud, como es lógico, encontraba la cerrada defensa de los músicos que más se beneficiaron de ella. Mateo Flecha el Viejo, por ejemplo, compara el mecenazgo musical del duque de Calabria con el del propio Papa, el del rey Fernando el Católico, el arzobispo de Toledo, etc. para acabar dándole el triunfo al de Valencia en su ensalada *La viuda*:

"¿Qué fue del papa León?
Los reyes y los señores,
¿dó se fueron?
¿Qué fue de aquel gualardón,
las mercedes que a cantores
se hicieron?"
Rey Fernando, mayorazgo
de toda nuestra esperanza,
¿tus favores a dó están?
Turutú, tu, turutú.
...
"Arzobispo de Toledo,
óigovos, óigovos y non vos veo."

> El de Fonseca sería,
> que en música se perdía
> por tomalla y por dexalla.
> "Agora que la quería,
> se murió en esta batalla."
> Tu, turutú, turutú.
> El duque de Calabria es
> con quien no ha habido revés:
> es su amiga muy amada.
> "Viuda enamorada,
> gentil amigo tenéis,
> ¡por Dios no lo maltratéis!" (21-49)[20]

Ramón Menéndez Pidal compartía la misma opinión que Mateo Flecha, pues de Fernando de Aragón escribe que "era este duque el hombre del mundo más apasionado por la música, el que sostenía la mayor capilla de instrumentos y voces" (*Romancero hispánico* 2: 82). En cambio, esa pasión musical no atraerá el aplauso de todos, también suscita numerosas críticas entre los que pensaban –no sin razón– que era un gasto excesivo para la posición y arcas del duque. Juan de Timoneda recoge una graciosa anécdota al respecto en *El Sobremesa*:

> El duque de Calabria fue tan dado a la música, que no había en España quien tantos y tan buenos músicos tuviesse, a causa de los grandes salarios que les daba. Viniendo un gran músico forastero al Real para oir la música el día de los Reyes, que tanto le habían alabado, oído e informado de la renta del Duque, dixo: "Para tan chica capa, gran capilla es ésta." (282)

La apretada realidad económica del virreino, es sistemáticamente ocultada por los poetas de la corte como Juan Fernández de Heredia y Luis Milán para los cuales la corte valenciana no tiene nada que envidiar las más sobresalientes y ejemplares de los tiempos pasados y, a pesar de las numerosas bromas y chanzas con que cuajan sus escritos, nunca se menciona la precariedad económica de aque-

---

[20] María del Carmen Gómez Muntané hace notar que si los versos parecen inspirarse en aquellos otros de las "Coplas por la muerte de mi padre" de Jorge Manrique, la melodía "parece parodiar la misma que utiliza Mudarra en su versión para canto y vihuela de los doce primeros versos de las coplas manriqueñas" (1: 122; nota 3).

lla corte. Francés de Zúñiga, aunque casi de pasada, sí se hace eco, con un chiste, de la fama de derrochador que el duque debía de haber acumulado con gran velocidad entre el escaso tiempo que media entre su liberación de la prisión de Játiva y el recibimiento que de Isabel de Portugal hace en la frontera (127).

Las opiniones sobre esta corte, por tanto, y sobre el mecenazgo de los virreyes no son, ni mucho menos, concordantes. Para Ríos Lloret, esto se debe a que "esta corte creó un mundo propio al que hay que entender mediante una llave que abra sus secretos" (153). Desde mi punto de vista, es posible que esa llave se encuentre en *El Cortesano* de Luis Milán y si no, al menos nos permitirá echar un vistazo desde el ojo de la cerradura para tratar de descifrar esos enigmas que se ocultan en la memoria de su vida como personas reales, en su *auctoritas* perdida y en el deseo de exprimir al máximo los placeres de la vida.

En su ensayo sobre Germana de Foix, Ríos Lloret prefiere abstenerse de cualquier valoración moral, aunque apunta al talante epicúreo –de trascendencia de lo instantáneo– como esa llave capaz de abrir estos secretos y empezar a entender la vida en el interior de este palacio valenciano. Llámese frivolidad o epicureísmo, es indudable que *El Cortesano* de Luis Milán nos descubre una sociedad empeñada en una ilusión, en una nostalgia por la vida áulica que el destino denegó a nuestro virreyes. Un deseo de volver a un pasado mediante la creación de una corte que parece que busca ser la encarnación de todas las condenas del *Policraticus* de Juan de Salisbury y que, sin embargo, se presenta en la carta prologal a *El Cortesano* de Luis Milán como modelo para la moderna cortesía de la España de Felipe II.

En última instancia, la función primordial de los virreyes era la de asegurar el cumplimiento de las leyes firmadas por Carlos V, a la vez que tratar de recaudar las siempre crecientes cantidades económicas que el sostenimiento de las guerras exteriores suponía. De esta manera, estos reyes sin reino y capitanes generales sin ejército, han de buscar un espacio distinto para su autorrepresentación, para crearse una persona que no fuera únicamente imagen de otra ajena, aunque fuera la de todo un emperador. La creación y sostenimiento de una corte de gran importancia cultural es una de las pocas opciones que les quedan para mantener una ilusión de regia *auctoritas* –un capital simbólico, como lo llamaría Pierre Bourdieu– que, en el caso de Fernando de Aragón, se sustentaba en su apellido y ascendencia genealógica –de ahí su empeño, durante toda su vida por recuperar las posesiones familiares–, pero también en una contrastada lealtad a la corona de Aragón y al emperador. Todo ello le garantizaba una relativa autonomía de gobierno y una cierta capacidad de reivindicación al poder central en asuntos de defensa de la costa e impuestos, tan necesarios ambos para la identidad diferencial de un territorio periférico como el valenciano.

Desde esta óptica, los desmedidos gastos de remodelación del Palacio Real, la construcción del Monasterio de los Reyes, los abundantes gastos que su capilla musical generaba, así como los excesos en sus fiestas, celebraciones, representaciones dramáticas y juegos, no son ya los "derroches" que condenaba Francés de Zúñiga sino que, muy al contrario, constituyen "gastos de prestigio," –como los denominaba Veblen en su *Teoría de la clase ociosa*–, en definitiva, una inversión del enorme capital económico necesario para sostener la *auctoritas* que correspondía a nuestros dos reyes-virreyes.

Capítulo 3

LO QUE VA DE *CORTEGIANO* A *CORTESANO*

Cuando Baldassare Castiglione manda el texto manuscrito de *Il Cortegiano* a Venecia para su publicación en 1528, lo hace acuciado por el riesgo de que la copia que poseía Vittoria Colonna, y que ya circulaba sin control alguno, llegara a publicarse de forma abusiva. Así, después de tres redacciones manuscritas diferentes –que no fueron meras revisiones, sino auténticas reescrituras– y una docena de años de trabajo, Aldo Manuzio comenzó a tirar una primera edición bajo la atenta mirada de Ramusio, Bembo, Marcantonio Flaminio, Bartolomeo Navagero y Giovan Francesco Valerio, amigos a cuyo cuidado había dejado Castiglione el texto que se convertiría poco después en un éxito inmediato.

Las anteriores versiones, con sus revisiones y correcciones, reflejan las distintas circunstancias culturales, políticas y diplomáticas que marcaron la propia vida del autor y, consecuentemente, la propia redacción de su diálogo. Por ejemplo, la primera versión (1515-1516) venía precedida de una dedicatoria a Francisco I, rey de Francia, *Il Re Cristianissimo*, al cual Castiglione trataba de poner de parte de su señor, Francesco Maria della Rovere, duque de Urbino, en su batalla diplomática con el papa León X, por el control del preciado ducado. El intento fracasó y el premio acabaría en las manos de Lorenzo de Médicis, sobrino del pontífice. Como consecuencia, la dedicatoria a Francisco I desapareció en la segunda versión. Las siguientes redacciones fueron también abandonando el excesivo localismo, o interés por lo italiano, para adquirir en su versión final una visión más europea y más próxima a los intereses de Carlos V en cuanto al equilibrio de poder entre la Iglesia y el imperio.

En el libro primero del *Cortegiano*, Federico Fregoso, a instancias de Emilia Pía, propone un juego consistente en debatir acerca de las características que ha de tener el perfecto cortesano. A partir de ese momento, este tema centrará la conversación de las damas y los caballeros noche tras noche en el palacio de Urbino hasta dibujar un ideal que alcanzará un pronto reconocimiento que se reflejará tanto en su fortuna editorial como en el predominio cultural que ejercerá durante siglos, tal y como atestiguan las numerosas ediciones en italiano, traducciones a varios idiomas, refundiciones, imitaciones, etc. que harán de él uno de los libros italianos más influyentes de la época.[1]

Luis Milán, a la hora de escribir su propio *Cortesano* (1561), no duda en reconocer una relación filial con su homónimo italiano al que, no obstante, en ningún momento tiene intención de imitar, pero con el que rivaliza abiertamente para lograr el favor de las damas. En el conocido fragmento que sigue a continuación explica los motivos que –según dice– le empujaron a la redacción del suyo:

> Hallándome con ciertas damas de Valencia que tenían entre manos el Cortesano del conde Balthasar Castillón, dixeron qué me parescía d'él. Yo dixe: "Más querría ser vos, conde, que no don Luys Milán, por estar en essas manos donde yo querría star." Respondieron las damas: "Pues hazed vos otro para que halleguéys a veros en las manos que tanto os han dado de mano." Prové hazelle y á hallegado a tanto que no le han dado de mano, sinó la mano para levantalle. (A3r; 177-78)

No hay aquí ninguna evidencia concluyente que nos indique con seguridad si el ejemplar que las damas sostenían se trataba de uno en italiano, o la reciente traducción hecha por Juan Boscán en 1534. Tanto el italiano como la traducción –o versión, como prefiere denominarla Margherita Morreale– del poeta catalán encontraron amplia difusión en la península y ambos se encuentran entre los libros de la biblioteca del duque. Los cortesanos de aquella corte, además, no eran, ni mucho menos, ajenos a la lengua italiana. Re-

---

[1] Un rápido vistazo a los dos apéndices recogidos al final de *Los avatares del Cortesano*, de Peter Burke, nos permite descubrir que, entre 1528 y 1850 se encuentran 153 ediciones y traducciones del libro de Castiglione y una larguísima nómina de lectores anteriores al año 1700, lo que constituye un buen botón de muestra del significado cultural de *Il Cortegiano*.

cordemos, por ejemplo, que, además de que parte de los hombres al servicio del duque eran italianos, él mismo había hecho traer a Valencia a sus hermanas, doña Julia y doña Isabel, junto con sus respectivas damas de compañía y la correpondiente porción de la biblioteca familiar (Almela i Vives 37).

No obstante, y aunque sin querer aventurar interpretaciones indemostrables hasta el momento, sí que puede resultar de cierta utilidad entretenerse brevemente con sendas posibilidades. Así, es plausible pensar que el hecho de que fueran varias damas las que tuvieran el libro "entre manos" pudiera referirse a que se pasaban el libro de unas a otras, o a que lo leían y comentaban juntas. Esta segunda opción sería aún más probable si el número de estas damas fuese más de dos. También, no obstante, podría referirse a que dos damas se encontraran leyendo, y sosteniendo un mismo ejemplar aunque, lógicamente, este habría de ser en folio, y no en octavo o duodécimo como acostumbraban a imprimirlo los italianos.[2] Si ese fuera el caso, ese ejemplar habría de ser, o bien la edición princeps de 1528, o la traducción de Boscán que acababa de publicarse en Barcelona en 1534, pues son las dos únicas de este tamaño.[3] En cualquier caso, según la cronología que presenta Luis Milán, la lectura de las damas marca el punto de inicio de su propia escritura, con lo que sería posible fijar el comienzo de la redacción y consiguientemente, de los hechos narrados –que en el libro se afirma que son contemporáneos a la escritura– en el mes de abril de 1534, cuando ve la luz en Barcelona la primera edición española,[4] o en el mismo mes en alguno de los dos años siguientes. Sea como fuere, de lo que no hay ninguna duda es que la narrativa termina antes de

---

[2] Las ediciones italianas en cuarto disponibles habrían sido las de Giunta (Florencia), en 1528, 1529 y dos en 1531; Viotti (Parma), en 1530, 1531, 1532; Aldus (Venecia), en 1533.

[3] Vicent Josep Escartí se ha referido en varias ocasiones a la rapidez con que las novedades editoriales barcelonesas llegaban a las tierras valencianas (*"El Cortesano* i Lluís del Milà" 19).

[4] La Biblioteca Nacional posee un ejemplar de esta edición (R/868) que perteneció a la biblioteca de "Los Caros," en Valencia. Los dueños de este ejemplar, siguiendo las directrices de la Inquisición (Cfr. Burke 124-25), procedieron a censurar –si bien no parece que con demasiada diligencia– algunos de los pasajes controvertidos del segundo libro tales como una crítica de la elección del papa Alejandro (fo. 46v), una historia de Boccacio de un cura con su "amiga" (fo. 47r), de un sacerdote confesor de la que cinco monjas se embarazaron (fo. 51r), una pintura de san Pedro y san Pablo en la que Rafael los mostraba colorados de vergüenza por la situación de la iglesia (fo. 54r), etc.

septiembre de 1536 cuando la reina Germana, por motivos de salud, se traslada a Líria donde fallece el 15 de octubre.

La cronología interna del libro de Milán se inicia "en el tiempo deleytoso de la hermosa primavera, quando todo el mundo para conservación de la vida humana, saliendo del estremo invierno entra en estos dos suaves hermanos Abril y Mayo" (A4r; 179), por lo que deberíamos de situar estas jornadas y la primera redacción de *El Cortesano* entre las primaveras de 1534 y 1536 como, de otra parte, es habitual en la crítica desde Romeu i Figueras ("Literatura valenciana"). Siendo así, tampoco resulta descabellado pensar que las damas valencianas se encontraran ojeando la traducción del libro de Castiglione que acabara de llegar al palacio pues –no debemos olvidar– la mujer de Juan Boscán, Ana Girón de Rebolledo, era una dama valenciana estrechamente emparentada con Juan Fernández de Heredia, prominente poeta de aquella corte y amigo de Luis Milán. Además, la mención a "las manos" de las damas por parte del poeta levantino podría ser una referencia directa a la traducción de 1534. En su dedicación a Jerónima Palova Almogávar, Boscán incluye un comentario que no aparece en el original italiano al explicar que *Il Cortegiano*, "casi en sus manos [las de la marquesa de Pescara] nació" (72) para, después, afirmar que él tambien busca que su traducción pueda "sosegarse y descansar de sus trabajos en vuestras manos [las de Jerónima Palova Almogávar]" (72). Este último *Cortesano*, el de Milán, también busca estar entre manos de damas lo que, al margen de su connotación erótica (Ravasini, "Crónica social" 73), parecería señalar como rival a la versión traducida y no al original italiano.

En este momento no es posible determinar con seguridad qué libro era el que leían las damas. De damas argüía razones tanto a favor como en contra de ambas hipótesis pero, no obstante, ni una ni otra pueden ir más allá de conjeturas más o menos fundadas y razonables. En cualquier caso, y fuera como fuese, es indiscutible que la rivalidad más directa se establece con el diplomático italiano, pues mientras que a él se le menciona expresamente, a Boscán se le ignora.

Tal vez por ese desafío de Luis Milán, y evidentemente por la homonimia en el título, es frecuente evaluar los méritos de la obra del valenciano según el supuesto patrón de medida que marca el italiano. Comparado en términos de triunfo editorial e influencia cultural, evidentemente, el de Milán nunca sale bien parado e incluso, en alguna ocasión, de una forma cuando menos sorprendente, parece no haberse entendido que el de Milán no es tanto un libro sobre cómo ha de ser el cortesano sino, en sí mismo, un libro y un producto cortesano que ha de entenderse dentro de una exitosa biografía dentro de la corte y de la carrera literariomusical de Luis Milán. Para Margherita Morreale, no obstante, "Luis Milán dará el título de *El Cortesano* a una colección de motes y cuentos, donde la influencia de la obra homónima de Castiglione se diluye en unos entretenimientos alambicados e insulsos. De ahí que el nombre mismo de *cortesano* llegara a tomarse en el sentido de 'hombre palabrero'" (1: 226).

No obstante, cuando Margherita Morreale acusa al libro de Milán de desleír la intención argumentativa de Castiglione en unos "entretenimientos alambicados e insulsos" parece no haber comprendido la intención del valenciano, que ella piensa pertenece a una centuria posterior, pues lo relaciona con la crítica que Juan de Zabaleta hace de los cortesanos "palabreros" (1: 226). Sin embargo, tal y como podrá comprobarse más adelante al leer la sinopsis del contenido del libro de Milán, aunque la influencia directa del libro de Castiglione parezca casi testimonial, resulta más importante si atendemos al espíritu del libro que le da forma. Esto es así, especialmente si prestamos más atención al libro segundo del texto de Castiglione, en cuyo núcleo se debate el conflicto entre la creación especulativa de un cortesano y las naturales limitaciones del cortesano posible, aquel que habita realmente las cortes europeas.

Tal vez sea en esa capacidad para capturar el espíritu de la realidad cortesana donde Luis Milán busque medir sus fuerzas literarias. Mario Pozzi escribe, con razón, que, aunque *El Cortesano* "[c]omprende una breve discusión sobre las cualidades del perfecto cortesano ... es tan breve que casi se reduce a un homenaje a Castiglione" (69). En efecto, a pesar de que Milán utiliza el libro italiano como punto de partida retórico para iniciar el suyo, y tal vez busque rendirle ciertos honores mediante esa breve discusión sobre el cortesano perfecto, no es posible ignorar la enorme distancia que hay entre ambos cuando se comparan el contenido y el tono. Las conversaciones recogidas por Milán poseen una naturalidad de la que carecen las de Castiglione. El tono, a su vez, es incluso ordinario en ocasiones (Trend 76), creando un efecto de sorprendente realismo ausente en Castiglione (Ravasini "Polifonia ed eclettismo" 190). De igual forma, su escritura, aunque bien anclada en el diálogo, no tiene, desde luego, tintes humanistas, y se adentra intencionalmente en la ambigüedad de los libros de *genera mixta* que combinan y transforman distintas formas literarias del Renacimiento como farsas, bailes, canciones, desfiles de momos, sonetos, máscaras, juegos, romances, etc. como una variedad de lo que Northrop Frye denomina "anatomía" y que él mismo define como "forma de ficción en prosa, tradicionalmente conocida por sátira menipea o sátira de Varrón y representada por la *Anatomy of Melancholy*, de Burton: se caracteriza por una gran diversidad de tópicos y un pronunciado interés por las ideas. En sus formas más cortas tiene a menudo por marco una cena o simposio, con versos intercalados" (*Anatomía* 483). Su heterogeneidad o amalgama de géneros, al contrario de lo que podría parecer al lector de hoy, no supone una desviación de un argumento principal sino que constituye la propia idiosincrasia de una obra que nunca intenta ser una teorización sobre el hombre de palacio, sino que busca la viva representación de la realidad cortesana.[5]

El propósito de *Il Cortegiano* era, por el contrario, de índole tratadística o, como lo expone César Gonzaga (1: §25, 141),[6] tiene la intención de declarar cuáles han de ser las características del perfecto cortesano. Por tanto, a lo largo de los cuatro libros de que se compone se hace siempre una clara distinción entre la teoría y la práctica cortesana; entre el ideal al que se aspira y la realidad personal, siempre limitada, que obliga al sujeto cortesano a fingir esa perfección. Las consecuencias de estas diferencias se hacen evidentes al comparar los dos textos. Mientras Castiglione envía su libro a don Miguel de Silva, embajador de Portugal en Roma, como "un retrato de la corte de Urbino" (Dedicatoria §1, 92) o, lo que es lo mismo, como un testimonio de aquello que ya no está presente, pues se ha ido, el *Cortesano* de Luis Milán "[r]epresenta la corte del real duque de Calabria y la reyna Germana" (A3r; 178). Es decir, aunque reconoce el tiempo de aquella corte como uno anterior, su propósi-

---

[5] A este propósito, Ines Ravasini ("Polifonia ed eclettismo") ha estudiado con agudeza la afinidad que ya había señalado Joan Oleza ("La corte") entre la obra de Luis Milán y la *Cuestión de amor* (1513).

[6] Para facilitar su consulta independientemente de la edición que se maneje, cuando me refiero al *Cortesano* de Castiglione indico siempre, en primer lugar el libro, después el párrafo o sección y, por último la página de la edición española. En las citas directas del italiano indico la página de esa edición y su equivalente en la española.

to carece de nostalgia, no busca recordar un tiempo pasado del cual, como incide Castiglione, ya no queda ninguno de sus protagonistas. Muy al contrario, Luis Milán huye de la discusión humanística y de las indudables sombras de pesadumbre que tal *convivium* traería. En su lugar, vuelve a traernos aquella corte virreinal como si nunca se hubiera ido. Se regocija en un tiempo que vuelve a hacer presente –que re-presenta– y que en ningún momento mira ni al pasado, ni al futuro para, quizá, mostrarse así en mejor consonancia con el mismo espíritu epicúreo que había predominado en la vida de aquella corte.[7] A su vez, lo hace con tal gracia –o si se prefiere, con tal *sprezzatura*– que casi logra que se nos pase por alto que si *Il Cortegiano* es el anverso teórico e ideal, el de Milán es su reverso práctico, mundano e incluso, en ocasiones, opuesto.[8]

En la rivalidad establecida con Castiglione, Milán reescribe el modelo cortesano para hacerlo menos humanista y más social; menos preocupado por lograr una perfección personal y más por lograr una óptima integración y reconocimiento entre sus pares cortesanos; menos próximo al tratado, y más cercano al entretenimiento para cortesanos. Mediante este reto busca también autorrepresentarse y reivindicar su propio papel dentro de la élite cortesana de una manera similar –aunque tal vez menos evidente y, desde luego, menos efectiva– a la empleada por el propio Juan Boscán en su traducción de *Il Cortegiano* (Lorenzo 44; Cruz 233-35). El texto de Milán, que podríamos calificar de "crónica ficticia," no tiene únicamente una función descriptiva, sino que también busca ser testimonio literario e ideológico del papel de los poetas áulicos y su capaci-

---

[7] Ravasini, no obstante, sí aprecia "un velo de melancolía" ("Crónica social" 72) en esa declaración de Milán de querer representar la corte del duque y la reina, así como el resto de los cortesanos. Aun si aceptamos esa posibilidad, esta melancolía se encontraría únicamente, entonces, en la carta dedicatoria a Felipe II, pero no hay rastro de ella a lo largo de las seis jornadas del libro.

[8] J. B. Trend opinaba que "Milan's intention was not to set up a rival *Cortegiano*, but to apply the principles of Castiglione to the conditions of Valencia" (70-71). Sin embargo, esta afirmación debe matizarse mucho y, en cualquier caso, no debe entenderse como una correspondencia uno a uno. Como hemos explicado que decía Pozzi, la relación textual entre ambos es casi testimonial. En numerosos casos a lo largo de *El Cortesano* –por ejemplo, en el estudio de la poesía de motes que veremos en el capítulo 4– se puede ver que los participantes exceden todo límite de lo aceptable en una sociedad cortesana como la de Urbino. Además, debe pensarse que esa "puesta en práctica" de los principios cortesanos de Castiglione se hiciera de forma gratuita, sino para superar el modelo italiano. Para más detalles de la relación entre ambos textos, véase Ines Ravasini, "Polifonia ed eclettismo."

dad para crear e inmortalizar identidades.[9] *El Cortesano*, por tanto, se debe situar en un género "entre ficción literaria y crónica palaciega" (Ravasini "Crónica social" 73). A la sazón, esta nueva reescritura de *Il Cortegiano* permite al poeta valenciano mostrarnos la vida de la sociedad cortesana de una forma directa, como si se escribiera sola,[10] sin mediación de terceros, y con una frescura e inmediatez que han hecho que la crítica literaria haya asociado siempre este libro con el desarrollo del teatro en Valencia (Capítulo 5). Luis Milán no discute el ideal cortesano, pero nos muestra una imagen literaria de aquella sociedad que, si no cierta, al menos es fidedigna. Esto es, una representación que, si bien no se ajustaba en todo al ideal que había propuesto el italiano, su verosimilitud la hacía digna de mayor crédito y, a la vez, permitía su lectura, no como fuente de conocimiento, sino como entretenimiento cortesano.

Desde el punto de vista autorial, el triunfo constante de Luis Milán en cada uno de los juegos, saraos y competiciones literarias que tienen lugar en el palacio, hacen pensar que, de existir un modelo, éste no se alejaría del modo en el que Luis Milán se presenta a sí mismo. En efecto, el músico y poeta de Valencia no dejará pasar ninguna oportunidad para lucirse una y otra vez ante el lector que lo encuentra repetidamente como el hombre que reclaman las damas para su solaz; aquel en cuyo ingenio confían sus señores, el duque y la reina, y con el que sus compañeros cortesanos buscan medir su cortesanía.

De esta forma, el *Libro Intitulado El Cortesano* debe ser también interpretado como un ejemplo prototípico de autorrepresentación, según la conceptualización de *self-representation* de Stephen Greenblatt (1-9). Con ello, Milán busca desarrollar una doble estrategia para, en primer lugar, demostrar que el modelo de caballero cortesano defendido por Castiglione e imperante durante los años del imperio de Carlos V, resulta ya obsoleto. Por consiguiente, Mi-

---

[9] Véase a este respecto lo dicho en el capítulo 1 a propósito de las reivindicaciones de Juan del Encina.

[10] Tal es así que, casi al final de las páginas, el duque le pregunta a Luis Milán, "¿en qué punto tenéys el Cortesano que las damas os mandaron hazer?," a lo que él responde simplemente, "Señor, ya stá hecho" (g5r; 671). Es decir, se ha compuesto con la ayuda de todos y sin ser notado. Sin lugar a dudas, Luis Milán, con este comentario quería, una vez más, mostrarse como ejemplo de cortesano perfecto y con una gran dosis de *sprezzatura* pues nadie había sido capaz de notar el trabajo que ocultaba su arte.

lán propone sustituir ese ideal por otro que, sin negar el anterior, se encuentre más de acuerdo con unos supuestos nuevos tiempos.[11] En la situación política del periférico virreino valenciano, la defensa de un cortesano que asistiera directamente al monarca mediante su sabio consejo y su lealtad en la lucha, no habría hecho sino aislar aún más al duque de Calabria y a su esposa Germana. Para que una corte como la valenciana pudiera considerarse relevante dentro de una monarquía progresivamente burocratizada, era necesario redefinir su función así como la propia misión del cortesano, el cual, en caso contrario, corría el riesgo de convertirse en pieza ornamental.

La segunda estrategia desarrollada por Luis Milán, consiste en reemplazar la importancia cultural de *Il Cortegiano* con un nuevo *Cortesano* que no sea una traducción ni una imitación, sino verdaderamente una alternativa. Con esta intención, presenta su propuesta de cortesano en términos de rivalidad y conquista cultural, pues propone sustituir el modelo italiano por uno genuinamente español, de forma que su libro no sea "dejado de mano" por las damas sino que, muy al contrario, esas mismas manos femeninas –que al final son las que determinan la cortesía del caballero– no hagan sino "levantalle" para leerlo y alzarlo victorioso. Con ello, imagina el valenciano, este nuevo cortesano ocupará el lugar hasta entonces reservado para el italiano, completando así el proceso de supremacía cultural española que ha de corresponder a la geográfica. Milán hace coincidir los valores de este "nuevo" cortesano –que él define en su carta prologal– con aquellos que luego aparecen a lo largo de las seis jornadas del libro y que, finalmente, vienen a confluir en su propia persona pues, Luis Milán es, sin lugar a duda, el centro sobre el que gira todo el libro, más allá incluso que los propios virreyes.

Es evidente que en este intento por conseguir reemplazar al *Cortegiano* no tuvo éxito fuera del palacio levantino. Si las damas que le pidieron "hazed vos otro para que halleguéys a veros en las

---

[11] Además, en el momento en el que se escribe la dedicatoria a Felipe II y ve la luz el libro, se corresponde con los inicios del reinado del nuevo monarca. Con él, la corte se ha hecho, casi de forma inmediata, sedentaria y palaciega. Tiene ahora, por consiguiente, unas necesidades específicas muy diferentes a las del emperador. Si para Carlos V, las residencias estables y los palacios no eran ni necesarios, ni convenientes para los reyes, la opinión de Felipe II era, como en tantos otros asuntos, diametralmente contraria. Para el nuevo monarca, la construcción y cuidado de sus palacios eran un importante asunto de gobierno (Kamen, *El enigma del Escorial* 76).

manos que tanto os han dado de mano" (A3r; 178) tuvo lugar, como hemos dicho, entre 1534 y 1536, naturalmente, en el momento de su publicación en 1561, pocas de estas damas –reales o figuradas– estaban dispuestas a recibir un libro que llegaba con un cuarto de siglo de retraso y que representaba un mundo cortesano aún más distante y ajeno a causa de la pátina medievalizante y caballeresca que lo recubría. El propio Luis Milán parece ser consciente de esta distancia política y social que hay entre la década del virreinato que describe (1526-1536) y el nuevo rumbo de la monarquía hispánica a finales de la década de los cincuenta cuando prepara el libro para la imprenta. Por ello, en la carta dedicatoria a Felipe II, el poeta valenciano, para describir cuáles han de ser las características del cortesano ideal lo hace mediante la metáfora de una armadura cuyas piezas dota de significados prácticos, modernos y útiles para la república, que contrastan con la despreocupación por el mundo más allá de las paredes del palacio que exhiben sus cortesanos a lo largo del libro y, muy especialmente, durante las primeras cuatro jornadas.[12]

Esta distancia se muestra insalvable para la fortuna de *El Cortesano* que cuando por fin sale de la imprenta de Juan de Arcos, sin ni siquiera su autor para defenderlo, cae pronto en un olvido casi absoluto, si no es por alguna que otra referencia como la del jurista valenciano Pedro Agustín Morlá en *Emporium* (1599) ya mencionada en el Capítulo 2.

Hasta tal punto ha sido ignorado que, cuando el bibliófilo Antonio María Fabié Escudero (1832-1899) adquirió el ejemplar que hoy se guarda en la Biblioteca Capitular y Colombina de Sevilla (Signatura: 26-2-39), pudo comprobar que su anterior dueño lo había confundido con la traducción de Boscán a *Il Cortegiano*. Así, en el envés de la primera hoja, todavía hoy puede leerse una nota manuscrita que dice: "Su Autor el Conde Bal- / thasar Castillon / Traductor Juan Boscán." El error fue probablemente propiciado porque le faltaban las páginas A1-A3 donde se da cuenta de la autoría y se recoge la carta dedicatoria a Felipe II. Fabié Escudero, corrige inmediatamente este error y, en otra nota manuscrita que firma el 4

---

[12] Los significados simbólicos de esta nueva armadura cortesana también contrastan notablemente con el simbolismo que Ramón Llull les había atribuido en su *Libro de la Orden de Caballería* (Parte 5, 90-94) y que se estudian un poco más adelante en este mismo capítulo.

de diciembre de 1872, le restituye la autoría a Luis Milán, a la vez
da testimonio de conocer únicamente otro ejemplar, el de la biblioteca del marqués de la Romana, que hoy, como el resto de la colección del marqués, se encuentra en la Biblioteca Nacional de España.[13]

El rescate del valor de la obra literaria de Luis Milán aún tiene
un largo camino por recorrer. Desde que *El Cortesano* viera la luz
en 1561, hasta 1874 –cuando los herederos de Rivadeneyra lo hacen
imprimir como parte de la "Colección de libros españoles raros y
curiosos"– no había vuelto a reeditarse, toda vez que nunca existió
la supuesta segunda edición de 1565 que menciona Vicente Ximeno
(1: 137). Recientemente, no obstante, parece haberse hecho un esfuerzo en este sentido. El más significativo, sin duda, ha sido la edición de *El Cortesano* en dos ocasiones (2001 y 2010), aunque también la aparición de la primera edición crítica de *El libro de motes
de damas y caballeros* (2006) que ya anteriormente había tenido algo
de mayor fortuna editorial –especialmente en forma facsimilar– debido al interés de la disposición de los motes y los grabados de las
damas y los caballeros que los acompañan.[14] A estas ediciones se
han de sumar una pequeña colección de artículos monográficos y
otros estudios incluidos en trabajos más amplios sobre la vida cultural de corte virreinal como puedan ser, entre otros, el volumen coordinado por Rosa Ríos Lloret, *Germana de Foix i la societat cortesana del seu temps* (2006).

La suerte musical de Luis Milán no podría haber sido más diferente. El libro de *El Maestro de vihuela* (1535-1536) ha sido editado, traducido y, su música, grabada en múltiples ocasiones. Sus fantasías y pavanas aparecen de forma regular en los programas de

---

[13] Tal vez sea una simple curiosidad, o tal vez contenga dentro de sí alguna en-
trañable historia entre dos bibliófilos del siglo XIX, pero lo cierto es que Antonio
Cánovas del Castillo y Antonio María Fabié Escudero eran íntimos amigos y cola-
boradores (tanto en el Ateneo como, después, en el gobierno), y poseedores de dos
de los seis ejemplares conocidos de este libro, ya que en la biblioteca de Cánovas
del Castillo estuvo el que ahora se conserva en Duke University Library. Antonio
María Fabié adquirió el suyo con anterioridad, como atestigua su nota manuscrita
en diciembre de 1872 y, únicamente dos años después, en 1874, y justo cuando Cánovas del Castillo tomaba las riendas del gobierno de España, aparecía publicado
como el número séptimo de la Colección de libros españoles raros o curiosos, una
nueva edición de *El Cortesano* de Luis Milán, acompañado en esta ocasión por el
Libro de motes de damas y caballeros en un único volumen.

[14] Para más detalles sobre las distintas ediciones del *Libro de motes de damas y
caballeros*, véase la sección dedicada a Luis Milán en el capítulo 2.

conciertos de música antigua tanto españoles como europeos, haciendo de él uno de los compositores más populares entre los aficionados a la vihuela y al laúd. No obstante, tampoco debería extrañarnos en demasía pues, al fin y al cabo, Luis Milán siempre fue, sobre todo, un músico, un virtuoso vihuelista, y así lo vieron siempre sus contemporáneos que, como se dijo en el Capítulo 2, lo comparaban con Orfeo; o él mismo, que en el prólogo a *El Maestro* se refiere a su gusto por la música como una inclinación determinada en la disposición de sus astros (A3r).

Ejemplares conocidos y el cuadernillo A

En la actualidad únicamente tenemos noticias de seis ejemplares de la edición princeps. Tres de ellos se conservan en la Biblioteca Nacional de España, otro en la British Library, un quinto en la "Special Collection" de la Duke University Library (Durham, Carolina del Norte) y, por último, el mencionado de la Biblioteca Capitular y Colombina de Sevilla. De los tres guardados en Madrid, únicamente el que perteneció a Gregorio Mayans (R/1519) está completo pues el que había sido del Marqués de la Romana (R/2427) carece de las páginas A6-A8, mientras que el que fuera de Pascual Gayangos (R/12933) –y que, sin embargo, es el que en mejor estado se encuentra– ha perdido la hoja T4. El custodiado en la British Library (011451.e.51), se encuentra en perfecto estado, si bien tiene, tal vez, mayor número de marcas de lectura que ningún otro. De él dice Antonio Palau (nº 169134) que "pasó inadvertido en la venta de Heredia. Luego lo ofreció a [Bernard] Quartich por cinco libras en 1880."[15] El ejemplar que había sido de Antonio María Fabié Escudero y que hoy pertenece la Biblioteca Capitular y Colombina (26-3-39), posee una encuadernación del siglo XIX en cuyo lomo aparece como si del título de la obra se tratase, el escrito "Jornadas del Cortesano." Además de ésta y de las particularidades vistas arriba, carece de las hojas A1-A3 y, por tanto, también de la carta dedicatoria a Felipe II, por lo que empieza, sin ningún tipo de

---

[15] Bernard Quartich fue, probablemente, el librero de anticuario más importante del siglo XIX, con una colección de manuscritos y libros raros sin parangón en la época. También fue agente de publicaciones del British Museum que, entonces, aún albergaba a la British Library.

preliminares,[16] directamente en la Primera Jornada, aunque también le falta la A8. Por último, el ejemplar de la Duke University Library (E 12mo M637 L c.1), que anteriomente perteneció a Cánovas del Castillo, posee todas sus páginas y se encuentra en perfecto estado de conservación.

Aunque, como se ha dicho, todos estos ejemplares pertenecen a una misma edición de 1561, lo cierto es que entre ellos hay algunas variaciones en el primer cuadernillo, el A, que corresponderían hasta a tres impresiones diferentes. A la primera, y más singular de todas correspondería el ejemplar R/1519 de la Biblioteca Nacional de España. El cuadernillo A de este volumen se diferencia del resto en una pequeña estrella de cinco puntas (*) que encabeza y culmina el prólogo al libro, característica ésta que no se encuentra en ningún otro ejemplar conservado. El nombre del autor aparece escrito como "Don Luys Milan," lo cual también lo diferencia del resto, pues en ellos consta como "Donluys Milan." También, en el encabezamiento (A1r), al describir el libro dice que se divide en jornadas, "Mostrando su Intinciõ por huyr prolixidad," mientras que en los otros ejemplares ese "mostrando" aparece como "mostrãdo."

En un segundo grupo se encontrarían los ejemplares R/2427 de la BNE y el de la Biblioteca Capitular y Colombina de Sevilla. Estos dos tienen en común con el anterior ejemplar (R/1519) el contar con 29 líneas (y no 28, como es lo habitual en el libro) en la página A4v, leyéndose la última frase de aquella página de la forma que sigue "[A4v, 28] Gilote a la Reyna mi se- / [A4v, 29] nora no le pesa que seas alcahuete del Du / [A5r, 1] que mi señor."

Una tercera variante es la que se encuentra en los ejemplares R/12933 de la BNE, el de la British Library y el conservado en Duke University. Éstos últimos comparten con el grupo anterior la escritura del nombre del autor como "Donluys Milan," así como la palabra "mostrãdo" en A1r. No obstante, la página A4v de estos ejemplares consta de 28 líneas en lugar de 29, con lo que la misma frase que se recogía anteriormente se encuentra ahora rota de distinta forma entre las páginas A4v y A5r; a saber, "[A4v, 28][17] Gilote a la Reyna mi señora no le / [A5r, 1] pesa que seas alcahuete del

---

[16] Ninguno de los ejemplares tiene censuras ni tasas que, en el reino de Aragón, no eran necesarias.

[17] A continuación de la página, y después de la coma, se encuentra el número de la línea correspondiente.

Duque mi se- / [A5r, 2] nor." Todos los ejemplares vuelven a coincidir de nuevo en la línea 26 de A5r.[18]

El resto de los cuadernillos son idénticos en todos los ejemplares conocidos, reproduciendo asimismo dos errores de paginación. El primero corresponde al cuadernillo H, donde después de la H3 encontramos G4, para después volver a H5. Lo mismo ocurre en el cuadernillo X, en el cual a X2 le sigue V3 y, luego, se vuelve a retomar el orden adecuado con X4.

Las múltiples diferencias entre las distintas versiones del cuadernillo A invitan a imaginar distintas hipótesis y, definitivamente, a enfatizar la distancia retórica que media entre la carta dedicatoria a Felipe II –de tono mesurado, elegante y humanista– y la "crónica" de las seis jornadas de que se compone *El Cortesano*, que aparece más libre, directa y, en ocasiones, hasta procaz.[19] Las pequeñas variaciones de este cuadernillo podrían responder a las revisiones hechas por Luis Milán, tal y como explica el colofón de la obra, donde se lee "Fue impressa la presente obra en la insigne ciudad de Valencia, en casa de Ioan de Arcos. Corregida a voluntad y contentamiento del Autor. Año M.D.LXI. V[idi]t. Blasius Navarro" ([g8v]; 678). Efectivamente, es posible que Luis Milán hubiera revisado el texto en la imprenta antes de fallecer en 1559, pero resulta cuando menos sorprendente que todas las correcciones se encontraran en el cuadernillo A.

El texto del colofón, además, tampoco debe considerarse definitivo, pues es difícil determinar si la afirmación del impresor es cierta o únicamente un hábil –aunque poco original– recurso de mercadotecnia. Peter Burke señala fraudes similares en, por ejemplo, dos ediciones venecianas del *Cortegiano* de Castiglione de 1538 que se declaraban falsamente "recién revisadas," otra, en 1546, que aducía

---

[18] Éste no es el único desajuste del texto en el primer cuadernillo. Ocurre de nuevo en otras tres ocasiones. 1) En los ejemplares R/12933, British Library y Duke U., en A5v, 29 se lee: "Dissimulense los celos." En los otros tres ejemplares, tenemos "Dissimulense / [A6r, 1] los celos..." Todos los ejemplares vuelven a encontrarse y coincidir en A6r, 6, lo cual no dura más de una página. 2) En A6v, 6 vuelven a separarse y reencontrarse al comienzo de A7r, toda vez que los ejemplares R/1519, R/2427 y el de la Colombina hayan tenido que añadir una línea de más (la número 30) a la página A6v, para poder concluir la frase. 3) Este mismo grupo de ejemplares vuelve a rezagarse al comenzar A8r con las tres últimas palabras ("Que si son...[vuestros hijos de buena casta]") que en los otros tres se encuentran ya en A7v. Todos los ejemplares se reencuentran definitivamente hacia el final del cuadernillo (A8r, 6), sin que vuelvan a surgir más diferencias.

[19] Para un esclarecedor estudio sobre las diferencias entre la epístola proemial y el resto del libro, véase Ines Ravasini, "Crónica social."

haber sido "revisada con extrema diligencia," y una última, en 1547, de Aldo Manuzio, que dice fue "cotejada una vez más con el manuscrito original del autor, escrito por su propia mano" (59).

En el caso del libro valenciano, a nadie se le escapa que una declaración de que el texto impreso se correspondiera fielmente con la voluntad de su fallecido autor habría de tener mayores posibilidades que si se presentara como corregido en la propia imprenta sin la aquiescencia del poeta. El conocimiento que tenemos del impresor tampoco ayuda a la hora de determinar la fiabilidad de su declaración. De Juan de Arcos únicamente sabemos que imprimió libros durante dos años: en 1560 (la primera y segunda parte de la *Carolea* de Jerónimo Sempere) y 1561 (cuatro libros), lo cual también supone un obstáculo en la cronología de Luis Milán y, desde luego, en el hecho de que le hubiera entregado la obra para su publicación antes de 1559. Entre los pocos datos que tenemos del impresor está la localización del negocio que, según el colofón de ambas partes de la *Carolea*, se encontraba detrás de la universidad, "a las espaldas del Estudio General" (Bosch Cantallops 83-84).

Fueran las razones de tipo retórico, cronológico o tipográfico, el cuadernillo A y, por tanto, la epístola proemial en la que se dedica la obra a Felipe II, parecen haberse compuesto –o al menos recompuesto– como un añadido al resto del libro (tal vez incluso sustituyendo a un prólogo anterior) que, como se ha dicho, se mantiene idéntico en todos sus ejemplares. Ines Ravasini apunta la sugerente idea de que, el ideal de cortesano propuesto en estas primeras páginas con que se dedica la obra "nos hace pensar más que en el ilustre destinatario de la obra [Felipe II], en su antecesor [Carlos V]" ("Crónica social" 71). Esto es, precisamente, a la época –en torno a la primavera del año 1535– a la que se refieren las seis jornadas. Esta posibilidad, abriría la puerta al pensamiento de que, tal vez, la idea original de la carta proemial pudo haber sido la de dedicar el texto al propio emperador, en un año, el de 1535, en que precisamente el duque de Calabria aspiraba al puesto de ayo del entonces príncipe Felipe (Capítulo 2). Pero también pudiera ser que la dedicatoria inicial hubiera estado siempre pensada para el joven príncipe e incluso con idénticas intenciones del duque de entrar a su servicio como ayo.[20] Por último, también habría resultado un mag-

---

[20] Meregalli (68 y n. 11), al igual que Ravasini "Crónica social 73" consideran "desconcertante" y "bastante improbable" que el libro se dirigiera a un príncipe

nífico medio promocional para el músico y poeta levantino que en esos mismos años acababa de publicar el *Libro de los motes* (1535) y *El Maestro de vihuela* (1535-1536). El nuevo *Cortesano*, como ya ha planteado Escartí, podría ser el broche perfecto para esta trilogía pedagógica ("*El cortesano* i Lluís del Milà" 53-74) y, por qué no, realmente un excelente programa para formar a un príncipe humanista, tal y como deseaba el emperador.[21]

La posterior dedicación a Felipe de Habsburgo, ya como rey Felipe II, y el cambio en el tono de las dos últimas jornadas –escritas o, al menos, profundamente revisadas[22]– no serían entonces sino, tal vez, los últimos intentos de Luis Milán por acercar su obra lo que suponía era el gusto del nuevo monarca.

La leyenda de Marco Curcio y el caballero cortesano

El primer cuadernillo, el A, del que venimos hablando se inicia con una breve carta proemial en la cual Luis Milán nos narra la leyenda de Marco Curcio Romano según la versión de Tito Livio en su *Historia de Roma* (VII §6: 280-81).[23] En la leyenda original se nos presenta al general como ejemplo de una serie de virtudes tales como el valor, la determinación, la abnegación y el sacrificio por la patria que, en una sociedad guerrera como la romana, eran las características más apreciadas en el hombre y constituían el ideal social de la época. El propósito de Luis Milán al traer a colación esta historia de la Antigüedad es el de presentarnos al cortesano como encarna-

---

que entonces tenía apenas ocho años. Aunque en líneas generales estoy de acuerdo, consideraría precipitado descartar esa opción. Máxime si el libro naciera como apoyo a la candidatura del duque para ser ayo del príncipe, tal y como se lo había prometido el emperador al poco de sus bodas (Capítulo 2).

[21] Jesús Gómez explica cómo el género literario del diálogo, por su naturaleza pedagógica, era considerado por los hombres del Renacimiento como un vehículo ideal para la transmisión de modelos de comportamiento.

[22] Sobre este aspecto parece haber consenso entre todos los investigadores, al igual que el resto de las jornadas que hubieron de ser, al menos, retocadas. Las referencias a Lope de Rueda en la obra (Jornadas 1, 2 y 6), si bien su presencia en Valencia no está documentada sino hacia 1560, y de Luis Sabater (o Zapater), que fue predicador de la corte de Mencía de Mendoza, segunda esposa del duque de Calabria (Romeu i Figueras "Literatura valenciana" 326-27), ofrecen pocas dudas al respecto.

[23] J. B. Trend (71) considera, contra la evidencia textual, que la historia es la del biógrafo de Alejandro Magno, Quinto Curcio Rufo.

ción contemporánea del héroe romano y, así, convertir al hombre de palacio en el ideal social de su tiempo.[24] Para ello, Luis Milán propone una genealogía directa y nunca interrumpida que enlaza a aquellos primeros héroes romanos con la caballería y la nobleza guerrera, y ésta, a su vez, con la sociedad cortesana posterior.[25] De esta forma todos ellos comparten una misma naturaleza, aunque con distintas manifestaciones diacrónicas según las necesidades de cada época. Así, el hombre de palacio de hoy se nos presenta como una versión actualizada del guerrero romano y el caballero guerrero. El propósito del establecimiento de este linaje para la clase cortesana es, sin lugar a dudas, contribuir a la creación de un discurso histórico en el cual la *auctoritas* cortesana provenga, en última instancia, de la conexión simbólica que enlaza a los cortesanos contemporáneos con los más valientes militares romanos, en cuya *potestas* se asientan sus privilegios de clase y modos de vida. Entender la importancia de la línea que Luis Milán quiere trazar entre Marco Curcio y la caballería, y ésta con los modernos cortesanos es una clave fundamental para la comprensión del *ethos* cortesano y de la naturaleza íntima de los entretenimientos caballerescos de las cortes tardomedievales y renacentistas como ésta del duque de Calabria y Germana de Foix.

Por ello, y aunque inicialmente pueda suponer al lector un aparente alejamiento del tema central de este estudio, es necesario hacer una parada en el contenido y las distintas manipulaciones de la leyenda de Marco Curcio Romano. El análisis del significado de esta leyenda se muestra de gran utilidad para comprender los valores que, según nuestro autor, debe encarnar el caballero cortesano, así como la inteligencia que muestra Luis Milán al incluir esta historia en su carta dedicatoria a Felipe II, un rey que, al contrario que su padre, apenas tenía experiencia en el campo de batalla.[26] La historia del general romano la resume el valenciano así:

---

[24] Años después, en su *Miscelánea* (1592), Luis Zapata, en la sección "Del justador" también comparará a Marco Curcio con la nobleza cortesana de su época que mostraba sus dotes caballerescas en justas y torneos que eran tan del gusto del emperador y del rey Felipe (211-18).

[25] La Antigüedad clásica y su mitología habían sido, efectivamente, una abundante cantera de ejemplos de caballería, siendo Marco Curcio un ejemplo de ellos, pero también Escipión, Julio César, Perseo, etc.

[26] Tal vez lo más reseñable de su currículo castrense no sea sino el asalto que dirigió el monarca personalmente sobre una pequeña fuerza de resistencia en San Quintín cuando la plaza ya había sido conquistada (Kamen, *El enigma del Escorial* 60).

> Hállase por escrito que, en una plaça de Roma, nombrada Campo Marcio, se abrió la tierra, y por la abertura salían grandes llamas de fuego. Y crescía cada día de manera que toda la ciudad fuera consumida en poco tiempo si no se remediara. Fue preguntado por los romanos al oráculo, su ydolo, qué remedio ternían, respondió que echasen por aquella abertura la mejor cosa que debaxo del cielo fuesse criada. Y determinaron que era el hombre, y de los hombres el caballero armado de todas las armas buenas. Eligieron al valeroso Curcio, romano, pues él de muy bueno, voluntariamente quiso perder la vida porque su patria no se perdiese ... y en haverse echado Curcio en el fuego, cerróse luego la abertura. Por donde se determina que el caballero armado virtuoso es la mejor criatura de la tierra. ([A1v]- A2r; 175-76)

La historia de Marco Curcio, así como la de otros héroes romanos, había sido utilizada en sermones ya por los primeros apologetas cristianos, si bien es cierto que algunos, como san Ambrosio, con frecuencia los empleaban para después hacerlos palidecer a la luz de los mártires (Carlson 95-96). La crítica más elaborada tal vez la encontremos en san Agustín (V, 18) cuando, al recordar al general romano, comienza por alabar su fortaleza para, poco después, criticar la limitada eficacia de un sacrificio que apela únicamente al deber patriótico de una sola nación y que, al realizarse exclusivamente en favor de "la ciudad de los hombres," es decir, con intenciones puramente humanas, posee un valor caduco en el tiempo y, en última instancia, efímero. Por el contrario, continúa el de Hipona, la sangre de los mártires supone un sacrificio mucho más elevado pues, al realizarse en favor de "la ciudad celestial," posee una dimensión sobrenatural que trasciende todas las fronteras humanas –también nacionales– para adquirir un valor eterno. Como consecuencia, aunque reconoce la virtud del soldado, Agustín disuade a los predicadores de usar ésta u otras historias de héroes paganos como ejemplo en sus sermones y les pide que, en su lugar, utilicen las no menos persuasivas narraciones de los mártires del cristianismo.

No es muy aventurado pensar que este consejo fuera una reacción contra un uso habitual en la predicación. Es probable que, en ocasiones, los presbíteros prefirieran referirse a un personaje histórico o literario conocido por la audiencia con intención de ejemplificar las virtudes cristianas que se querían inculcar en los feligreses. No obstante estas indicaciones de Agustín, muchos ejemplos romanos traspasaron la barrera de las advertencias de los apologetas y pastores de la Iglesia para asentarse dentro de la instrucción cristiana como prefiguraciones de mártires ya que algunas de las similitudes eran demasiado evidentes y conocidas de todos como para ser ignoradas. Al fin y al cabo, tanto el héroe romano como el mártir cristiano eran habitualmente descritos como hombres de corazón noble y vida virtuosa que ofrecían su sacrificio personal de forma voluntaria y generosa en un momento de guerra, catástrofe o gran crisis.

Con el tiempo, la historia de Marco Curcio, así como otras semejantes, logró gran difusión a través del que tal vez fuera el libro de *exempla* más leído de la Edad Media, el *Gesta Romanorum*, que, con más de trescientas copias manuscritas, fue utilizado como herramienta para la predicación en todo el continente.[27] En este libro, el héroe ya no es comparado con un mártir más, y su sacrificio tampoco es confrontado con un simple hecho de la historia sagrada. Por el contrario, la salvación que Marco Curcio trae a la ciudad de Roma mediante su sacrificio se considera imagen de la venida de Cristo, según explica la "aplicación" moral que, para uso de predicadores, se facilitaba a continuación de la leyenda,

> Carissimi, Roma mundum istum signat, in cujus medio est infernus in centro, qui erat apertus ante Christi nativitatem, et infiniti homines in eo cecideretur, donec virgo pareret filium, qui pro genere humano contra diabolum pugnaret, et anima ejes cum divinitate ad infernum descenderte. (XLIII, 324)
>
> Queridísimos, Roma representa a este mundo en cuyo centro, en el medio, se halla situado el infierno, el cual había sido abierto antes del nacimiento de Cristo y en él perecieron infinitos hombres. Por esto, fuimos informados por los dioses, esto es, por los profetas, de que nunca se cerraría hasta que una virgen diese a luz a un hijo que se enfrentase al diablo en favor del género humano y su alma descendiese a los infiernos acompañada de la divinidad. Por lo que debéis saber que nunca será abierto por otro, a no ser que alguien quiera abrirlo voluntariamente pecando mortalmente. (133)

---

[27] Es importante consignar, no obstante, que en el *Gesta romanorum* se atribuye esta historia, por error, a Marco Aurelio en lugar de a Marco Curcio, y en unas circunstancias algo diferentes. Esto es, el romano habría puesto como condición antes del sacrificio el poder gozar de todos los placeres de Roma durante un año. La biblioteca familiar del duque de Calabria contaba con un ejemplar de la primera edición impresa.

Probablemente, el uso de la palabra "infernus" en el texto latino para designar tanto a la sima a la que se arrojó el general romano, como para el lugar donde había de descender Cristo para enfrentarse al diablo "en favor del género humano," facilitó aún más la creación de una analogía entre Marco Curcio y la bajada de Cristo al Infierno para salvar a los hombres.

La *General Estoria* de Alfonso X también repite el acto de heroísmo del romano aunque, en esta ocasión, se utiliza como fuente la versión de Paulo Orosio. Aquí, "la sima" sobre la que salta el general incluso aparece, por primera vez en un texto castellano, como un "infierno" cristiano en toda regla del que Marco Curcio habría salvado a sus compatriotas:

> otrossi acuerdan todos como Marco curcio un cauallero se armo & por amor del comun de Roma dio consigo en aquella torca. & cerrosse ella luego. Paulo orosio dize sobresto. Que se parauan los omnes en somo dell abertura daquella torca. & que parescie la plaça dell Jnfierno en fondon. Daquel Marco cur[c]io dize otrossi orosio. Que era omne noble. & que se armo todo. & que caualgo so cauallo & que daquella guisa dio salto en la torca. (201r)[28]

Con la llegada del Humanismo y el Renacimiento, así como la reinterpretación de la imaginería e historia romana por parte de la nobleza europea, las monarquías no tardaron en capitalizar en su beneficio esta asociación entre Marco Curcio y Cristo. Así, encontramos la imagen del soldado a lomos de su caballo acuñada en monedas y medallas, o como elemento decorativo en retratos oficiales, en armaduras, etc. Entre ellos, resulta especialmente interesante la serie de monedas conmemorativas que mandó fundir Francisco Gonzaga, marqués de Mantua, en las que, de un lado, se podía ver la imagen del héroe romano y, del otro, la efigie del propio marqués con el texto "universae italiae liberatori" (Bartolo Talpa, "Frances-

---

[28] El texto de Paulo Orosio al que se refiere la *General Estoria* dice exactamente:

> De repente, en efecto, se abrió la tierra en mitad de la ciudad y a través de la amplia rotura aparecieron de pronto los infiernos con su boca abierta. La infecta caverna se mantenía abierta largo tiempo con su patente abismo para espectáculo y terror de todos y exigía, a través de los dioses, abominables exequias de personas vivas. Marco Curcio, caballero armado, sació a estas malditas fauces arrojándose él mismo. (III: 205-06)

co II," en la Fondazione Banca Agricola Mantovana). La imagen de Marco Curcio, unida a la leyenda latina, identificaba al marqués como nuevo Marco Curcio ya que ambos eran libertadores de Italia, aunque en dos tiempos diferentes. Por su parte, Guillim Scrots también realizó una pintura de Eduardo VI de Inglaterra (Royal Collection. Antes de 1552) en la que, de una forma discreta se incluía un medallón que representaba a Marco Curcio a caballo con el mismo propósito de identificar al monarca con el héroe (Hearn 49); Hendrick Goltzius también incluyó esta escena del salto sobre la sima con idénticas intenciones en la serie de grabados *Roma Triumphans* (1586) que realizó por encargo de Rodolfo II de Holanda (Melion).

Como es natural, España no es ajena a esta tendencia iconográfica y esta leyenda también aparece en programas destinados a ensalzar a la nobleza y la monarquía como mejor encarnación de los valores castrenses y servicio a la patria. Es probable que el ejemplo mejor logrado sea el del fresco pintado en el palacio de don Álvaro de Bazán, primer marqués de Santa Cruz (1526-1588) en el pueblo hoy denominado El Viso del Marqués. El que fuera almirante en la flota que luchó en Lepanto invitó al artista italiano Juan Bautista Peroli[29] a visitar el pequeño pueblo manchego con el objeto de ayudar a la reconstrucción y decoración de su palacio. De entre las muchas pinturas de tipo bíblico y mitológico que pueden verse en las paredes y techos de este palacio, hoy Museo y Archivo General de la Marina, cabe destacar el fresco central de la "sala de los cuatro elementos," también conocida como "sala romana," e incluso como "sala de Escipión." Aquí encontramos en el centro una pintura de la Paz entre los sabinos y los romanos o *La Castidad* de Escipión, que representa el momento en que el general romano devuelve una dama a su verdadero amante, a pesar de que la bella joven le había sido entregada como tributo por su victoria. A los lados de esta pintura encontramos tres óvalos laterales, de los cuales, en el primero se puede ver a Publio Horacio Cocles, "el tuerto," defendiendo el puente del ataque etrusco de Porsena en 507 a. C.; en el segundo

---

[29] Durante mucho tiempo se pensó, a causa de un error o fruto de la imaginación del conde de la Viñaza en su *Adiciones al Diccionario histórico de Ceán Bermúdez* (1894) que Juan Bautista Peroli habría venido al Viso en compañía de un supuesto hermano de nombre Francisco. Sin embargo, recientemente Campo Muñoz ha argumentado que, en realidad, no hay ninguna documentación ni noticia cierta de la existencia de este tal Francisco Peroli (53-64).

se encuentra Cayo Mucio Scevola, "el zurdo," quemándose la mano
también en defensa de Roma y, en el tercero, Marco Curcio es pintado en la manera tradicional; esto es, en el momento en que salta al
abismo a lomos de su caballo. En las esquinas se pintaron los cuatro
elementos –tierra, agua, fuego y viento– que dan nombre a esta sala
y que, a su vez representan los cuatro continentes conocidos. De esta forma, aquel que visitaba el palacio podía admirar la importancia
de la labor militar llevada a cabo por el marqués de Santa Cruz al
servicio del rey y de España (Blázquez Mateos 50-55).

También Miguel de Cervantes, veterano de la misma batalla de
Lepanto, hará que su célebre hidalgo nos explique –y curiosamente,
como en la pintura de El Viso, junto a una anécdota relacionada
con la castidad– los orígenes más remotos de la caballería en una serie de preguntas retóricas en la que vuelven a aparecer los mismos
héroes romanos que acabamos de mencionar a propósito del fresco
de don Álvaro de Bazán:

> ¿Quién piensas tú que arrojó a Horacio [Cocles] del puente aba-
> jo, armado de todas las armas, en la profundidad del Tibre?
> ¿Quién abrasó el brazo y la mano a Mucio [Escévola]? ¿Quién
> impelió a Curcio a lanzarse en la profunda sima ardiente que
> apareció en la mitad de Roma? … Todas estas y otras grandes y
> diferentes hazañas son, fueron, y serán obras de la fama, que los
> mortales desean como premios y parte de la inmortalidad que sus
> famosos hechos merecen puesto que los cristianos, católicos y an-
> dantes caballeros más habemos de atender a la gloria de los siglos
> venideros, que es eterna en las regiones etéreas y celestes, que a
> la vanidad de la fama que en este presente y acabado siglo se al-
> canza. (*Don Quijote* II, 8; 96)

Estos ejemplos del palacio de don Álvaro de Bazán y de *Don Qui-*
jote, dan fe de la vigencia de esta leyenda para simbolizar el sacrificio
abnegado en favor de la patria que supone la profesión castrense hasta, por lo menos, entrado el siglo XVII. Sin embargo, en el texto de
Don Quijote, aunque sea aún de un modo tenue, parece apuntar a
que esos sacrificios no fueran siempre desinteresados, sino que bus-
caran algún tipo de beneficio, bien en forma de reconocimientos –como Álvaro de Bazán– o, al menos, de la "gloria de siglos venideros,"
según la fórmula preferida por el caballero andante.

Desde el punto de vista religioso, la profesión militar había gozado tradicionalmente de gran prestigio entre los moralistas, los

cuales veían en la vida castrense una escuela de virtudes y, muy especialmente las de la fortaleza, la templanza y la generosidad. Ya san Pablo había utilizado la imagen del militar como modelo a imitar por los fieles de Éfeso,

> [tomad] las armas de Dios ... [y poneos] en pie, ceñida vuestra cintura con la verdad y revestidos de la justicia como coraza, calzados los pies con el celo por el Evangelio de la paz, embrazando siempre el escudo de la fe ... Tomad también el yelmo de la salvación y la espada del Espíritu... (Ef. 6: 13-17).

Una vez vestidos de estos ropajes, el apóstol invitaba a que los fieles participaran en una lucha que –anuncia el texto paulino– "no es contra la carne y la sangre ... sino contra los dominadores de este mundo tenebroso, contra los espíritus del mal que están en el aire" (Ef. 6: 12). Determinar quiénes eran esos "dominadores del mundo tenebroso" o aquellos "espíritus del mal" era una de las tareas de la Iglesia.

A partir del siglo XI se crearía el modelo caballeresco del *miles Christi* que interpretaría el texto paulino no como una lucha interior, sino como una defensa de la institución de la Iglesia contra los peligros del mundo, como puede verse en la descripción que hace Juan de Salisbury de su misión en el *Policraticus*:

> Proteger a la Iglesia, impugnar la perfidia, venerar el sacerdocio, defender al pobre de la injusticia, pacificar a la gente, derramar la sangre por los hermanos (como lo enseña el contenido del juramento) y, si fuera necesario dar la vida... Pues, haciendo esto, son santos los soldados y tanto más fieles al príncipe cuanto más cuidadosamente guardan fidelidad a Dios. (VI, 8; 442)

Este ideal era profundamente admirado por el emperador Carlos V que hizo de él bandera de su vida al pensar que la rebeldía protestante era la encarnación de esos "espíritus del mal" que intentaban dominar este "mundo tenebroso." Esta reinterpretación del texto de san Pablo le obligaba –como emperador y como soldado cristiano– a participar de forma activa en el frente de una batalla como la de Mühlberg. Aun así, el testimonio más significativo de la importancia de este ideal en Carlos V, tal vez sea el encargo que dejó hecho para que, llegada su última hora, se colocara en lo alto de su túmulo en Valladolid una pintura que él poseía y que tenía por título "Carlos V como caballero cristiano." Con esta demanda –que es sin duda más que un simple gesto– Carlos V mostraba el deseo de que, después de su muerte, se le recordara, sobre todo, como un caballero cristiano, como un *miles Christi*. Esta pintura se encuentra hoy perdida, pero conocemos los detalles gracias a la extensa descripción realizada por Calvete de Estrella, entonces tutor del príncipe Felipe II, en un pequeño panfleto titulado "El Túmulo Imperial, adornado de historias y letreros y epitaphios en prosa y verso latino" (Valladolid, 1559). Según el texto de este escrito sin paginar, en la pintura que se colocó sobre el túmulo imperial erigido en la iglesia de san Benito en Valladolid en octubre de 1558 se podía ver al emperador de vestido de la siguiente manera:

> armado de tales armas con las quales yva muy seguro de aquel paso tan temeroso. El cavallo en que venía, de color vayo, era de gran Valor, el arnés de Justicia, el yelmo de Paciencia, la lança de Magnanimidad, la espada de Clemencia, el escudo de Fe, el hacha de Potencia, la cota de Inmortal fama, la daga de Firmeza, el rey de Armas ánimo invencible.

El gran interés de la semejanza entre la armadura espiritual descrita por san Pablo y la de este cuadro del emperador no se encuentra en las meras coincidencias que podamos encontrar en el significado de algunos de los elementos tales como el escudo o la coraza, de otra parte habituales en este tipo de armaduras simbólicas de la época. Lo esencial es que ambas implican una necesidad de revestirse con las armas de Dios para triunfar en el "paso temeroso." Esto es, el paso de la muerte a la vida eterna. Por este motivo, lo que representan los distintos elementos de que se compone la armadura no son simples virtudes necesarias para desempeñar una tarea o un oficio, sino que, de forma conjunta, la panoplia constituye un catálogo metafórico de las virtudes –de otra parte, casi idénticas a las que recoge Ramón Llull en el *Libro de la Orden de Caballería*– consideradas de mayor importancia en la época, y a las cuales se asocia una parte del cuerpo del arnés en función de su uso y valor.

Este ideal de *miles Christi* –cuyas mayores expresiones hemos visto fueron la lucha contra los protestantes y el túmulo de Valladolid– estaba íntimamente relacionado con la noción de monarquía universal que su canciller Mercurino de Gattinara le inculcó desde joven, nada más conocerse la elección del rey Carlos como emperador. Entonces, tomaría la pluma y comenzaría a explicarle la gran misión histórica que delante de sí tenía, pues ahora era un "nuevo Carlomagno" y, por tanto, debía pensar en lograr una Monarquía universal. Es decir, debía tratar de alcanzar el sueño de una Cristiandad unida bajo un único cetro que sería, entonces, como el cayado de un único pastor (Fernández Álvarez 112). Más adelante sería fray Antonio de Guevara, autor del *Relox de Príncipes* (1529) al cual era muy aficionado el emperador, quien incidiera en la misma responsabilidad. De ahí la importancia que Carlos V diera siempre a la batalla de Mühlberg y al subsiguiente cuadro en que Tiziano inmortalizó aquella victoria y que representaba al *miles Christi*, a la vez que al *Roman Caesar in Profectione*, como ya indicó Panofsky (*Problems in Titian* 86, n.12).[30]

El cortesano ideal descrito por Luis Milán en su libro dista mucho de aquel *miles*, vocablo latino que, en su sentido estricto, significaba servicio. Este *Cortesano* presenta un ideal que rompe con la tradición que asocia el servicio al bien común con el servicio de las armas o a la oración. En cambio, Luis Milán dibuja un cortesano que ocupa su tiempo en las distintas diversiones y entretenimientos con que la corte valenciana pasaba su tiempo de ocio y hace de esta ocupación, el campo donde ha de mostrarse el nuevo "caballero armado cortesano" o, lo que es lo mismo, el nuevo Marco Curcio. De esta forma, y a lo largo de seis jornadas, Luis Milán nos pasea por el palacio virreinal de Valencia para que podamos disfrutar con los entretenimientos lúdicos, literarios, dramáticos, etc. que se vivieron en la corte de Fernando de Aragón y Germana de Foix.

Dentro de este contexto cultural es donde resulta más difícil comprender la inclusión de leyenda del militar romano como puerta de entrada a esta "crónica ficticia" de Luis Milán. Hemos visto con cierto detalle la forma en que esta leyenda pagana se cristianiza

---

[30] Como no podría ser de otra manera, los trofeos ganados en el campo y el propio arnés usado por el emperador en el día de la batalla ocuparon un lugar preferente entre la vasta colección de Carlos V. Esta armadura, que fue la última que jamás vistió Carlos V en un campo de batalla, es conocida con el nombre de "Mühlberg," –aunque no se ha de olvidar que Carlos V llevó a campaña un total de 16 para su uso personal (De Carlos 27)– y se halla expuesta hoy en la Real Armería de Madrid sobre un maniquí del emperador a caballo, puestos ambos en la misma posición en que los pintara el maestro veneciano. Flanqueando esta figura se encuentran guardarropas que contienen algunas de las armaduras empleadas por los soldados que participaron en esta batalla y varias de las que el propio emperador llevó en aquella campaña.

mediante la equiparación de su protagonista con Cristo y, después, cómo los prohombres de la Modernidad recurren a esta imagen como marchamo de calidad de sus propias narrativas de poder simbólico basadas en el servicio castrense que prestan a la patria. Sin embargo, todos los motivos que justificaban que esta imagen se grabara en monedas como la referida del marqués de Mantua o en el túmulo de Carlos V en la forma de *miles Christi*, las podríamos alegar ahora en contra de su aparición en un libro de las características de este *Cortesano*. Las razones por las cuales la leyenda romana era pertinente en el discurso de construcción de la autoridad política, militar y religiosa –ejemplo de sacrificio abnegado, nobleza, generosidad, valor, fortaleza y actuación decidida– son precisamente las mismas que deberían haber disuadido al autor levantino de emplearla en su libro. A primera vista, la comparación de las acciones de los cortesanos con las de los héroes romanos no haría sino precisamente resaltar los vicios y carencias morales comúnmente atribuidos a los hombres de palacio: egoísmo, pusilanimidad e inacción. Y sin embargo, la leyenda romana de Marco Curcio ocupa un lugar de excepción, pues es la puerta al libro de Milán, y se coloca justo debajo del encabezamiento "C. R. M." o "Cathólica Real Majestad."

Es posible que la respuesta la podamos encontrar en esta misma carta proemial a Felipe II donde, nada más terminar la narración de la historia del héroe romano, el valenciano parece querer dejar claro que ese ideal de *miles*, basado en la *fortitudo* o fuerza miliar, está obsoleto en la sociedad contemporánea y que ahora, para alcanzar el estatus de "mejor hombre" que anteriormente podía corresponder a personajes como Marco Curcio, el heroísmo ya no es suficiente. El caballero de hoy, nos dice Milán, "para tener perfeta mejoría debe de ser cortesano, que es en toda cosa saber bien hablar y callar donde es menester" (A2r; 176). El propio duque apoya esta misma idea cuando, animado a iniciar la discusión sobre cuáles sean las principales reglas que han de regir toda noción de cortesía, su contribución se limita a lo siguiente:

> A mí me paresce que el cortesano ha de tener estas reglas: saber hablar y callar donde es menester. Que no todos los tiempos, ni en todo lugar, ni a toda persona, es bien hablar, sino en su caso y lugar... Ni menos se ha de hablar en el lugar que se deve tener silencio, que ha de ser la casa de Dios... y lo demás diga quien quisiere (E4v; 250)

El resto de cortesanos le secunda con mociones similares y, así, para Diego Ladrón, "el cortesano no devería hablar sino de aquello que él sabe" (E5r; 250); para Juan Fernández, "el cortesano deve hablar siempre a buen propósito" (E5r; 251); Francisco Fenollet opina que "el cortesano siempre deve estar en lo que haze y dize" (E5v; 251)[31] y, por último, para Luis Milán, que ya en la carta prologal había mostrado su opinión sobre la principal virtud cortesana –"saber bien hablar y callar donde es menester" (A2r; 176)–, amplía aquí su punto de vista añadiendo que "el cortesano ha de ser padre de la verdad, hijo del modo, hermano de la criança, pariente de la gravedad, varón con ley, amigo de limpieza, y enemigo de pesadumbre" (E5v; 252). Todo ello, además, lo remata con un último consejo: "deve tener el cortesano buen estilo de hablar, que a los muy malos vocablos gasta bocas digo yo, que bocajes engendro. Y si viene a burlar en conversación, jugar del vocablo da buen son, muy buenos oydos, que nunca serán reydos y podrán hazer reyr" (E7v; 255-56).

En concordancia con lo dicho por estos cortesanos, Wayne A. Rebhorn, escribe que, para los hombres del Renacimiento, "to talk with urbanity, wit and refinement was the supreme human accomplishment, and they often naively seemed to think that the achievement of verbal distinction would entail a similar achievement of moral and intellectual excellence" (151). Desde este punto de vista, y si aceptamos que para aquellos hombres la urbanidad y el ingenio verbal eran heraldos de la perfección moral e intelectual, entonces resulta lógico que quien practicara estos ejercicios de modo extremo –el cortesano– pudiera sustituir al héroe militar como encarnación de los ideales de la época o, por ponerlo de otro modo, de lo que Johan Huizinga llamaba "ideal de vida" y Georges Duby, "sistema de valores." Entendido de esta manera, los innumerables juegos de palabras y demostraciones de ingenio con que Luis Milán puebla su *Cortesano* dejan de ser pirotecnia verbal, simples fuegos de artificio, para constituir ahora la más sólida base desde la que empezar a construir un nuevo prohombre, un nuevo Marco Curcio.

El autor también es consciente de que los personajes de su libro deben aparecer como "descuidados virtuosos" de la palabra. Pero

---

[31] Francisco Fenollet era el nieto del primer Conde de Oliva y fue también paje de Fernando el Católico que lo distinguió con la Orden de Santiago. Francisco Fenollet tuvo una importante carrera militar luchando contra los comuneros y los moriscos valencianos (Marino, "Literary Court" 7).

aún más, sabe que su propio libro, para ser cortesano, y a la vez cumplir la única premisa docente que se propone –enseñar a burlar a modo de palacio–, deberá también cumplir con la regla de "saber bien hablar y callar donde es menester" (A2r; 176) lo que, en términos estilo literario, Milán lo traduce en que su libro "da modos y avisos de hablar sin verbosidad, ni afectación ni cortedad de palabras, que sea para sconder la razón, dando conversaciones para saber burlar a modo de palacio" (A3r; 178).

En cierta forma, la apuesta de este *Cortesano* por la agradable conversación y habilidad lingüística como centro de gravedad del *ethos* palaciego es aún más radical que la de su homónimo de Castiglione, a pesar de la recomendación que hacía éste a su cortesano: "no dexe los poetas ni los oradores, ni cese de leer historias; exercítese en escribir en metro y en prosa, mayormente en esta nuestra lengua vulgar porque de lo que él gustará dello, tenrá en esto un buen pasatiempo para entre las mujeres" (I, §40; 182).

Es decir, el italiano le pedía a su hombre de palacio que se acercara a los modelos de *litterari* que cultivaban la lectura de los clásicos y la escritura con el fin de ser de utilidad a las damas en tiempos de paz.[32] A pesar de ello, y aunque tal vez por imperativo de los tiempos, todavía se veía obligado a revestir a su cortesano con las virtudes propias del noble guerrero, por lo que no dejó de repetir en numerosas ocasiones a lo largo de su libro que el buen manejo de las armas era la principal ocupación y cualidad *sine qua non* del caballero cortesano puesto que era en ella en la que residía la razón de ser de sus privilegios (I, §17, 128; I, §44, 184; II, §8, 218-19; III, §4, 350).

Luis Milán, por el contrario, presenta como cualidad máxima en el cortesano ideal la de "saber bien hablar y callar donde es menester" y el objetivo de su libro de enseñar a burlar al modo de palacio, deja fuera cualquier discusión sobre el saber de armas. Sitúa *de facto* estas nuevas letras –que son el burlar, el bien hablar y el saber callar– como claras vencedoras sobre las armas. En esta enésima

---

[32] En este sentido es muy elocuente la historia que cuenta el conde Ludovico por la cual una dama pidió a un caballero que danzase y este se negó porque "no se pagaba de aquellas burlerías" y cuando la dama le pregunta entonces cuáles son sus intereses y el hombre, muy fiero, le responde, "Yo, de pelear," ella graciosamente y riendo le respondió: "Pues luego agora que no hay guerra ni hay para qué seáis, yo sería de parecer que os concertasen y os untasen bien y, puesto en vuestra funda, os guardasen con los otros arneses para cuando fuésedes menester" (1, §17; 130)

reedición de *fortitudo et sapientia* llevada a cabo por Luis Milán, la *sapientia*, no obstante, no es esa misma que Petrarca personificara en los filósofos que caminaban a la izquierda de la Fama (*Triunfo de la Fama*, III). Los filósofos han sido sustituidos por cortesanos que se divierten en banquetes y juegos literarios y, para los cuales se requiere un tipo de sabiduría que no es especulativa, sino práctica; deben saber comportarse dentro de la corte pues, de alguna forma, todo su mundo ha quedado reducido a ella. Para que no quede ninguna duda, Luis Milán ignora a lo largo de todo el libro aquello que es ajeno a la vida de palacio: no hay rastro de las calles de Valencia, de sus habitantes, del resto de la península, etc. Todas las acciones y todas las conversaciones tienen lugar en la corte, sobre la corte, y para la corte. Dentro de sus muros y jardines, perdida ya toda referencia de la dimensión militar del cortesano y dejado de lado el ideal de *miles Christi*, la metáfora de la armadura, que antes se utilizaba en la literatura e iconografía para destacar las virtudes cristianas y caballerescas,[33] ahora sirve para señalar las virtudes del buen cortesano. Esta nueva vestimenta se compondrá de:

> un yelmo de consideración, [para] que sea bien considerado en dichos y hechos, y una goleta de temperancia, que no coma sino para bivir y no biva para comer ... y un peto animoso, que ofrezca su pecho a qualquier contrario, para reparo de quien justamente lo avra menester. Con un bolante diligente porque no se pierda lo bien hecho por negligencia, y un spaldar de çufrimiento, para que traiga a sus espaldas la carga que deve el cavallero. Y la doble pieça de esperar, para que spere qualquier encuentro que fuere obligado. Y unos braçales de essecuciones para que essecute defendiendo lo bueno y ofendiendo lo malo en su caso y lugar. Y unos guardabraços defensivos para defender los braços de la república ... y unas manoplas liberales, para que tenga manos abiertas para dar la vida a quien debe, y un arnés de piernas bien andantes, para que anden por passos mostrando el passo para passar a el y a otros a la verdadera vida, pues el cavallero debe passearse por este mundo dando exemplo y leyes de bien bivir. (A2r-[A2v]; 176-77)

---

[33] Sobre la iconografía del *miles Christi* en el Renacimiento sigue siendo fundamental el estudio de Gabriel Llompart, "En torno a la iconografía renacentística del Miles Christi." *Traza y baza* 1 (1972): 63-94.

Es probable que muchos de sus lectores de la época se dieran cuenta de que ésta no era sino una reescritura y una reinterpretación de los ideales plasmados por Ramón Llull en uno de los capítulos del *Libro de la Orden de Caballería*, uno de los más influyentes tratados de caballería en Europa. Concretamente, en la parte quinta de este tratado, que lleva por título "Del significado que poseen las armas del caballero," el beato Llull compara la vestimenta del caballero con la del sacerdote para explicar que, de igual manera que en el clérigo, también en el caballero las prendas con que se viste poseen un significado simbólico. De esta forma, el místico medieval explica que,

> así como el yelmo defiende la cabeza, que es el miembro más alto y principal que posee el hombre, la vergüenza defiende al caballero (después del oficio de clérigo, el de caballero es el más alto oficio de todos) para que no se incline hacia los actos viles y para que la nobleza de su corazón no se rebaje a la maldad ni al engaño ni a ninguna mala costumbre. (91)

La interpretación del resto de las armas del caballero sigue derroteros similares incluyendo –al contrario que Luis Milán– no sólamente las armas defensivas (aquellas destinadas a proteger el cuerpo), sino también las armas ofensivas como la espada, la lanza o la misericordia con que los caballeros solían dar el golpe de gracia. Para Ramón Llull,

> el caballero debe vencer y destruir con la espada a los enemigos de la Cruz ... la lanza se le da al caballero para significar la verdad, pues la verdad es recta y no torcida ... loriga significa castillo y muralla contra los vicios y falsedades... para significar el noble corazón del caballero, en el que no pueden entrar traición, orgullo, deslealtad ni ningún otro vicio. (90-91)

La reescritura llevada a cabo por Milán supone también una reestructuración del simbolismo de las distintas partes de esa armadura, de forma que pueda corresponderse mejor con las delimitaciones e inclinaciones del *habitus* –en el sentido de que le da Bourdieu– del nuevo caballero cortesano. Así, mientras para Llull la diligencia está representada por las espuelas, para el valenciano esta misma virtud corresponde al bolante; la gorguera o goleta, que en el texto medieval simbolizan la obediencia que el caballero le debe a su señor, en *El Cortesano*, esta misma pieza representa la contención que ha de tener el hombre de palacio a la hora de comer y beber; el arnés de piernas le sirve al nuevo caballero de Milán para "passearse por este mundo dando exemplo y leyes de bien bivir," mientras que al caballero del mallorquín, se le daban las calzas de hierro, "para tener seguros los pies y las piernas y significar que el caballero debe mantener seguros los caminos con el hierro, esto es, con espada, lanza, maza y demás armas" (91).

Cabe preguntarse en este momento si Milán se está cuestionando realmente qué noción de virtud –cortesana o caballeresca– es más útil para la república o si, por el contrario, traza un horizonte de virtud ajeno a la realidad política del momento y en el que ésta queda anulada, o al menos eclipsada, por un mundo ilusorio y ficticio dentro del cual viven los virreyes y su corte. Este *Cortesano*, entonces, al contrario de lo que afirma su autor, ya no es únicamente una representación de la corte del duque de Calabria y de la reina Germana, como se nos ha dicho en el prólogo (A3r; 178), sino que es también un diagnóstico. De un modo consciente o no, Luis Milán nos trae ante los ojos una sociedad cortesana narcisista, y despreocupada de todo aquello que no sean sus banquetes y entretenimientos. Una actitud que, en el quicio de la modernidad resultaría de todo punto incomprensible para la monarquía de Felipe II. El modelo epicúreo de vida cortesana que se plantea, uno en el que se vive lo momentáneo como trascendente, le permite a esta corte apreciar y disfrutar de un presente que se sabe efímero (Ríos Lloret 153), pero que no tiene cabida dentro de la nueva sociedad moderna. Su actitud, tal vez comprensible en una corte dirigida por unos virreyes de biografía tan singular como la repasada en el capítulo anterior, no era un modelo exportable ni geográficamente, ni temporalmente como, por el contrario, sí lo era, como quedó demostrado, el ideal de cortesano europeo de Castiglione. Siendo esto así, no es de extrañar la poca fortuna del libro de Luis Milán en la corte de Felipe II, lugar más dado para archivar papeles que para montar saraos.

A pesar de ello, en el momento de la publicación de *El Cortesano* estamos en una época dorada para la institución áulica. Las críticas hacia ella son fundamentalmente las mismas que se arrastraban desde la Edad Media pero, aún no han arreciado las fuertes protestas que el modelo de la corte moderna ocasionaría. Luis Milán, por tanto, a la hora de ofrecer su libro al monarca Felipe II, se dirige a él, no como a un perfecto rey, o como a un valiente general, sino como a un perfecto cortesano. Por ese motivo, Milán cierra su epístola proemial realizando una identificación entre el monarca y el propio libro que se le presenta con el tópico, pero siempre pertinente, recurso retórico de *captatio benevolentiae*:

> Sabido que uve el mayor presente que a un príncipe se podía hazer [este cortesano] ... viendo que este [libro] representava a vuestra magestad, dixe: «muy bien será presentar *quod est Cesaris Cesari*. Y así presentar al césar lo que es de César...» ([A2v]; 177)

Mediante la asociación de Marco Curcio con el "nuevo" cortesano y, después, de éste con Felipe II, Luis Milán apuesta claramente por considerar al cortesano como el último estadio evolutivo del ideal social que se iniciaba con el héroe romano y, tras pasar por el caballero-guerrero, se asienta definitivamente en el caballero cortesano. Efectivamente, como dedicatoria a Felipe II, o al menos a quien Felipe II era en el momento de la publicación, parece errada. Por el contrario, a pocas personas habría convenido mejor la dedicatoria que al fallecido virrey Fernando de Aragón, duque de Calabria.

A continuación, Milán llenará las seis jornadas con una ininterrumpida sucesión de reelaboraciones de episodios y temas de la historia grecolatina y caballeresca, literaturizándolos y adaptándolos a su circunstancia cortesana, virreinal y valenciana, como puede verse en la siguiente sinópsis.

Sinópsis de *El Cortesano* de Luis Milán

El Cortesano es una narración en prosa, si bien ampliamente dialogada, dividida en seis jornadas. La primera de todas comienza con una procesión de "invenciones" meticulosamente descritas en las que aparecen los virreyes y algunas otras parejas de nobles que después van a ser grandes protagonistas de este *Cortesano* como Juan Fernández de Heredia y su mujer Jerónima, Diego Ladrón acompañado de su esposa María, etc. además de nuestro autor, Luis Milán, y el gracioso Gilote. Algunas de estas invenciones son muy ingeniosas, como aquella en la que aparece don Pedro Mascó y su esposa Castellana de Bellvís de la siguiente guisa:

> con unas ropas de terciopelo encarnado, todas brosladas de unos mançanos al natural: las hojas verdes y la fruta colorada, con unos letreros en oro colgados d'ellos. Y tenían unas letras que haziendo cada una d'ellas syllaba, dizen: "Él es de ella y ella es de él." Como dize este letrero: "L. S. D. L. A. I. L. A. S. D. L." ([A7r]; 185)

Dentro de este contexto de ingenio verbal empezamos a encontrar las primeras "escaramuzas de coplas" entre Luis Milán y Fernández de Heredia que después serán una tónica constante a lo largo del libro. Tras estas "invenciones," Milán nos lleva a una "real caza de monte" donde los caballeros capturan jabalíes y ciervos para después ofrecérselos a sus damas con grandes alardes de cortesía. Ejemplar es el caso del duque que, después de matar un jabalí se lo presenta a la virreina con el siguiente requiebro:

> Un muerto presenta a otro:
> que el amor
> mata y haze matador. ([B6r]; 200)

Una vez terminada la caza y sus requiebros amorosos, se celebra una "cena literaria" en la cual el menú se describe con divertidos juegos de palabras. Así, por ejemplo, el gobernador Cabanillas,[34] que fue el encargado de la organización del banquete, presenta un plato de aves que supuestamente había recibido de América y que tienen por nombre "perdizageras." Poco después, Jerónima nos descubre que éstas no son sino perdices con ajo. Posteriormente se sirven "pavones indianos" y "copos de amor" a los que siguen "salsichones de burlones, y longanizas de falsas risas y sobreassaduras de refalsadas y pollastres de desastres, etc" ([C7r]; 220).

También en esta jornada encontramos una de las anécdotas más comentadas a la hora de hablar de la rápida "castellanización" de Valencia durante el siglo XVI y el progresivo desprestigio de la lengua autóctona que pasa a ser elemento de diversión, como se dedu-

---

[34] María de los Peligros Belchí Navarro explica que "el Reino de Valencia se dividía en dos zonas desiguales, llamadas Gobernaciones, cuya línea de demarcación se encontraba al sur de Jijona. La gobernación de Valencia era la más compleja, debido a su mayor extensión. El gobernador de Valencia, D. Jerónimo Cabanilles, contaba con un lugarteniente general, cargo que fue desempeñado por Luis Ferrer [también presente en *El Cortesano*]" (31).

ce de la petición de Germana de Foix a Jerónima en la que le declara: "siempre querría que hablássedes en valenciano, que en vuestra boca es gracioso" ([D8r]; 240). Hacia el final de la jornada se discuten algunas de las reglas esenciales que debe respetar todo cortesano, entre las cuales destaca la que señala el duque: "saber hablar y callar donde es menester" ([E4v]; 250) que hemos visto recogía Milán en la "carta prologal." Las aportaciones del resto de los asistentes –Diego Ladrón, Juan Fernández, Francisco Fenollet y Luis Milán– van todas en el mismo sentido de control del discurso. Terminada la discusión, los caballeros retornan al palacio y concluye la primera jornada.

En la segunda, encontramos muchos ejemplos de coplas y motes que "se lanzan" Luis Milán y Juan Fernández. Entre todos destaca un combate de motes para ver cuál de los dos se queda con el retrato de una dama de la cual ambos se confiesan aficionados. Más adelante también Milán reprochará a Diego Ladrón una supuesta "francofilia" que el acusado rechaza recordando la ingratitud de Francisco I de Francia cuando Carlos V lo liberó y el monarca francés incumplió lo pactado. Es necesario hacer constar que durante esta discusión –que tiene lugar en casa de Diego Ladrón– no se encuentra presente la virreina Germana de Foix, que habría hecho intolerable este tipo calificaciones a los franceses y, muy especialmente a Francisco I, a quien la propia Germana acudió a consolar tras su derrota en Pavía y su prisión en España antes de la firma del Tratado de Madrid (1526).[35]

En la jornada tercera, la conversación se traslada a la casa de Juan Fernández donde hay una "visita de damas," lo que se aprovecha para realizar una serie de escenas de tipo costumbrista cuyo tono, viveza y realismo se repetirá a partir de entonces de manera intermitente a lo largo del libro. Diego Ladrón, como en tantas ocasiones, actuará como portavoz de las "acotaciones implícitas" de estas escenas (Tordera 115) y dirigirá a todo el grupo hacia el Palacio Real donde se representará la "Farsa de las galeras de San

---

Juan," cuya composición dramática y musical correrá a cargo de Luis Milán (vid. apéndice 2). Al acabar esta representación hay una pequeña discusión acerca de cómo y en qué circunstancias debe reír el cortesano. Luis Milán resume el debate con la siguiente conclusión: "Quando el reyr es con çuño y gesto de menosprecio, entonces es reprender; y el sonrreyr con gesto amoroso, es alabar. Que harto hablan las risas que descubren a los ánimos lo que sienten" ([M3v]; 363).

Posteriormente tiene lugar la aventura de "Miraflor de Milán, cavallero errante" en la cual se nos cuenta que este caballero fue enviado al Monte Ida donde al beber de la fuente de Policena recibe el regalo de la hermosura; al beber de la fuente de Cassandra, adquiere la ciencia; por último, de la fuente de Helena, logra amores.

La jornada cuarta se inicia con el llamado "Paje de Mal Recaudo" que recorre la ciudad buscando a los nobles cortesanos para llevarlos al Palacio Real donde se celebra la narración poética de la "Montería del Rey de Príamo." En esta montería salen las parejas de Troilo y Policena, Héctor y Andrómaca, Corebbo y Cassandra, Eneas y Creúsa y, por último la del rey Príamo, trasunto del duque, y la reina Écuba, su mujer. Los troyanos concluyen su cacería con grandes trofeos por lo que

> Hizieron fiestas y fuegos,
> toda la noche con juegos
> y alegría,
> teniendo esta montería
> por agüero de vencer
> a todo griego poder. (Q2r; 426)

La montería resulta de tal éxito que Juan Fernández propone utilizarla para hacer más adelante una máscara representada lo cual, efectivamente, sucederá en la última jornada.

Con el siguiente día llega la siguiente jornada que se abre con una escena cómica en la que el duque envía dos de sus sirvientes, el canónigo Ster y el "Paje de Mal Recaudo" a buscar a los nobles cortesanos para continuar los divertimentos del día anterior. Merece destacarse en esta jornada la intervención del Maestre Zapater que pronuncia un discurso cargado de un sentido teológico tal vez sorprendente para el tipo de libro que hasta ahora hemos leído y que, sin embargo, volverá a repetirse de nuevo en la siguiente jornada.[36]

La sexta y última jornada es sin lugar a dudas la mayor de todas ya que, paradójicamente, se extiende más allá de un día, lo que ha llevado a alguno a pensar que tal vez, "l'autore a un determinato momento si stancò, o si scordò, della divisiones in jornadas" (Meregalli 59). Al inicio de la jornada, Luis Milán dice: "Sepan vuestra alteza y su excellencia, que yo vengo esta noche para hazer un descargo del cargo que tenía, de dar la cena que me mandaron, de lengua y manos, de tañer y cantar" ([S8r];471-72). Es muy probable que, al decir esto, Luis Milán se esté refiriendo a la misma historia a la que se refería Juan Rufo cuando escribía en el número 78 de sus *Seiscientas apotegmas*: "Saliendo de oír un gran músico de vihuela, que no tenía género de voz, dijo que había comido muy bien, pero que venía muerto de sed" (39). Esta particular "cena" comienza con una "carta de amor" a la que siguen "Las siete angustias de amor" y después los "Siete gozos de amor" que se continúan con una canción con glosa a cargo de Francisco Fenollet. Posteriormente el duque invita a Milán a cantar sus sonetos de los cuales, a juzgar por el número, no debió de olvidar de ninguno, pues canta un total de 38. Encontramos también una interesante discusión acerca de cómo han de componerse los sonetos. La abundancia de poemas, bien en forma de sonetos, coplas, romances, o breves poemitas a lo largo de todo el *Cortesano* ha hecho que algunos, como Cortijo Ocaña hayan incluso considerado que el libro también pueda leerse "como una excusa para presentar un cancionero de Luis Milán, Fernández de Heredia, etc." (411).

En el día segundo, el duque, con la ayuda de sus cortesanos promulga unas "leyes de amor" con el fin de regenerar la ciudad de Valencia a la que se ha acusado de "desamorada." Es éste un episodio de teatro cortesano de cuidada escenografía en el que "el duque

---

[36] Como explica A. Tordera, este *excursus* teológico ha de entenderse dentro del nuevo contexto que proporciona la llegada al trono de Felipe II, durante la fase final de la redacción de este libro:

> No hem d'oblidar l'estada del futur monarca l'any 1542 al Palau del Real de Valencia. D'altra banda, probablement aquest Çapater es tracta de Lluís Sabater (… 1555), beneficiat de la Seu, orador brillant i conservador, que va predicar el 1553 a la Seu, a petició de l'asquebisbe Tomás Villanueva. (116-17, n. 17)

y la reyna se pusieron sobre un theatro de quinze gradas en alto y los cavalleros en un cadhalso y las damas en otro" (Y5v; 535) desde donde los hombres y las mujeres discuten los motivos de la "infamia" de la falta de amor que hay en Valencia. En primer lugar se quejan los hombres y después les responden las mujeres, por lo que el virrey acaba por sintetizar ambos puntos de vista y proclama una ley y así repetidamente hasta promulgar un total de diez con resultados no muy lejanos de los encontrados en *De amore* de Andrés el Capellán.

Terminadas las leyes, el Maestre Zapater aprovecha para disertar sobre el amor cristiano como virtud cardinal antes de que todos los cortesanos bajen al jardín del Real para presenciar una representación de la "Fiesta del Mayo" en la que actúan los músicos de la capilla del duque. Tras la participación de los músicos, Luis Milán vuelve a aparecer bajo la apariencia del caballero errante "Miraflor de Milán" en una aventura, la de "la fuente del deseo," que viene a ser un corolario de la anterior en el Monte Ida, en la tercera jornada. A continuación los cantores del duque inician un "Toma, bivo te lo do" dedicado a las damas de Valencia que se entona mientras los cortesanos disfrutan de su cena.

En el tercer día de esta última jornada, tiene por fin lugar la "Máscara de los griegos y los troyanos." Cada una de las máscaras desfila primero por delante del virrey "porque su excelencia mejor goze de ver las invenciones" (e2v; 630) y así vemos pasar por este orden al rey Príamo de Troya, Héctor, Paris, Troilo y Eneas. Por parte de los griegos encontramos a su rey, Agamenón, seguido de Menalao, Achilles, Ájax Telamón y Diómedes. Inicialmente se enfrentan en fieros combates individuales que únicamente cesan cuando así lo indica el duque y sin un claro vencedor. Una vez concluidas las justas, ambos grupos se enfrentan en un torneo de a pie hasta que llega Apolo –de nuevo Luis Milán– que con la ayuda de la ninfa Siringa y su música logra traer la paz y dedica un romance a cada uno de los competidores. Posteriormente el duque sugiere que los presentes disputen sobre el carácter, o "las condiciones" de las personas. Así se habla de aquel que se "no se dexa acabar de entender," "de los celosos," "de la condición demasiadamente dulce," "de la honra," "de la condición descuydada," "de la miserable," "de la perezosa," "de la condición parlera," etc.

El libro viene hacia su conclusión cuando el duque le pregunta a Milán en qué punto tiene el libro que las damas le encomendaron para reemplazar al de Castiglione y él responde que ya lo ha terminado. Entonces describe las virtudes que todo buen libro ha de tener y afirma que el suyo las contiene todas en grado sumo, para concluir las páginas con una cerrada defensa de su *Cortesano* ante futuras críticas de envidiosos e ignorantes.

CAPÍTULO 4

LA "LENGUA SPADA" Y EL "BUEN PALACIO"

EL caballero moderno, según Luis Milán, ya no necesita de la virtud ejemplar del soldado, sino que "para tener perfeta mejoría debe ser cortesano, que es en toda cosa saber bien hablar y callar donde es menester" (A2r; 176). De esta manera, Milán pone de relieve el cambio de valores que se comenzaba a vislumbrar al comienzo del reinado de Felipe II, cuando el caballero-cortesano comienza a ocupar el lugar prominente que hasta entonces le había estado reservado al caballero-militar.

Uno de los indicios de este cambio puede observarse en la aceleración del proceso de "literaturización" del ocio cortesano iniciado el siglo anterior. Algunos de los entretenimientos medievales más típicamente caballerescos eran las justas y torneos de los que tanto había gustado Felipe II durante su juventud como muestra, entre otros textos, el *Felicísimo viaje* compuesto por Calvete de Estrella. En estos enfrentamientos, los combatientes acostumbraban a llevar colgado del brazo o de la lanza, un mote, o breve lema, bordado en una divisa que, en las más de las ocasiones, hacía referencia a una dama presente como espectadora. Por consiguiente, el mote, como forma poética, tenía desde su origen una doble finalidad: de un lado el servicio de la dama y, de otro, actuar como metonimia del combatiente que lo lucía. Como un estadio más de esta evolución del ocio cortesano, llega la representación de justas y torneos poéticos con evidentes raíces en las tensós de los trovadores y otras formas de repentismo poético como el trovo cortado, el trovo encadenado y, sobre todo, la pulla villana, que consistía en "duelo poético en el que los contrincantes invocaban, el uno al otro, toda suerte de desgracias, en la mayoría de los casos de lo más obscenas y procaces" (Armistead 45).[1]

Posteriormente, estas composiciones, habitualmente octosilábicas y nacidas en tan singular contexto, acabarían por convertirse en uno de los géneros predilectos de los poetas de cancionero que siempre buscaban "la concentración, la condensación y la brevedad" en sus textos (Whinnom 4). No obstante, el mote siempre mantendrá esa doble naturaleza que, por un lado, se muestra galante con la dama y, por el otro, es beligerante con sus rivales, a los cuales tiende a burlar con chanzas de contenido erótico.

El Cortesano de Luis Milán es una obra excepcional para el estudio de tales formas poéticas porque nos brinda la oportunidad de leer estos poemas dentro de su marco de producción y de entrever la recepción de estos entretenimientos de palacio, a la vez que observar de primera mano el difícil equilibrio entre lo cortesano y lo villano. En el caso de los "torneos de motes" podemos asistir a sus prolegómenos, el modo en el que son finalizados y advertir cómo se determina al ganador. De los motes galantes que aparecen en *El Cortesano*, se pueden colegir sus destinatarios, las motivaciones y resultados que obtuvieron. En ambas modalidades –la de torneo y la galante– comprobamos cómo el diestro manejo de la "lengua spada" en los motes ([R8v]; 455) –esto es, el empleo de la lengua como arma– ha sustituido al acero, tanto en la hora en que los caballeros han de batirse para resolver disputas y rencillas, como en la que han de mostrarse gallardos ante las damas para cortejarlas. En ambos casos, el cortesano siempre buscará el lucimiento del ingenio verbal como su mejor recurso.

Keith Whinnom presumía que el origen de las glosas de motes debería buscarse en situaciones cortesanas en las que una dama probablemente ofrecería un pequeño refrán a un grupo de caballeros para después invitarlos a escribir una canción utilizando los versos brindados por ella. A pesar de su presentimiento, concluye que, a falta de mejores evidencias, "nos vemos obligados, por ahora, a aceptar esta inocua explicación provisional y no definitiva" (59). *El Cortesano* de Luis Milán permite documentar la intuición de Whin-

---

[1] Según la etimología que ya había señalado Menéndez Pidal y, más tarde confirmara Corminas, "pulla" provendría de un cruce de "púa" como "dicho punzante y agudo" con "repullar," como "replicar satíricamente," por lo que parece un nombre muy apropiado para esta forma poética.

nom, pues ofrece el contexto de producción y recepción de varios motes y sus glosas, como en el siguiente fragmento.

> [Dice Luis Milán] Señora Leonor: con una glosa quiero responder a vuessa merced, que me mandó hacer una dama a este mote: "Guárdeme Dios de mí."
>
>> Glosa
>> Si Narciço se ahogó
>> de sí mismo enamorado,
>> tened de vos más cuydado,
>> pues que menos se perdió
>> en haver a vos cobrado.
>> Y pues más tenéys razón
>> de la que tuvo de si,
>> traed con gran devoción
>> el mote por oración:
>> "Guárdeme Dios de mí." ([G8r]; 288-89)[2]

Aquí, Luis Milán repite una glosa que ya había hecho anteriormente al mote de "Guárdeme Dios de mí" y la reutiliza para responderle a doña Leonor, confirmando así, tanto el origen de la glosa en la demanda femenina, como su versatilidad. Evidentemente, el libro de Milán no es el único en el que se puede comprobar la petición de una dama en el nacimiento de una glosa de mote. Por ejemplo, en el apotegma 658 de Juan Rufo puede leerse lo siguiente:

> Mandándole una gran señora, y de las más hermosas de España, que glosase un verso que dice así: "los ojos con que os miré," le glosó de esta manera:
>
>> Porque os vi, conozco y sé
>> que no es segura la fe

---

[2] Como nos recuerda Rafael Lapesa (13), la primera obra poética escrita en lengua castellana sobre el tema de Narciso es el "dezir de loores" que Fernán Pérez de Guzman dedicó a "Leonor de los Paños," como denomina Juan Alfonso de Baena en el *Cancionero* (núm. 551; 3: 1109-12) a la que sería mujer de Fernán Pérez. El "dezir," con el cual la glosa de Milán está en deuda, comienza de la siguiente manera: "El gentil niño Narciso / en una fuente engañado, / de sí mesmo enamorado / muy esquiva muerte priso: / señora de noble riso / e de muy gracioso brío, / a mirar fuente nin río / non se atreva vuestro viso. / Deseando vuestra vida / aun vos dé otro consejo, / que non se mire en espejo / vuestra faz clara e garrida: / ¿quién sabe si la partida / vos será dende tan fuerte, / porque fuese en vos la muerte / de Narciso repetida?"

> de los más ciertos amigos,
> pues que son mis enemigos
> los ojos con que os miré.

No obstante, *El Cortesano* es un texto más rico de lo habitual pues, a la presentación de las glosas, añade una gran abundancia y variedad de ejemplos de uso y una interesante y minuciosa pintura del ambiente en que eran producidos y recibidos, lo cual no es común encontrar en textos tan tempranos.

Además de las glosas de motes como la que acabamos de leer al "Guárdeme Dios de mí," también se pueden espigar numerosos motes galantes entre las letras de invención y empresas que pueblan *El Cortesano*. En la llamada "Máscara de los griegos y los troyanos" de la última jornada del libro, cada uno de los guerreros de Grecia y Troya desfila delante el duque de Calabria y su esposa antes de enfrentarse con las espadas para que, de esta manera, pudieran leer el mote que portan. La descripción de la máscara, la transcripción del enigmático mote y la interpretación de su verdadero significado tienen aquí tanto interés como la propia lucha de los caballeros. Buen ejemplo de ello es la descripción de la máscara de Héctor:

> [Llega] El muy valeroso y nombrado Héctor troyano, que lindas armas verdes que trae, cubiertas de yedra de esmeraldas, que es el árbol que más tura (sic) y jamás pierde la hoja sino lo roe el gusano.[3] Y el mote dice: "Mi yedra no morirá, que en su muerte bivirá." ([e2v]; 630)

Este mote y empresa únicamente pueden comprenderse correctamente desde el conocimiento de la historia clásica de Hiedra, el mancebo de Baco, que tras su muerte se transformó en la planta que hoy conocemos con el mismo nombre. Su historia la resume así Fernando de Herrera en su comentario a la primera égloga de Garcilaso:

> Fue la iedra, a quien llaman los griegos Cisso, un mancebo que servía a Baco de dançante ... i exercitándose una vex delante él

---

[3] Cuando Gregorio de los Ríos publica su *Agricultura de los jardines* (1592) advierte al lector de que la yedra no es buena para el jardín, sino para la granjas, ya que "dentro de sí cría muchas sabandijas como caracoles, babosilla, y lagartijas, y en saliendo la planta la destroçan por baxo" (79r).

en aquel oficio, cayó en el suelo i se mató del golpe; i la tierra, por onra de Baco, crió una flor del mesmo nombre que el muerto, conservándolo en aquella planta, que luego que salió por la tierra, començó a abraçar la vid de la mesma suerte que solía en las danças i bailes abraçar i rodear a Baco (698).

No debe olvidarse tampoco que la hiedra era la planta utilizada para coronar a los poetas líricos, de una manera similar a como el laurel se empleaba para los épicos. Sobre esta asociación entre la hiedra y la poesía lírica, en oposición a la relación entre la épica y el laurel o la palma –que representa la victoria– construye Garcilaso el significado de la primera égloga como representación de la entrega y sumisión amorosa. Esta misma connotación puede intuirse también detrás de la máscara de Héctor.[4]

Como puede deducirse del ejemplo anterior, el entretenimiento de motes de máscara es, por su exclusividad, una de las prácticas más arquetípicas de la sociedad cortesana, puesto que su disfrute depende de la correcta interpretación de un significado intencionalmente arcano.[5] De esta manera, se trata de una actividad reservada a un pequeño grupo de iniciados –los cortesanos– capaces de desbrozar la tupida maraña de referencias y significados interpuestos.

---

[4] La égloga en cuestión reza:

> el árbol de la victoria,
> que ciñe estrechamente
> tu gloriosa frente,
> dé lugar a la hiedra que se planta
> debajo de tu sombra, y se levanta
> poco a poco, arrimada a tus loores. (vv. 35-40)

[5] Resulta demasiado tentador recordar aquí, aunque no sea sino a modo de chanza, a aquel "primo del licenciado," al que tras el episodio de las bodas de Camacho don Quijote le preguntaba acerca de sus "ejercicios y estudios" y él le explica que está componiendo un libro que describe de la siguiente manera:

> *el de las libreas*, donde se pinta setecientas y tres libreas, con sus colores, motes y cifras, de donde podían sacar y tomar las que quisiesen en tiempo de fiestas y regocijos los caballeros cortesanos, sin andarlas mendigando de nadie, ni lambicando, como dicen, el cerebelo, por sacarlas conformes a sus deseos e intenciones. (*Don Quijote* II: 22; 717-18)

De haber tenido este libro, a buen seguro que se hubieran podido evitar tantos malentendidos y juegos de palabras como los que se utilizan para sazonar las máscaras de nuestro *Cortesano* y que estudiaremos en este mismo capítulo. No obstante, tampoco tendría sentido el juego, pues se basa precisamente en la capacidad de interpretación de los motes.

Estos motes de empresa, al igual que los que se acompañan de una glosa de servicio a una dama –como el ya mencionado de "Guárdeme Dios de mí"–, por su propia naturaleza, no suelen cargarse de sátiras o burlas pero, como en todos los juegos de palabras, tampoco faltan las excepciones ni los malentendidos. Este es el caso de uno que encontramos al poco de comenzar la lectura de *El Cortesano*. Mientras los nobles se encuentran disfrutando de una montería,

> salió el real duque de Calabria y la reyna Germana muy ricamente vestidos de terciopelo carmesí, broslados de hilo de oro: por invinción muchas matas de retama, que los granos d'ellas eran muy gruesas y finas perlas orientales de gran valor. Diziendo a todas las damas:
>
> –Mi invinción traygo por mote.
>
> A esto respondió la reyna con unos celos cortesanos y dixo:
>
> –la retama es mi amor y vos d'ella el amargor.
>
> Dixo el duque, sonriendo:
>
> –Mi amor es la retama, por mostrar sobrado amor. Que en mi no stá el amargor, sino en mi dama (A4r; 179-80).

La retama de esta empresa, al igual que la yedra (o hiedra) anterior, tiene una extensa tradición en la literatura española, aunque con significados muy variados. Por su amargor, la retama se utilizaba para simbolizar algunos aspectos de la vida humana como la tristeza, la muerte y las penas de amor; pero también se destacaba de ella una belleza y un dulce olor que se consideraba comparable al que desprendían el tomillo o el jazmín (Navarro Durán 208-16).[6] En este mote particular, es inevitable también recordar el más que probable eco de la empresa de Diego López de Haro en el *Cancio-*

---

[6] Bernardo Cienfuegos, en su *Historia de las plantas* (BNE, Mss 3359) escribe sobre la retama que "están por las mañanas y con el fresco antes que las toque demasiado el sol cubiertas de unas gotas de rocio menudo o aljofarado que gustado es harto dulce de la qual cogen las avejas que acuden mucho a sus flores. Sucede para hazer un ramillete de flores para atarle acudir a una mimbre o junquillo de retama y enredarlo con el querer cortarlo con la mano pero resistese valientemente, y acudiendo a los dientes quando con ellos se corta se siente un sabor de yerva o cuando los niños mascan un junco. Las flores son mucho mayores que las de la silvestre, mas subidas de color, duran aun cortadas y puestas en agua sin marchitarse mas de ocho dias, huelen harto bien. El olor es como el que arroja de si la miel muy buena y labrada de buenas yervas." (vol. 4, 378). Agradezco a John Slater que me proporcionara esta cita que da muestra de su vasta erudición y generosidad.

nero general donde, en un contexto muy similar, aparece el caballero vistiendo una capa bordada con una retama verde con la flor amarilla y un mote que reza: "Es la rama el esperança / mas su fin es de manera / que la flor la desespera" (*Cancionero general* fo. CXXXXI). Es muy posible que la "retama" del duque de Calabria combine ambos significados siendo una de esas "palabras a dos sentimientos" a las que en otra ocasión se refiere Milán cuando explica que "unos ay que dizen malicias encubiertas, con palabras a dos sentimientos, para salvarse con dezir: Yo no lo dixe a mala fin lo que me han tomado por mal" (R5v; 450).[7] La retama del duque de Calabria es un buen ejemplo de esta ambigüedad ya que no es posible determinar si su mote trata de identificar a Germana de Foix con la belleza, con el amargor de la planta o, tal vez, con ambas características. Germana no le va a la zaga y, en un alarde de esgrima con la llamada "lengua spada" ([R8v]; 455), alude, siempre dentro de los límites del "buen palacio" y con la misma ambivalencia que el duque, a la bien conocida infidelidad de su esposo (Sánchez Palacios 419).[8] Esto es posible gracias a que el amargor de la retama a que se refiere Germana no era siempre considerado como algo negativo, sino también una de las virtudes de la planta, puesto que se le atribuían facultades medicinales (Navarro Durán 215).

Dentro de la categoría de motes galantes, como los de la glosa y los de empresa vistos hasta ahora, hay que distinguir una tercera

---

[7] Baltasar Gracián, un siglo más adelante, se referirá a estas mismas palabras como "palabras de dos cortes" en su *Agudeza y arte de ingenio* (2: 53), denominación que acabaría por popularizarse entre la crítica moderna al ser adoptada por Whinnom (34). En realidad, ambas formas no son sino derivados del texto ciceroniano *Sobre el orador* de las facecias "ex ambiguo dicta," que Castiglione traduce fielmente como *ambiguità*. Es decir, aquellas palabras que por su doble sentido y ambigüedad, causan la risa de quien las escucha y son consideradas "galanura y buen gusto" (II, 62; 318)

[8] En otra ocasión, poco después, hay un pasaje muy interesante, aunque algo duro, en que Germana de Foix se refiere directamente a las infidelidades de su esposo. Juan Fernández, hablando con Gilot, uno de los bufones, le dice que ni él ni el duque son estériles porque les han parido dos mujeres. Jerónima, esposa de Juan Fernández, se enfada muchísimo, pero también la reina Germana, que llega a decir: "Doña Hierónyma, por adúltero merescería mas ser sacado a la vergüença, pues tiene tan poca que nos dize a la cara que les han parido dos mugeres" (D8v; 241). Es decir, que han tenido hijos con, al menos, dos mujeres. En el caso del duque, ninguna de ellas sería su esposa. Sin embargo, después el duque utiliza el recurso de las palabras "a dos sentimientos" para aclarar que cuando Juan Fernández afirma "Gilot: ¿tú no sabes que a su excelencia y a mí nos han parido dos mugeres" (D8v; 241), no se refiere sino a sus madres, y no a posibles amantes.

modalidad un tanto especial que podría bautizarse con el nombre de "juego cortesano de motes." Aquí se encontrarían los escritos por Luis Milán en el pequeño volumen –de los llamados de faltriquera– titulado *El libro de motes de damas y caballeros intitulado El juego de mandar* (1535).[9] Los motes de este volumen tienen mayor interés burlesco que los de glosa o empresa porque, como en todo buen juego de mandar de la época, poseen una naturaleza más liviana y proclive a la mofa. En referencia a este juego cortesano, Luis Milán explica en el prólogo a su libro la manera de proceder para llevar a cabo este entretenimiento:

> Teniendo un caballero el libro entre sus manos, cerrado, suplicará a una dama que le abra; y abierto que le haya, hallarán una dama y un caballero pintados cada uno con un mote delante de sí. El de la dama será para mandar el caballero, el cual ha de ser muy obediente, pues por la obediencia que ha de tener en hacer lo que le mandara la dama tiene mote a su propósito en el libro; y el caballero que no será obediente sea condenado por las damas en lo que les pareciere, y echado de la sala. Después otro caballero y otra dama harán lo mismo que los primeros han hecho y todos los otros después, por su orden, hasta que las damas manden cesar el *Juego*. (45)

El carácter lúdico de estos motes está claramente mostrado por la prerrogativa de las mujeres de "condenar o expulsar del juego al caballero que no sea obediente" a las peticiones hechas tras la lectura al azar de uno de los motes del libro. Como era habitual en estos juegos de mandar, en la mayoría de las ocasiones estas demandas se

---

[9] En opinión de algunos como García Morales (235) o Ríos Lloret (228), en realidad el *Libro de motes de damas y caballeros* no sería más que un capítulo desgajado de *El Cortesano*. En la opinión de otros, como Vicent Josep Escartí (2001: 54; 2010: 35), "*El libro de motes de damas y cavalleros*, *El Maestro* i *El Cortesano* són susceptibles de ser contemplats amb una trilogia pedagògica de cara als comportaments de la noblesa valenciana." El interés educativo del primero se encontraría en la instrucción de los cortesanos en los juegos galantes; el segundo se encargaría de enseñar a tañer la vihuela a aquellos cortesanos que desconocieran por completo sus principios y, por último, en *El Cortesano*, se podría ver el funcionamiento de los pormenores de la cortesana. Evidentemente ésta no era la única modalidad de juegos de mandar. Sin ir más lejos, en el propio *Cortesano*, en una ocasión, doña Leonor Guálvez, dama de la reina Germana, que hacía de "guión de gala", le dice a Luis Milán, "hoy os dexaréys mandar de las damas, en dalles quanto os pedirán. Y la primera quiero ser yo, que os mando me cantéys sonetos..." ([V2v]; 494-95)

limitan a pequeñas y ridículas tareas para poner a prueba el servicio y cortesanía de los caballeros (Ríos Lloret 227). Nada que ver, por tanto, con los trabajos que las damas exigen de sus amantes en las novelas de caballería empujándolos hacia peligrosas aventuras donde arriesgar su vida. Más bien, como dice Isabel Vega Vázquez en su edición crítica, en muchas ocasiones, no son sino burlas de las "exteriorizaciones tópicas del amor plasmadas por la poesía amorosa cancioneril de los siglos XV y XVI" (176). Así, aunque a primera vista pudiera parecer una entrega de poder a las damas de palacio, en realidad no es sino lo contrario, pues su "mandato" se reduce al juego. Es decir, a un tiempo en el cual se suspende la realidad para divertirse –recordemos que el origen etimológico de esta palabra se encuentra en "divertere" en su sentido de separar, de apartar– pero sin consecuencias más allá del propio juego.

En la sociedad cortesana que describe Luis Milán, las damas habrán de contentarse con que los caballeros den pequeños saltitos, bailen, se quiten los zapatos, o se limpien las narices, como puede verse en estos dos ejemplos a continuación:

> [Dama]   6. Descalçaos los çapatos
> Y, si os hieden v(uest)ros pies,
> calçaros heis al revés. (47)
> [Dama]   10. Limpiaos las narices;
> que no diga algú(n) donoso
> que sois suzio e mocoso. (49)

Más allá de la faceta galante, el mote cortesano tiene en su "código genético" una tendencia belicosa, de lucha entre caballeros, que le viene de su origen en justas y torneos. Por consiguiente, no todos los motes tienen la intencionalidad de amable servicio hallada en glosas, empresas y letras de invención o, a su manera, en los pasatiempos del *Libro de los motes*. Luis Milán, al identificar como cualidad máxima en el cortesano ideal el "saber bien hablar y callar donde es menester" (A2r; 176), minimiza la dimensión militar del cortesano que, como ya se ha visto, aún se defendía en la obra homónima de Castiglione (Capítulo 3). Consiguientemente, una vez que en la carta dedicatoria a Felipe II, el yelmo, la goleta, los espaldares, los brazales y los guardabrazos de las armaduras del soldado se han trocado definitivamente por "consideración," "temperancia," "sufrimiento," "ejecuciones" y "leyes" (A2r-[A2v]; 176-77), ya no queda sino encontrar un arma apropiada que poner en la mano de este caballero para que pueda vencer en los singulares combates que habrá de disputar. Tales armas no son sino la "lengua spada" ([R8v]; 455) y la "lança de conversación" (S5r; 466) que actúan en la corte como mecanismos de sublimación de la violencia bruta del caballero medieval descritos por Norbert Elias (398).[10] En el campo de la cortesanía, como explica Milán, "las armas son buenos motes" (S5r; 466). Por ese motivo, en los espacios cortesanos está muy mal visto, casi diríamos prohibido, el "mote descubierto," aquel en el que se hace burla de los defectos físicos del contrincante y, debido a la creciente obsesión por la limpieza de sangre en el siglo XVI, también se evitará cada vez más el "mote de linaje." En líneas generales, explica Maxime Chevalier:

> La primera –regla de oro que unánimes enuncian Castiglione, Luis Milán, Cristóbal de Villalón y Lucas Gracián Dantisco– es que el cortesano nunca se ha de rebajar al nivel del bufón y siempre ha de cuidar de diferenciarse de él. Más concretamente, el cortesano deberá tener en cuenta el sitio en que se mueve, el momento en que habla y la calidad de la persona a quien se dirige. (xxi)

Es decir, el cortesano habrá de cuidar que en ningún momento sus motes puedan tomarse por pullas pues, si tal fuera el caso, quedaría humillado enfrente del resto de cortesanos y, lo que es aún peor, esto podría traer como consecuencia la fatal interrupción de la conversación y entretenimiento del palacio, una falta de difícil perdón en los salones áulicos.[11] El cortesano hará bien si se acostumbra

---

[10] En esta misma línea, también escribiría Jean-François Lyotard que "to speak is to fight" y que "pleasure depends on a feeling of success won at the expense of an adversary" (10). Igualmente, Wayne A. Rebhorn (124) explica cómo en *Il Cortegiano*, los cortesanos de Castiglione son siempre muy conscientes de que el debate es una forma sublimada de agresión y, consecuentemente, emplean también una terminología de tipo militar para referirse a sus litigios dialécticos.

[11] En cierta ocasión, Berenguer, uno de los cortesanos de aquella corte acusa a Juan Fernández de haberle dirigido pullas a Luis Milán, lo cual asocia con "martingalas" y "cámaras de baxas coplas," de donde puede verse el carácter de confrontación que lo asemeja al mote, pero donde también queda clara la baja consideración de la "pulla."

> Señor Joan Fernández, esse nombre mejor sería para vuessa merce, pues un tiempo uso la martingala en las calças, quando se yva de cámaras de baxas coplas, que contra don Luys Milán trobó, que pullas las llamo yo.

rápidamente a vivir en esta selva de motes sabiendo administrar los que propina, y a sufrir bien los que recibe. En *Menosprecio de corte y alabanza de aldea* se advertía de lo último al recién llegado a esta vida de palacio donde "no debe el cortesano alterarse ni escandalizarse si… le motejó alguno en palacio o se atravesó alguno con su amigo" y continúa la enseñanza recordando al que es nuevo en palacio que "el cortesano que quiere la corte seguir y piensa en ella medrar, ni ha de tener lengua para responder ni aun manos para se vengar" (114).

Antonio de Guevara, por tanto, da gran importancia al autocontrol que debe tener el cortesano para no defenderse de supuestas ofensas, "pigliar le cose come dette per gioco" dice Castiglione (II, § 32, 167) o, como lo traduce Boscán, en palacio es conveniente "tomar las burlas cortesanamente" (253).[12] En definitiva, lo que Luis Milán ha condensado en ese "saber callar" que recomienda en la carta prologal.

Además de la restricción en cuanto a los temas que pudieran considerarse ofensivos y el saber encajar con gracia los golpes, el cortesano ha de considerar dos elementos más a la hora de darse de motes: la duración y la persistencia del intercambio. Así, en la pri-

---

> Respondió Joan Fernández: Si el Milán dize que son pullas, yo lo otorgaré y de otra manera no.
> Dixo don Luis Milán: Pues el señor Joan Fernández se fía de mí, yo no digo que son pullas, sino repullones. Y dígalo su Excellencia, si fueron coplones lo que respondió a mis coplas, y séanos juez. Respondió el Duque: Si yo tengo de ser el juez para bien juzgar, he de oyr las dos partes quando yo daré audiencia, que será mejor después de aver caçado. ([B6r–B7r], 199-200)

La serie de "pullas" –si bien Juan Fernández mejora las suyas, según confiesa– se inicia con una de Luis Milán que comienza "Señor, ut, re, mi, fa sol, / Joan Fernández sin par" ([C8r], 222), y que también se encuentran –acompañadas de otras muchas que ambos poetas se cruzaron– en las *Obras* de Juan Fernández de Heredia (175-99). El veredicto final del duque es el que sigue: "Yo doy por tan buenas vuestras coplas, que no sé a quien dar la mejoría, después que se ha mejorado Joan Fernández en rasgar las malas coplas que por mal consejo hizo contra don Luys Milán" ([D4v]; 232).

[12] Más adelante, Stefano Guazzo (1574), como explica J. J. Martin (104-16) hará de esta esquizofrenia de la vida cortesana impuesta por la disimulación y autovigilancia, una de sus dianas predilectas. A su vez, J. R. Snyder (319-20) ha estudiado cómo este modo de actuar cortesano hace que el sujeto cortés, a la vez que se relaciona con los otros cortesanos, haya de tratar de verse a sí mismo como si fuera una tercera persona, de manera que pueda predecir cómo sus comportamientos serán juzgados por los demás y actuar conforme a ello.

mera jornada de *El Cortesano* de Luis Milán, y después de una larga serie de coplas de mote en las que se enzarzan algunos en el palacio,[13] el duque los detiene para reprenderles argumentando que: "las burlas no deven ser largas, aunque sean buenas, que si turan mucho pueden hazer mal estómago, por ser de mala digestión el burlar" (D4v; 232). Dada la importancia que tiene para el cortesano descrito por Luis Milán el saber dosificar bien los silencios y las intervenciones, ésta será una cuestión en la que se incidirá con cierta frecuencia a lo largo del libro.

JUSTAS Y TORNEOS DE MOTES

Como se ha dicho, es conveniente saber administrar bien los motes y emplearlos únicamente en los momentos necesarios, y cuando el uso del arte de la repentización poética pueda reportar "victorias" frente a los rivales en la corte, beneficios sociales, o el aprecio de las damas y los señores. En cierta ocasión, cuando una discusión entre el poeta Juan Fernández de Heredia, [14] y Luis Milán se acalora en demasía, otro de los cortesanos de aquel palacio, Diego Ladrón, les propone resolver sus diferencias mediante una justa de motes, "para escusar que no viniésedes a las manos, querría veros a las lenguas, con lo que diré: que entréys en campo los dos, a

---

[13] Es interesante notar que estas mismas coplas de motes pueden encontrarse en las *Obras* de Juan Fernández de Heredia publicadas en 1562, si bien entre ambas reproducciones –la de Fernández de Heredia y la de Milán– hay ciertas discrepancias, no únicamente en la literalidad de las coplas, sino también en el supuesto vencedor de ellas.

[14] Juan Fernández de Heredia nació en Valencia en torno a 1480-1485 y tuvo tres hermanos, don Gonzalo, don Miguel, que estuvo casado con Ana Mercader, que también aparece mencionada en *El Cortesano*, y doña Marquesa, que casi casó con Juan Girón de Rebolledo, del cual también se dan noticias en el libro de Luis Milán. Juan Fernández casó con Jerónima Beneyto en 1510 y alcanzó gran fama como poeta, como puede verse en los elogios que recibió de Gil Polo en el *Canto del Turia* y de Nicolás Espinosa en la *Segunda parte de Orlando*. Falleció el 14 de marzo de 1549. Algunas de sus obras figuran en el *Cancionero general* y en el llamado *Cancionero de Valencia* (Marino, "El Cancionero de Valencia"). En la corte eran conocidos sus amoríos e infidelidades que son, en ocasiones, motivos de chistes y burlas. Parece ser que en su madurez se arrepintió de su vida disoluta (Marino, "The Literary Court" 6).Tuvo un hijo ilegítimo llamado Lorenzo que fue el que decidió emprender la publicación de las obras de su padre, aunque murió antes de poder completar su tarea, por lo que al final hubo de hacerlo el noble Ximen Pérez de Lloriz en 1562.

daros de motes, y seremos juezes don Francisco y yo" (G2r; 276). Por consiguiente, estas justas y torneos de motes –dependiendo del número de participantes– funcionan como un modo de sublimación, de sofisticación, de las luchas domésticas por el prestigio dentro de la corte, de manera que lo que podría convertirse en una burda discusión se eleva hasta convertirse en una ocasión de cortesía caballeresca y lucimiento verbal entre los contendientes.

El vocabulario castrense, que ya se utilizaba en las disputas en el libro de Castiglione, según se vio a propósito de la leyenda de Marco Curcio (Capítulo 3), ha sido manipulado y apropiado por los cortesanos para referirse a estas luchas de ingenio dialéctico y su utilización es una práctica habitual entre los hombres de la corte virreinal. En la primera jornada, al poco de comenzar la "Real caça de monte de las damas y cavalleros" (A4r; 179), que es el primer entretenimiento del libro, tras concluir una ligera disputa a causa de un mote entre Juan Fernández de Heredia y su mujer, Franciso Fenollet discute con su amigo,

> Bien havéys escaramuçado con la señora vuestra muger, señor Joan Fernández. Cavallero de frontera, soys en todo mi señor. Siempre escaramuçador, por de dentro y por de fuera.
> Respondióle Joan Fernández: Don Francisco ballestero, con virote havéys tirado, que muy mal está encarado, quien hiere su compañero. (B2v; 193)

Más adelante, de nuevo Francisco Fenollet, desafía a Luis Milán en términos castrenses y le advierte:

> Adargaos, adargaos don Luys Milán: que no quiero tomaros desadargado, sino cubierto del adarga que vos tenéys, y es que después que havéys quebrado la cabeça a motes os adargáys con dezir "no lo dije por tanto." ([H7r]; 303)

Con estas palabras, Francisco Fenollet muestra su frustración por el uso que Luis Milán hace de lo que en otro momento llama "burla sgrima;" es decir, la habilidad para utilizar la "lengua spada" para engañar primero y atacar después. Luis Milán hace lo propio con las palabras de "dos sentimientos," aquellas que por tener un significado ambivalente –uno agresivo y otro inocente– le permiten engañar y atacar a su rival a un mismo tiempo. Si el interlocutor se muestra ofendido al escucharlas, Luis Milán vencería con no más que replicar "no lo dije yo por tanto," con lo que dejaría al descubierto la falta de cortesía del rival que pensó mal de sus intenciones cuando éstas eran limpias. Si tal hiciera, la víctima de sus motes quedaría, entonces, no únicamente ofendida, sino también humillada. Fenollet, que conoce bien el uso de "palabras a dos sentimientos" de su contrincante le advierte de que esta vez sus motes van a encontrar la respuesta adecuada y que, por tanto, al músico le convendría protegerse convenientemente con una adarga metafórica con que resistir los ataques que le esperan.

En otra ocasión, Diego Ladrón informa al llamado "paje de mal recaudo" –un criado que fue primero despedido por Juan Fernández y al cual después acogió el duque ([N5r]; 382)– que tanto él como don Francisco se hallan preparados para enfrentarse a motes contra Juan Fernández de Heredia y Luis Milán:

> Aquí aguardo a Joan Fernández y a don Luys Milán para yr, que me han embiado a dezir que están armándose de motes para contra mí, porque yo haga lo mismo, que bien lo havremos menester don Francisco y yo. ([N6r-N6v]; 385)

Esta segunda modalidad torneística del mote es, por tanto, más agresiva y burlesca que la galante de las glosas, empresas y juegos, y se manifiesta en *El Cortesano* principalmente de dos maneras: en la práctica de "motejar" mediante simples "apodos," y en la recuesta o competición de coplas y motes. A ésta última modalidad es a la que se refiere Castiglione cuando dice que "[p]are ancor che ai Spagnoli sia assai proprio il motteggiare" (2, §42, 183), lo que Boscán traduce como que "los españoles son harto sueltos y graciosos en las burlas" (207). El libro de Luis Milán proporciona abundante variedad de estos enfrentamientos lúdico-poéticos que van desde la fina ironía hasta los que por su virulencia parecen traspasar el umbral del "buen palacio" para salir al campo de la "pulla" villana. En el ímpetu de la competición, en ocasiones da la impresión de que se sobrepasa una fina línea imaginaria –y no siempre fija– que divide la burla satírica cortesana heredada de los poetas cultos y áulicos del Renacimiento –como el poeta improvisador Benedetto Gareth (Il Chariteo), al que el propio virrey de Valencia había escuchado en su niñez– y el mero echar coplas de repente al modo de los rústicos, marrulleros, truhanes, etc. como los califica Rodrigo Caro (210).

En *El Cortesano* se cuida especialmente que los motivos de todas disputas sean acordes con el decoro del entorno palaciego. La disputa antes mencionada entre Luis Milán y Juan Fernández de Heredia que Diego Ladrón pretendía zanjar con una justa de motes, tenía como motivo la posesión del retrato de una dama a la cual tanto Luis Milán como Juan Fernández de Heredia aseguraban servir. De una parte, Fernández de Heredia afirma ser el dueño de la pintura, aunque dice que ésta le había sido robada hacía ya algún tiempo. En la parte contraria, Luis Milán también dice ser el legítimo poseedor del retrato, pues fue él quien encargó la realización del lienzo que, más adelante, le fue sustraído de su propia casa. Por ese motivo, sospecha que su amigo y rival poético está, directa o indirectamente, relacionado con el robo. Diego Ladrón decide organizar entonces la antedicha competición de motes de apodo y entregar luego la pintura, a modo de trofeo, a aquel que saliera vencedor de esta justa.

Este modo de dirimir la disputa se fundamenta, naturalmente, en un pensamiento de tipo literario-caballeresco según el cual, "el competir descubre quién sabe servir" (G2r; 276). Es decir, en la creencia de que hay una perfecta justicia que premia con la victoria a aquellos que lo merecen y están del lado de la recta razón. Como añadido, y siguiendo esta misma creencia caballeresca, la victoria de armas –aunque sea de "lengua spada"– acostumbra a seguir a la verdad. Diego Ladrón lo explica al declarar que "ganar en el campo muy gran verdad muestra" ([G2v]; 276). La secuencia de los motes de apodo con que se atacan mutuamente Luis Milán y Juan Fernández de Heredia merece ser reproducida:

> Començó los motes don Luys Milán y dixo:
> –Señor Joan, si tan bueno fuéssedes en casa como en la calle no's uviera puesto nombre vuestra muger "Encasamalo".
> Respondió Joan Fernández:
> –Señor don Luys, si también acabássedes en los amores como empeçays, no's uvieran puesto por nombre las damas "Enmalacaba".
> Dixo don Luys Milán:
> –Señor Joan, me han dicho que soys en amores "Perrigalgo", que levantáys liebres y otro las mata.
> Respondió Joan Fernández: No creáys lo que os dizen de mí, que también me han dicho de vos que soys en amores perro mestizo, que levanta liebre y mata "Lagarto." (G2r; 276-77)

El uso del retrato de la mujer como motivo del duelo tiene un carácter marcadamente burlesco que propicia el remedo de los desafíos caballerescos que le siguen. Los contendientes no son aquí un Luymanes, un Perión, o un Branzhar, decididos a luchar por defender la suprema belleza de la imagen de la amada que han hecho pintar como leemos en *Palmerín de Olivia*, en el libro séptimo del *Amadís de Gaula*, *Lisuarte de Grecia* o en el *Amadís de Grecia*.[15] Aquí, a pesar del oropel caballeresco, los cortesanos no arriesgan sus vidas por defender a la dama, sino que se contentan con acusaciones más o menos graciosas o acertadas sobre la incompetencia del rival en las lides amorosas. Esta habilidad lingüística, no obstante, será muy apreciada por la corte y, en particular, por el duque. En efecto, el virrey celebra frecuentemente los logros de creación léxica de Luis Milán. En una ocasión, en la última jornada de *El Cortesano*, dice de él que

> [Imita] a los lacedemonios griegos en esta brevedad, que con sólo un vocablo se diga una sentencia, que los latinos muy poco lo acertaron a dezir. Fue este modo de hablar en tanto tenido que Petrarcha recita en su libro *De próspera y adversa fortuna*,[16] una palabra que solía dezir Andrómaca, muger de Héctor, a su marido, y era ésta "demome," que quiere dezir "buen hombre, tu

---

[15] En el *Palmerín de Olivia*, Luymanes, hijo del rey de Francia, se enamora de la mujer del duque de Brogoña [sic.] y reta a que quien se atreviese, trajese el retrato de su propia amada y se enfrentara a él "e si yo le venciere, que me la dexe en señal que es mi señora más fermosa que todas" (84). En el *Lisuarte de Grecia*, se nos dice del caballero Perión, que "traía en su cuello un muy rico escudo figurado en el medio d'él una donzella" y después de ponerse de rodillas delante del emperador le explica que la dama que trae pintada en su escudo es Dialestila y que "diziéndole que me otorgasse su amor, me dixo que no lo haría en ninguna guisa, salvo si yo no anduviesse todas las partes del mundo diziendo que qualquiera que dixesse que su señora era más hermosa que ella e tocasse en esta su imagen que en este mi escudo traigo, que yo me combatiesse con él e gelo embiasse preso" (Silva 11). En el caso del *Amadís de Grecia*, Branzahar, príncipe de Clarencia, hace encerrar a la bella Onoria y pone como condición para poder sacarla de su encierro el llevar su retrato por el mundo y enfrentarse a todos los caballeros. Estos caballeros, una vez vencidos, habrán de entregarle el retrato de su respectiva amada, de manera que pueda traer "todas las imágenes de aquellas amigas de los cavalleros que sobre este hecho se combatieron" (Silva 199).

[16] *De los remedios contra próspera y adversa Fortuna* fue el título que adoptó en 1510 la traducción realizada por Francisco de Madrid de la obra de Petrarca, *De remediis utriusque fortunae*. La anécdota comentada por el duque se encuentra en el diálogo 73 del libro I entre *Gaudium* y *Ratio*. En concreto, la frase citada por el duque parece ser que Petrarca la toma de la *Ilíada* VI: 406-08.

gran coraçón te echará a perder." Es tan cortesano el corte hablar, "que vorria sensa parlar esser inteso." (V3r; 495)

Volviendo a la justa de motes, dentro de este reducido ámbito de lucha se observa que Luis Milán culpa a Juan Fernández de "servir" mejor fuera de casa que dentro de ella, así como de perseguir como galgo a "liebres" que luego otros acaban matando. La acusación se construye sobre la habitual connotación erótica de la liebre como aparato genital femenino[17] y aprovechando el conocido refrán de que "galgo que muchas liebres levanta, ninguna mata" (Correas 221)[18] para señalar el fracaso de Juan Fernández en sus constantes intentos amorosos. Esta crítica se repite a lo largo del libro en boca de distintos personajes como su cuñada, Ana Mercader, que le reprocha andar siempre tras la caza de las mozas de la casa (E1r-[E1v]; 242); o su esposa, Jerónima Fernández, que le llega a motejar diciendo: "Perromocero, que va tras moças, carnicero" (I4r; 313). Diego Ladrón también se refiere a Fernández de Heredia diciendo de él que "no buela, sino de noche, como murciégalo, caçando moxas del ramo, que son rameras (perdonad, que romeras quise dezir), que Joan Fernández es romero en amores" ([S3v]; 462).

Juan Fernández, por su parte, se mofa de la esterilidad de las galanterías de Luis Milán pues considera que nunca podrán llegar a consumarse. Así, sin querer soltar presa, finaliza sus acusaciones con un lance en el que arroja la piedra para inmediatamente después esconder la mano, pues menciona un supuesto rumor que, con maliciosa ambigüedad, acusa a Milán de ser "perro mestizo." Según este rumor, Luis Milán se dedicaría a levantar liebres para, más tarde, acabar matando "lagarto," reptil ya utilizado anteriormente por Sebastián de Horozco en su canción "Cuento donoso de un vigardo y una dama y un lagarto" (*Cancionero de Sebastián de Horoz-*

---

[17] La metáfora de la liebre, así como la del conejo, son utilizadas con frecuencia en este sentido. El Arcipreste de Hita utiliza la imagen del conejo y presenta al hombre como perro conejero, en su relato de la aventura erótica con una panadera –eufemismo habitualmente empleado para referirse a las mujeres de vida nocturna pues, como ellas, "gana el pan" con el trabajo durante la noche– de nombre Cruz (133-35; coplas 115-122). En *La lozana andaluza*, cuando la protagonista se encuentra con Rampín en la cama, le dice: "Buen principio lleváis. Caminá, que la liebre está cazada. ¡Aquí va la honra!" (XIII, 62).

[18] Correas también recoge el refrán opuesto, "galgo que muchas liebres levanta, alguna mata."

co, nº. 347) para designar al miembro viril.[19] En este mismo sentido
lo utiliza también Diego Ladrón en este *Cortesano* precisamente para condenar los excesos de Juan Fernández de Heredia: "Digámosle
Joan Lagarto, / pues la cola gasta harto / lo que adoba su cabeça"
([C6r]; 217).

Concluida la "justa de motes" de que hablamos, Diego Ladrón
y Francisco Fenollet declaran vencedor a Luis Milán, aunque no
por la virtuosidad de sus motes, que inmediatamente quedan olvi-
dados, sino porque descubren una marca dejada por una amorosa
lágrima sobre el retrato de la dama. Esta lágrima, que como si se
tratara de una novela sentimental, se considera marca inequívoca
de amor verdadero, es la que le acaba dando el triunfo y le permite
recuperar el lienzo. El origen de esta "señal" que la lágrima de
Luis Milán deja en cuadro la explica el propio poeta con una glosa
al conocido villancico: "Las tristes lágrimas mías / en piedras hazen señal / y en vos nunca, por mi mal." Para escribirla, explica,
"de presto demandé tinta y papel, haziendo una glosa a este villancico que tan a mi propósito hecho está, que en el postrero verso le
hallaréys de cada copla d'estas que yo os diré agora" (G1r-[G1v];
274-75).[20]

Además de esta "justa de motes," Luis Milán, Juan Fernández
de Heredia, Diego Ladrón o Francisco Fenollet recrean en muchas
otras ocasiones similares contiendas de tipo poético más o menos
próximas al *tornejamen* u otros modelos de *tensós* de la poesía tro-
vadoresca. En los *tornejámenes* de la literatura provenzal, tres o
cuatro trovadores debatían con composiciones poéticas, normal-

---

[19] En *La lozana andaluza,* Lozana utiliza el término "lagartija" para mofarse del
pequeño tamaño del pene del paje (133).

[20] En su colección, José María Alín, incluye esta misma canción (230) como
ejemplo de la difusión que en los siglos XVI y XVII tuvieron las canciones cultas de
intención "popularizante." La primera de las coplas de Luis Milán en cuestión dice
así:

> Tengo tanto sentimiento
> de lo que me hazéys sentir,
> que siento tanto el morir
> quanto mi bivir no siento.
> D'este mal saco este bien:
> que stoy hecho un Hieremías,
> que por vuestro gran desdén
> lloran mi Hierusalén
> las tristes lágrimas mías. (G1r; 274)

mente repentizadas, o improvisadas, sobre diferentes pareceres de índole amoroso (Riquer 1: 68). En las justas y torneos de *El Cortesano* faltan las sofisticadas razones poéticas de la literatura provenzal y en su lugar encontramos burlas, chanzas e insultos que se aproximan al terreno de la villana "pulla," más típica del primer teatro del quinientos español que de la cortesía provenzal. No obstante, los desafíos poéticos de *El Cortesano* siguen a los *tornejámenes* y coblas trovadorescas en algunas de las otras normas de estos enfrentamientos, tales como el uso del primer poema del desafiante para determinar la forma estrófica y el tono del resto del enfrentamiento.

La competición galante de motes repentizados en *El Cortesano* defiende como modelo para este tipo de justas la que sostuvieron Juan Mendoza y Antonio Velasco, los cuales, supuestamente, disputaron "sirviendo a una dama de la reyna doña Ysabel, muger del rey Cathólico, dándose de motes un día, delante el rey y la reyna" (S1r; 456). No obstante, después de examinar los versos de ambos en el *Cancionero general*, *Cancionero de poesías varias* y la *Floresta española*, lo más probable es que la paternidad de estos poemas sea distinta y, muy probablemente del propio Luis Milán. En estos supuestos motes de Mendoza y Velasco, "los más galanes cortesanos que en el mundo fueron" (S3r; 461), encontramos burlas de contenido erótico como las siguientes:

> Pregunta:
> Vuestro amor es estafeta
> que de gran desdicha trota:
> no corréys a stradiota,
> sino siempre a la gineta.
> Respuesta:
> Si estafeta soy d'amor,
> soylo siempre d'aventaja,
> pues a vos dan la paja
> y a mí el grano de amador. (S2r; 459)

La utilización del verbo "cabalgar" u otras palabras del ámbito ecuestre como "trotar" o, también en estos motes, "correr a stradiota" o "a la gineta," como también parar en "estafeta," tienen una arraigada tradición en la literatura erótica y, en casos como el de *La lozana andaluza*, forman parte del vocabulario típico de la prostitución, pues son las mujeres "del partido" las que más se cabalgan.[21]

En el mote de pregunta, se sugiere que el contrincante, Juan Mendoza, sería simple "estafeta," es decir, el lugar en el que los "caballos" pararían de forma breve, ya que la montura a la gineta era la habitual para la realización de viajes largos. El insulto llega más allá, pues se aduce que, al no correr "a stradiota," es decir, a la brida, y hacerlo únicamente "a la gineta," sus conquistas de amor tienen una cierta resonancia vulgarizante y morisca, e incluso de tipo homosexual, debido a la interpretación popular del referente musulmán de este modo de montar a caballo que los españoles aprendieron de los árabes.

Por último, y si efectivamente aceptamos el que estos motes sean de la pluma de Luis Milán, no debe pasarse por alto el "doble corte" –los "dos sentimientos"– de este texto con que se haría directa referencia a la traducción que Boscán le hace a *Il Cortegiano* de Castiglione, donde encontramos el consejo según el cual "cumple que nuestro cortesano sea muy buen caballero de la brida [stradiota] y de la jineta" (I, §21; 136). En caso del texto italiano –"sia perfetto cavalier d'ogni sella" (53)– y de su traducción por el barcelonés, huelga decirlo, no hay segundas intenciones, sino únicamente la reiteración de que su cortesano ideal debe saber comportarse como corresponde a cada circunstancia o, como se deduce de la traducción de Boscán, poseer a un mismo tiempo el espíritu castrense –que cabalga a la gineta– y la solemnidad cortesana, ejemplificada por ese montar a la brida, con las piernas colgando rectas en toda su longitud. El poeta Juan Mendoza de estos motes, por su parte, replica a Antonio Velasco que mientras él con sus galanteos únicamente consigue despreciables prendas de amor –la paja–, él no se entretiene en mientes y se lleva el "grano," cuyo significado no precisa mayor aclaración.[22]

---

[21] Vid. págs. 163-64, 175,193, 250, 253, 257, 305. En el propio *Cortesano*, Juan Fernández narra un divertido cuento según el cual Aristóteles pretendió en amores a la reina y mujer de Alejandro Magno y ella "burlando dél, le otorgó lo que no deviera diziéndole: "Aristotil, yo soy contenta de hazer quanto me pides si tú te dexas enfrenar y ensillar de mi mano en secreto, sólo para que yo tenga contento de mí" (F6r; 268). Por no dejar al lector en ascuas le diré que acto seguido la reina acudió a llamar a su marido ante el cual denunció al "príncipe de los Philosophos" que fue sorprendido ataviado con tal aparejo.

[22] La respuesta de Mendoza muestra una gran similitud con el episodio de la panadera Cruz en el *Libro de buen amor* mencionado anteriormente pues, mientras el Arcipreste "rumia salvado," el mensajero "comió el pan más duz [dulce]" (copla 118; 134).

A imitación de semejante contienda poética compiten en singular justa Juan Fernández y Diego Ladrón en *El Cortesano*. De entre todos los motes con que se dan, los siguientes son, tal vez, los más representativos del tema y el tono de esta lucha:

> Joan Fernández:
> O vestí como habláys
> o hablá como vestís,
> que d'aquello que réys
> a reyr mucho nos days.

> Diego Ladrón:
> No burlemos del vestir,
> pues que no tenéys vestidos
> que merezcan ser reýdos
> sino para hazer reyr. ([S6v]; 468-69)

Los motes, como se ve, son completamente inofensivos y próximos en su tono y contenido a las cortesanas burlas de las damas de *El libro de motes de damas y caballeros* y, como aquellos, su inocuidad hace que sean inmediatamente alabados por todos los presentes, pues de ellos se dice que "nos ha hecho reyr sin perjuyzio de nadi, que la conversación que perjudica es perro que ladra y muerde" ([S6v]; 469),[23] lo cual, ya lo hemos advertido, es el ideal del entretenimiento cortesano, pues disfraza la agresividad con que se resuelven las tensiones cortesanas en una apariencia de juego.

Por ello, cuando las coplas y motes empiezan a bordear la crueldad, bien por su contenido, bien por su insistencia, entonces es necesario que un árbitro las interrumpa y las vuelva a encauzar a un tono más palaciego. En las más de las ocasiones, el árbitro en la corte virreinal valenciana es Diego Ladrón quien trata de frenar a los contendientes con palabras como las que siguen:

---

[23] En otra ocasión poco antes, Diego Ladrón le ha explicado a Juan Fernández que "el buen dexo del avisado ha de ser dulce, y no como del truhán que es amargo. Que lo mejor del cortesano es que el burlado quede contento con el burlador... que lo que enoja nos cortesanía, sino descortesía" ([R4v], 447-48). El maestre Zapater, también, considera que "si vamos tras agudezas de palabras perjudiciales para nuestro próximo, para hazer reyr a los cuerpos, hazen llorar a las almas... que tan buen cortesano ha de ser para la corte del cielo, como para la de la tierra" (R5r, 449).

> Tened al rey, trobadores,
> que el rey m'á dado poder
> que presos pueda traer
> a quien son copleadores.
> Copleadores parescéys
> porque mucho os encendéys,
> que burlas no s'an de alargar. ([D4v]; 231-32)

A lo que el virrey asiente diciendo: "Tiene razón don Diego Ladrón, que las burlas no deven ser largas, aunque sean buenas, que si turan mucho pueden hazer mal estómago, por ser de mala digestión el burlar; y si son pocas puédense digerir" ([D4v]; 232).

En el libro de Milán, para que el intercambio de motes funcione como actividad cortesana ha de estar siempre presidido por el "buen palacio." Únicamente así, será un canal eficaz para conducir la agresividad y tensión de los contendientes sin crear nuevas tiranteces. El objetivo último es crear un espectáculo que explote la excitación propia de la rivalidad y el dinamismo que proporciona todo enfrentamiento en el que hay un constante intercambio de papeles entre el agresor y la víctima con deportividad y sin ensañamiento por ninguna de las partes. Por ello, si alguno de los contendientes perdiera el autocontrol y ofendiera, o se sintiera ofendido sin motivo –el perro que ladra y muerde–, se estropearía el necesario ambiente de despreocupación, ese saber "reyr sin perjuycio," que debe gobernar este tipo de reuniones.

El caballero, que en el libro de Luis Milán hemos dicho ha cambiado su armadura caballeresca por las virtudes cortesanas de la consideración, temperancia, sufrimiento, ejecuciones y leyes, para completar su transformación de caballero-guerrero en "hombre de palacio," ataca ahora con las armas de la "lengua spada" y la "lanza de la conversación" (A2r; 176) que siempre le permiten encontrar un segundo "sentimiento" o "corte" con que protegerse a modo de adarga o escudo si en algo se le reprochase su agresividad.[24]

---

[24] El uso del vocabulario castrense para los enfrentamientos de motes es abundante y muy variado. En otra ocasión, Diego Ladrón compara las respuestas de Luis Milán a los ataques de Juan Fernández con "launas," que son unas láminas de metal usadas en las articulaciones de las armaduras para proteger al caballero y, a la vez, mantener su flexibilidad. Diego Ladrón sostiene que las launas de Milán son tan fuertes que los "yerros" con que ataca su contrincante no lograrán atravesarla ([M1v], 359).

Por consiguiente, igual que los caballeros bajomedievales embotaban o rebajaban sus lanzas para evitar que los torneos cortesanos acabaran en tragedia, Luis Milán necesita templar las lenguas de sus cortesanos para que en los torneos y justas de motes, éstos señalen sin sacar sangre y, de esta forma, pueda continuar la fiesta pues, como dice el duque, "nunca fue mejor batalla, que los muertos son de risa" ([b1v]; 576).[25]

LO POPULAR CORTESANO. EL ROMANCE EN PALACIO

Nadie duda de que la acomodación de la poesía y música popular a los gustos de las cortes europeas del Renacimiento contribuyera de forma decisiva a su protección y transmisión aunque, posiblemente, esto fuera a costa de perder parte de esa supuesta pureza e ingenuidad con que habitualmente se adjetiva este tipo de composiciones. En este sentido, la conservación de estas formas poéticas tiene una gran deuda con los vihuelistas del siglo XVI que las musicaron, reelaboraron e introdujeron en palacio a través de la puerta noble del Renacimiento –esto es, en compañía de sonetos y otras formas italianas– a la vez que exaltaban el valor más o menos nacionalista de los romances viejos, las glosas y los refranes (Prieto 151).[26] El primer vihuelista en mezclar las formas italianas y las castellanas fue precisamente nuestro músico valenciano, Luis Milán que, en su *Libro de música de vihuela de mano intitulado El Maestro* (Valencia, 1536), dedicado al rey de Portugal, imprime, por primera vez en España, tres sonetos italianos[27] –"Amor che nel penser mio,"[28] de Petrarca, "O gelosia d'amanti," de Sannazaro, y "Porta

---

[25] José María Pemán (73), por su parte, hablando de los motes populares de su tierra gaditana, consideraba que éstos debían ser "flechas inofensivas, mojadas de tolerancia y benignidad." En su opinión, "nunca el buen mote es una flor amarga. Los motes no están hechos con carcajadas escandalosas e hirientes. Están hechos con tenues sonrisas. Y la sonrisa es el principio del perdón."

[26] Un buen estudio a este respecto puede encontrarse en Danièle Becker, "Formes et usages." De especial interés son las páginas 25-31 dedicadas a Luis Milán.

[27] En realidad, en el texto de Luis Milán, son un total de seis las canciones que aparecen clasificadas como sonetos. Sin embargo, únicamente los tres mencionados se corresponden con el significado literario del soneto, mientras que los otros tres "sonetos" tienen más que ver con una noción general del término de un significado próximo al de "canción."

[28] A partir de su propia traducción de este soneto, Juan Boscán elabora el que se encuentra en el *Cancionero General* (n°6), "Amor que en mi pensamiento."

chiascun nela frente signato" de un autor anónimo– como primer paso hacia la incorporación del género poético foráneo en la tradición músico-literaria española (Navarrete 773-75). Más adelante, este género se consolidará con la sustitución de la lengua italiana por la castellana en los sonetos de *Las obras de Boscán y algunas de Garcilasso dela Vega repartidas en quatro libros* publicado en Barcelona siete años después, en 1543. También, aunque con mucha menor repercusión, Luis Milán contribuye a la normalización del soneto con varias docenas de ellos en *El Cortesano*. Las fechas de composición de estos poemas, desgraciadamente, no son fáciles de determinar y, por tanto, tampoco podemos saber si son contemporáneas a la primera redacción de esta "crónica ficticia," es decir, en torno a 1535-1536, o si, por el contrario, están más cerca de su última revisión poco antes del fallecimiento del autor en 1559.

En *El Cortesano*, además de los motes (algunos de los cuales acabamos de comentar) y de los sonetos, encontramos numerosos testimonios de formas tradicionales de la lírica popular y el romance, en ocasiones con objetivos simplemente lúdicos pero, en otras, con un claro carácter de exaltación nacional. La convivencia de todas estas formas poéticas de motes, coplas populares, romances y sonetos en este texto marca también un importante hito en el proceso de asimilación de las formas italianas en una corte, de otra parte, tan afecta a ellas. Luis Milán parece ser el poeta del palacio valenciano más familiarizado con la composición literaria y musical de sonetos,[29] así como la tradición italiana. No obstante, Diego Ladrón, también cita a Petrarca en italiano, en concreto, el comienzo del soneto 133 de Petrarca –"Amor m'à posto come segno a strale"– ([H5v]; 300) y, en otra ocasión, Juan Fernández da una explicación de cómo han de ser los buenos sonetos.[30] Aún así, debido a su condición de virtuoso de la vihuela, autor del libro y protagonista, Luis Milán es también quien mayor uso hace del octosílabo, con lo que simbólicamente se autoproclama tanto el mejor representan-

---

[29] A pesar de esta familiaridad, John A. Ward (288-91, *apud* Navarrete 774) tiene en muy poca consideración los esfuerzos del valenciano en lo que se refiere a la musicalización de los sonetos incluidos en *El Maestro* y que, hemos de suponer, no deferiría demasiado de los que oyeran los personajes de *El Cortesano*. En su opinión, la música de los tres sonetos italianos se caracteriza por: "colorless singing ... a continuity provided solely by the text ... lack of clear musical organization."

[30] Maria D'Agostino en su artículo en la bibliografía muestra que Juan Fernández de Heredia era un buen conocedor de la poesía italiana.

te de la cortesanía italiana, como del patriotismo español que se asocia a sendos metros y, aunque Justo Pastor Fuster considerara a nuestro autor como un "versificador desgraciado" (114), lo cierto es que, si bien irregular, su poesía no carece de mérito aunque aún no haya recibido la atención suficiente.

En el palacio valenciano el uso del verso castellano es de tres tipos: 1) ligero, como comentario jocoso de alguna anécdota contada o vivida por alguno de los presentes; 2) de exaltación de la historia patria, lo que habitualmente se hace en detrimento de Francia, país de origen de Germana de Foix; 3) de tipo ascético, si bien es la forma más escasa y únicamente en boca del maestre Zapater, el teólogo de cabecera de esta corte.[31] Así queda claro en la penúltima jornada de *El Cortesano*, en la cual se lleva a cabo una discusión para dirimir las características que debe poseer todo hombre de palacio. El maestre Zapater, entonces, recuerda a los presentes que la verdadera sabiduría no está en saber bailar, cantar, o vestirse con determinadas ropas, sino en encontrar el camino para la salvación eterna, argumento que refuerza con la siguiente copla castellana:

> Esta vida tan penada,
> si queréys que en bien acabe,
> aquél que se salva sabe
> que'l otro no sabe nada. ([R5v]; 449)

Esta coplilla es una versión poética más –y de acuerdo con José María Alín y María Begoña Barrio (241), no precisamente de las mejores–[32] del famoso refrán "Aquel que sabe, se salva, que el otro no sabe nada," ya recogido por Correas (59) y glosado con cierta frecuencia desde el siglo XV. Miguel Gilberte de Majarres en 1530 escribió también una quintilla del mismo tema en el prólogo a su *Menosprecio del mundo y conoscimiento de sus engaños*:

---

[31] La relevancia de este teólogo crece exponencialmente en la última fase del libro de Luis Milán, probablemente gracias al nuevo contexto de escritura, una vez que Felipe II ha accedido al trono (Tordera 116, n. 17). Más sobre este sacerdote en el estudio de las fiestas de mayo celebradas en el palacio virreinal y estudiadas en el capítulo 6.

[32] José María Alín y María Begoña Barrio (241) dan amplia noticia de este refrán tan glosado en coplas desde Álvarez Gato hasta tres siglos más tarde en Puerto Rico pasando por el *Vocabulario* de Correas, y la comedia de *El divino africano* de Lope de Vega. Esta última noticia también corrige una anterior atribución a Santa Teresa hecha por Salvá.

> En esta vida penada
> saber ninguno se alabe,
> porque andada la jornada
> el que se salvará, sabe,
> qu'el otro, no sabe nada. (*apud* Salvá I, 234)

Dejando al margen las coplas popularizantes de tipo religioso, en nuestro *Cortesano* llama la atención la abundante y variada utilización de villancicos populares como "Si amores me han de matar, agora ternán lugar" y, casi inmediatamente después, aquel que dice "Deste mal moriré madre, deste mal moriré yo" ([G7v], 288); las referencias a los ciegos que cantan la "bella malmaridada" (H1r, 291); numerosas coplitas como la de "Aguas de la mar / miedo he / que en vosotras moriré" (O3r, 396), que recogiera Margit Frenk en su *Corpus*, o aquella en boca de don Diego Ladrón que dice: "Romerico tú que vienes / de donde serrana stá, / di cómo damor te va" (S3v, 462), etc. Junto a todos estos testimonios de la lírica popular en la vida cortesana hemos de poner los numerosos refranes y sentencias, así como declaraciones de romances empleados como armas de defensa de la pureza de la nación.[33]

Este uso de romances y refranes no es, desde luego, algo nuevo ni original de Luis Milán. Antonio Nebrija, y después Juan de Valdés, utilizaron los refranes como base sobre la que asentar algunas de las reglas más importantes de la gramática y vocabulario castellanos pensando que estas sentencias eran "lo más puro castellano que tenemos" (Valdés 186). Por consiguiente, el refrán, el romance, la copla y, en general, los versos castellanos, reflejan una supuesta esencia española que hace de estas formas literarias unas armas óptimas para la defensa de la patria. Curiosamente, es también el oscuro nacimiento medieval de esta poesía octosilábica en la España ocupada por el Islam, la que la mancha y hace sospechosa para los defensores de la nueva poesía. Boscán, sin ir más lejos, lamenta en su carta a la duquesa de Soma que sobre el verso castellano "no hay quien sepa de dónde tuvo principio" (89-90) y, por tanto, carece de linaje y, es poco apropiada para caballeros y cortesanos. De alguna manera le falta la necesaria "limpieza de sangre," cuestión que tanto obsesionara a los españoles de la época.

---

[33] El lector encontrará una pequeña colección de refranes, dichos y sentencias en el primero de los apéndices que acompañan a esta trabajo.

Por contra, el endecasílabo –defienden los poetas italianistas– posee una genealogía conocida, clara y limpia. Su ilustre linaje se remonta a la antigüedad clásica pues, como nos recuerda Javier Lorenzo parafraseando al propio Boscán, este verso proviene de los latinos que "tomaron el endecasílabo de los griegos y lo transmitieron a los provenzales, quienes a su vez lo comunicaron 'a muchos authores eccelentes catalanes' y posteriormente a los italianos, especialmente a Petrarca" (89).

Para la corte valenciana en la que se encuentra Luis Milán, el romance y el refrán son siempre testimonios de la verdad histórica y su validez y exactitud no se cuestiona nunca. Así, cuando en una ocasión, Luis Milán trata de explicar el significado del refrán "no se puede pagar lo que no tiene precio," lo hace recordando una anécdota que se cuenta le ocurrió al rey Francisco I de Francia cuando perdió la batalla de Pavía en 1525 y fue detenido y llevado preso a Valencia. Según se nos dice, al poco de llegar a la ciudad, el monarca francés y Germana de Foix mantuvieron una breve reunión. A la salida del encuentro, un caballero español le comentó a aquel rey: "Syra: vuestra majestad va preso de tal emperador que en velle se bolverá en plazer vuestro dolor. Y tan gran merced no puede pagarse sino con una ingratitud" (G7r; 286). Como se infiere, para este caballero español, participar –aunque sea como prisionero– de la presencia del emperador es de una grandeza tal que no es posible compensarlo por mucho que se intente. Consecuentemente, cualquier gesto de agradecimiento que se haga será irremediablemente insuficiente. De ahí se deduce el auténtico sentido del refrán de "no se puede pagar lo que no tiene precio." No obstante, el origen patriótico –o de culto a la persona real– de esta sentencia aumenta aún más su valor cuando se pone en su contexto histórico. No es difícil imaginar que todos y cada uno de los cortesanos que escuchaban a Luis Milán recordarían la "ingratitud" de Francisco I quien, a pesar de recibir la gracia impagable de estar en presencia de Carlos V, su perdón, la libertad para volver a Francia, e incluso la promesa de matrimonio con la propia hermana del emperador, en lugar de sentirse eternamente obligado, volvió a declararle la guerra en cuanto se le presentó la oportunidad. Así, de una forma tan sencilla, y gracias al refrán y a la "fabricación" de su marco histórico, se logra un contrapunto en el que la ingratitud de los franceses –cuyo epítome es el monarca– resalta la magnanimidad de los españoles, representados en su emperador.

Este pequeño, aunque ilustrativo, ejemplo es únicamente un testimonio más de que el gusto renacentista por las formas literarias tradicionales no se mueve únicamente por voluntad artística o intereses lingüístico-filológicos, sino que, en el propio corazón de esta afición se encuentra el deseo de afirmación de una idiosincrasia nacional fundamentada en la transmisión de ciertas historias y de ciertas formas métricas de generación en generación.

Dentro de la literatura tradicional, y debido a su asombrosa versatilidad y popularidad, el romancero ocupa un puesto excepcional en las cortes españolas. Por esta razón, la colección, impresión, y utilización del romance dentro del espacio palaciego para defender el honor de la nación lo redime de esa falta de linaje que denunciaba Boscán. Si se quiere, incluso podría argüirse que es precisamente ese mismo origen popular el que lo eleva y lo hace poesía hidalga desde la cuna, pues es expresión de una supuesta identidad nacional que se rebela contra los ataques foráneos y lucha por mantener su pureza.[34]

El romance, en boca de Luis Milán, no es únicamente una "lengua spada" con la que defenderse de los ataques y los motes de otros cortesanos, sino que trasciende los egoísmos individuales para presentarse como arma con la que defender el honor nacional y, de esta forma, mantener la ilusión caballeresca por la que los cortesanos pueden aún verse a sí mismos como encarnación del noble espíritu de Marco Curcio Romano que se defiende como modelo en la carta prologal. En este sentido cabe destacar el romance que canta Luis Milán para defender "la verdad española" de la batalla de Roncesvalles, frente a las postura defendida por Diego Ladrón, al cual se acusa de tener "pasión por los franceses." Según Ladrón, los francos perdieron aquella batalla únicamente por "la trayción que su Galalón les hizo, combidándoles a una caça que fue batalla" ([H4v]; 298). Esta leve desviación de la interpretación más favorable a los españoles hace que Diego Ladrón sea considerado afecto a la causa francesa –"pasión por los franceses"–, puesto que al culpar de traición al caballero francés, se minimiza el valor de los españoles que los vencieron. Luis Milán se ve obligado a responderle in-

---

[34] Esta consideración del romance como "alma del pueblo" calaría profundamente en la escuela filológica española en la pluma de los hermanos Juan y Ramón Menéndez Pidal y llegaría hasta, al menos, bien avanzado el siglo XX en los estudios de A. Durán y Diego Catalán.

mediatamente para "sanarlo" de su error, y defender el honor de los españoles. Para ello, el poeta y músico valenciano echa mano de una variante del "romance del conde de Guarinos" recogida en el *Cancionero de romances* (180-82) que dice:

Mala la vistes, franceses,
la caça de Roncesvalles,
que salida fue de Francia
para alçaros con España.
Quando don Alonso el Casto
llamó al emperador Carlo
para conquistar los moros
de Castilla cativada,
prometiéndole su reyno
si hazía esta jornada
y españoles no quisieron
mostrar gente acovardada,
que el gran león español,
bravo Bernaldo del Carpio,
fue muy valerosa lança
y gran cortador d'espada.
Salió con sus españoles
defendiendo vuestra entrada
en la muy cruel batalla
de Roncesvalles nombrada.
Don Carlos perdió la honrra,
murieron los doze pares,
porque fuera tyranía
Francia reynar en España. ([H4v]-H5r; 298-99)[35]

El romance logra el objetivo propuesto de conseguir que Diego Ladrón cambie su opinión pues, inmediatamente después de oírlo confiesa a Luis Milán: "me havéys sanado del mal francés que tenía,

---

[35] El parentesco de la versión de Milán con la del *Cancionero de romances* (1547-1548) se establece sobre la base de que ambos comienzan con el verso "Mala la *vistes*, franceses," en lugar de "Mala la *hubisteis*, franceses" habitual (el énfasis es mío). El comienzo "Mala la *vistes*," como indica Paloma Díaz-Mas (169 n. 1), únicamente se encuentra en el pliego de Praga y en el *Cancionero de romances* que, muy probablemente, utiliza este pliego o uno similar como fuente. En el resto de las muchas fuentes impresas y referencias de nuestro Siglo de Oro es siempre "Mala la *hubisteis*," por lo que no es difícil aseverar que Milán construye el suyo sobre el del *Cancionero de romances*, colección que parece utilizar en varias ocasiones.

defendiendo la error francesa contra la verdad española" (H5r; 299-300). Como consecuencia, el romance –portador de la "verdad española"– metafóricamente consigue derrotar "la error francesa" para liberar y "sanar," a Diego Ladrón del "mal francés" y hacer de Luis Milán, un heroico caballero-cortesano que, tal y como antaño hicieran los caballeros-guerreros españoles, consigue vencer a los franceses para rescatar a su amigo prisionero.

Juegos de palabras aparte, en lo que se refiere a la habitual identificación de la sífilis como "mal francés" entre los españoles de la época, lo que aquí se hace es comparar la francofilia y, por extensión, cualquier falta de patriotismo, con una enfermedad venérea para la cual el antídoto más eficaz es una dosis apropiada de romances. Queda así demostrado que esta forma poética es un arma tan eficaz como el acero para la defensa de España, y queda así demostrado también, que la palabra poética en forma de romance posee un valor restaurador y curativo para aquellos instalados en el error. Mediante su uso, por tanto, Luis Milán refuerza doblemente su figura como poeta, como caballero, y como cortesano, pues esta discusión sobre "la error francesa" ocurre durante una reunión en la que no se haya presente la virreina Germana. Si, como aduce Luis Milán en la carta prologal a su libro, la virtud más importante del cortesano es "saber bien hablar y callar donde es menester," la elección del lugar y el momento es parte importante de ese conocimiento. No cabe duda de que este combate entre la opinión francesa y la española, y el rescate de Diego Ladrón habrían sido muy diferentes de haberse encontrado ambos en presencia de Germana de Foix.

Pero el papel del romance dentro de la conversación cortesana no se limita ni está principalmente dedicado a la defensa nacional. El canto romancístico es, sobre todo, un entretenimiento que permite a los presentes revivir literariamente una época que se añora y se rememora como propia. El romance, especialmente aquel que gozaba de popularidad, explica Menéndez Pidal, "saltaba doquiera la conversación para sazonarla con donaires" (74-75). Como ejemplo de ello, en una graciosa disputa, Francisco Fenollet y Juan Fernández citan directamente los versos del romance de "Sospiraste Valdovinos" recogido en el *Cancionero de romances*, y que el propio Luis Milán había musicado su libro *El Maestro de vihuela* (1535). Así, cuando Juan Fernández dice al primero, "passado os soys a los franceses contra mí. No se me da nada. Por vos se puede dezir: o teneys miedo a los moros, / o en Francia teneys amiga," Francisco le replica: "No tengo miedo a los moros, ni en Francia tengo amiga, más tú moro y yo cristiano, trahemos muy gran porfía, con los malos trajes que sacáys lisiado de mal vestido que, si don Luys Milán no os tuviera la rienda fuérades el monstruo de gala" (Q3r-[Q3v]; 429).

Los romances mejor conocidos son empleados por todos los miembros de la corte realizando sobre ellos diversas variantes con el fin de utilizar versos sueltos a manera de motes, o como un elemento más de la conversación de palacio, sabiendo que los oyentes son capaces de reconocer y recomponer los originales. Las variantes que se producen entonces, mediante su truncamiento, cambio de vocablos, o inflexiones de la voz, serán casi infinitas, lo que crea una suerte de romancero efímero al que, por razones obvias, hoy no tenemos acceso. Sin embargo, a pesar de que la inmensa mayoría de aquellas composiciones se perderían para siempre, gracias a obras como *El Cortesano* aún podemos tener una idea aproximada del contexto, mecanismos y posibilidades de recreación de estos romances de acuerdo con la circunstancia áulica.

Dentro de los romances contenidos en el libro de Milán destacan por su abundancia los romances de segunda generación de materia francesa. Éstos, aunque derivados de los juglarescos, están ya muy alejados de la austeridad de las viejas formas de los romances de tema castellano y buscan una mayor pasión y brillantez en la composición de escenas, lo que en la corte era considerado como un mayor refinamiento (Menéndez Pidal 24). Entre estos romances de materia francesa, Luis Milán parece tener predilección por los denominados carolingios (como el anterior de "Mala la vistes...") y los procedentes de la leyenda artúrica. Estos últimos son de gran interés porque, hasta donde sabemos hoy, los romances de este ciclo, a excepción de algunos muy conocidos, no gozaron nunca de especial popularidad en la península. Luis Milán, no obstante, utiliza siempre los más célebres, como el romance de Lanzarote que comienza: "Nunca fuera caballero / de damas tan bien servido..." y que, a continuación narra cómo Lanzarote mata a Orgulloso a instancias de la reina Ginebra. Este romance alcanzó gran difusión en la época gracias a que estaba recogido en el *Cancionero de romances* (283),[36] volumen que es, a juicio de Rodríguez-Moñino, "el libro

---

[36] El uso extensivo que se hace de él en muchos textos del Siglo de Oro, entre ellos *Don Quijote*, da una medida de hasta qué punto este romance sería un lugar común en la época.

más importante que publicó [Martín Nucio], el de más trascendencia" (11) y cuyo contenido, como sabemos, dominaba bien nuestro autor.[37]

Nuestro poeta alude a este cantar de Lanzarote en un par de ocasiones. En la primera, las damas, a través de un paje de palacio, le piden a Milán que cante el romance de "[n]unca fuera cavallero de damas más bien querido" ([G7v]; 287) para entretenerlas. En la segunda, es Milán el que, por propia iniciativa, utiliza el mismo romance para burlarse, una vez más, de los "amores floxos" de su amigo Juan Fernández diciéndole: "Nunca fuera cavallero de damas tan bién querido como fue Joan Leandro, de una Hero que no ha sido" (Y4r; 531). La fama de este cantar y la seguridad de que la audiencia conoce bien tanto la historia de Lanzarote como la de Leandro y Hero, hacen posible que su variante pueda utilizarse y surtir efecto como copla de mote y resumir así, dentro de este ambiente cortesano, el feliz maridaje del romance medieval con la nueva poesía a través de un tema mitológico tan querido por poetas como Garcilaso, Cetina y, por supuesto Boscán, que le dedicaría un largo poema épico.

El propio Milán tiene escrito un soneto sobre aquel mito que, si bien tal vez no pueda competir con el número XXIX de Garcilaso ("Pasando el mar Leandro el animoso"), se hace eco de él con el gerundio de "Pasando el mar..." que, en el de Luis Milán llega en el segundo cuarteto. El soneto del valenciano tiene además el interés de introducir la figura del dios de las olas del mar, Nereo, como parte de la historia. En su poema, Luis Milán se lamenta por su propio dolor de amor, que considera incluso mayor que el de Leandro pues, si bien éste muere al tratar de alcanzar la orilla para gozar de su amada Hero, ésta, al menos, no le fue esquiva y pudo gozarla

---

[37] El amplio uso que Luis Milán parece hacer de este cancionero de Martín Nuncio podría indicar una posible cronología para la composición del *Cortesano* posterior a 1547 o 1548 cuando el cancionero aparece publicado, además de las referencias a Lope de Rueda que habitualmente se mencionan como evidencias de composición –o al menos revisión– tardía. No obstante, muchos de estos romances eran ampliamente conocidos y muy populares en la época y muy probablemente Luis Milán los conociera bien antes de que aparecieran publicados. La variante del romance que Milán inicia con "Mala la vistes, franceses" de la que ya hemos hablado, y que se encuentra en el *Cancionero de romances* y en el pliego de Praga, apuntan a que, por lo menos, Luis Milán debió manejar esa edición en algún momento durante la redacción de su *Cortesano* o que, al menos, conociera esa singular variante.

"los día que bivió con su fatiga." Él, muy al contrario, es rechazado por su dama, con lo que, por mejorar su situación, dice en el último verso, "Leandro ser querría."

> Soñado he lo que no fue soñado:
> la triste muerte de Leandro y Hero.
> Amor y muerte fue con ellos Nero,
> que amor se buelve muerte al desdichado.
> De su torre por él se a'rrojado,
> en ver que s'ahogó su cavallero,
> passando el mar d'amor tan verdadero,
> sus vidas con sus muertes han casado.
> Tal soy como Leandro: más que muerto
> por olas d'este mar de mi enemiga.
> Vos no soys Hero, sino Nero mía:
> aquél passando el mar gozó de puerto
> los días que bivió con su fatiga.
> yo por mejor, Leandro ser querría. ([Y3v]; 530-31).

Volviendo de nuevo a los romances, además del de Lanzarote, que como hemos visto Luis Milán emparenta con el mito de Leandro y Hero, encontramos también otros de materia francesa que son utilizados para mostrar el ingenio del poeta. Tal es el caso de otro de los que gozó de gran popularidad como fue el de "Durandarte, Durandarte, / buen caballero probado..." que narra los amores de Durandarte y Belerma. Curiosamente, en *El Cortesano*, Juan Fernández cuestiona que Luis Milán conozca bien el contenido de este romance, con lo que se atreve a resumirle la historia,

> ¿No os acordáis de los amores de Belerma y Durandarte? Que siendo desterrado por mandado del emperador Carlo, y volviendo a la Corte perdonado, halló a Gayferos servidor de Belerma, sin haver dado ocasión. Y quexándose desta trayción dexó de servirla diziendo que "por no çufrir ultraje moriré desesperado." Mostrando que la dama ha de mostrarse enojada si la sirve otro cavallero si ya su servidor no le ha dado ocasión para despedille si le ha sido desleal. ([G5r-G5v]; 282-83)

Luis Milán, sin embargo, estaba muy familiarizado con la historia de estos amores, ya que los recoge en una composición suya para su *Maestro de vihuela* (H3v-H4r). Para esta nueva ocasión en el palacio valenciano, Luis Milán –siempre a petición de las damas de la corte como corresponde a la buena cortesía y *sprezzatura*– le hace una larga glosa (H2r-[H4v];[38] 292-98), para la cual utiliza la misma variante del romance empleada en su manual para aprender a tocar la vihuela; variante que, de otra parte, es distinta de la que contienen los populares cancioneros de Hernando del Castillo de 1511 y el *Cancionero de romances* de 1550.[39] Este mismo romance volverá a aparecer en boca de Diego Ladrón –que sigue la variante empleada por Luis Milán– para, una vez más, burlase de Juan Fernández de Heredia con una graciosa adaptación hecha a propósito que dice: "Joan Arte, Joan Arte, buen cavallero provado, acordar se te devría d'aquel buen tiempo pasado…" ([X8v]; 524).

Como puede verse, dentro de una corte como la valenciana, y de forma generalizada en las cortes de la época, los romances servían lo mismo para un roto que para un descosido y dentro de las ociosas conversaciones de palacio lo mismo aparece un soneto que un romance, un mote, o una coplilla popular y, en muchas ocasiones, estas formas se mezclan unas con otras. Así, en el *Cortesano*, estando en la sala Francisco Fenollet, Juan Fernández de Heredia y Luis Milán, éste último le comenta al primero que las damas de palacio le han sacado un mote que dice "Francisco passa passa" –en referencia al conocido juego de "pasa, pasa"– pues no quieren que Francisco se pare con ellas (I3v; 312). Don Francisco, intrigado, le pregunta qué damas son aquellas y Luis Milán, por cortesía no quiere confesar el nombre de las damas, pero sí la causa por la que le han dado tal nombre, y que no es otra que, "passando vos por allí, os cantó la una dellas este cantar: Passau yl tempo que fuy enamorato"[40] y, entonces, cuando Francisco Fenollet parece adivinar

---

[38] Por un error en la paginación original, en todos los ejemplares ésta página consta como G4v.

[39] El tema de los amores de Durandarte tienen una larguísima tradición en la literatura española, muy notablemente el *Cancionero* de 1511 de Hernando del Castillo y el *Cancionero de romances* de 1550, si bien ambos presentan una variante distinta, la que comienza diciendo:

> Durandarte, Durandarte,   buen cavallero provado,
> Yo te ruego que hablemos   en aquel tiempo pasado

[40] La copla completa a la que hacen referencia a las damas seguiría de la siguiente manera, según la recoge Margit Frenk en el *Nuevo Corpus* n. 830 (543):
> Ia pasó el tiempo, el tiempo ya es pasado,
> ia pasó el tiempo que era enamorado.
> Ia io quise bien, ia fui bien amado,
> Mas mi mala suerte todo lo á trocado.

de quién se trata, Luis Milán le responde con el célebre romance de "Sospirastes, Baldoýnos…" (I4r; 313).[41] La intención exacta de esta variante es difícil de adivinar pero, tanto la copla de la dama como el romance parecen aludir a un frustrada historia de amores en la que, tal vez, Francisco Fenollet hubiera dejado pasar una oportunidad de la que después se lamentara.

Este mismo romance, en la pluma de Juan Fernández de Heredia, adquiere un significado muy diferente, si bien aún jocoso, en la siguiente glosa recogida en sus *Obras*, entre las cuales se leen estas coplas en las que Juan Fernández finge que el obispo de Segorbe envió esta carta a un caballero:

> Nueva nos es allegada
> de un pedo corrupto y bajo,
> que el mesmo pedo la trajo,
> viniendo acá de passada:
> Él hiende, de tal manera,
> que corrompe los caminos,
> mas uno de los vezinos,
> que le sintió, nos dijera:
> ¿Sospirastes, Valdovinos?
> Si de esse arte sospiráis,
> vuestra amiga, a quien más toca,
> dirá que os hiende la boca,
> si tales sospiros days…. (210)

Además de estos romances de mayor fortuna popular, también hay en *El Cortesano* algunas referencias a romances un tanto más

---

[41] Este romance, además, fue musicado por el propio Luis Milán en su libro *El Maestro de vihuela* (1535-1536). La versión por él recogida entonces, aunque con distinta ortografía para el nombre del caballero, rezaba:

> Sospiraste Baldovinos　　　　　las cosas que más quería
> o tenéys miedo a los moros　　　o en Francia tenéys amiga.
> –No tengo miedo a los moros　　ni en Francia tengo amiga,
> mas tú mora y yo cristiano　　　hazemos muy mala vida.
> Si te vas conmigo en Francia　　todo nos será alegría,
> Haré justas y torneos　　　　　por servirte cada día,
> Y verás la flor del mundo　　　de mejor cavallería;
> Yo seré tu cavallero,　　　　　tú serás mi linda amiga. ([D4v]-[D5v])

Por último, el romance vuelve a aparecer también en la "Farsa de las galeras de San Juan" en *El Cortesano* (1561). Aquí la ortografía del nombre del caballero vuelve a ser la de "Baldoýnos."

oscuros como el de "Tres monteros matan el osso, monteros son del rey don Alfonso…" ([I6v]; 318) que según Margit Frenk Alatorre (428, n. 892) aparece por primera vez en el libro que aquí estudiamos, pero que, por lo que parece inferirse del contexto, debía de ser conocido por todos los presentes en las veladas del palacio valenciano. Por último, no querría pasar por alto un romance entonado por Olivarte –uno de los cantores de la capilla del duque– que, al término de la montería de la primera jornada, viene cantando delante de Francisco Fenollet, que acaba de cazar un "ciervo cariblanco que tenía el pie derecho negro" (C1r; 207), un romance que dice: "Aquel ciervo cariblanco / que corre por aquel llano / quien fuere mi cavallero / tráygamelo a la mano" y termina con "[q]uien comiere deste ciervo / de Cupido será hermano / no le matará el amor / que no le dará de mano." (C1r-[C1v]; 207-08).

Curiosamente, este romance, que únicamente hemos encontrado aquí, guarda relevantes semejanzas con el misterioso romance de "Lanzarote y el ciervo de pie blanco" que ha tenido gran fortuna en la tradición oral hasta casi nuestro días (Catalán 82-100), y que tal vez pudiera haberle servido de inspiración, especialmente en lo que se refiere a la promesa de matar el ciervo para lograr el amor de la dama, y su presentación final como prenda de amor, lo que hace las delicias de Francisca Fenollet, que le dice: "si las señales no mienten vuessa merced las tiene de buen marido" (C1r, 208). Una vez, más, el romance de "Lanzarote y el ciervo de pie blanco" –de materia artúrica– nos ha llegado impreso únicamente a través del *Cancionero de romances*.

En líneas generales, de los poetas cortesanos del siglo XVI como Luis Milán puede decirse que, si bien escriben y cantan coplas antiguas de la tradición castellana con una fórmula poética, incontestablemente "medieval hasta la médula" (Beltrán 220), también conocen la trayectoria y el significado simbólico del uso del endecasílabo italiano de la "nueva poesía," y se preocupan igualmente por sus características.[42] Así, por ejemplo, Diego Ladrón le pregunta a Luis

---

[42] Los cortesanos se refieren en varias ocasiones a Petrarca. En ocasiones Luis Milán lo hace incluso utilizando el artículo determinado –realmente demostrativo– antes del nombre para decir "el Petrarcha," (D7v, 239; I7r, 320), o "el Dante" (dos veces en I2v, 310; I3v, 312; cuatro veces en d3r, 615-16), un rasgo muy italiano para destacar a ciertos personajes. Esto podría ser un refuerzo más de la suposición de que Luis Milán hubiera pasado unos años en Italia antes de 1535. En cualquier caso, en una de estas referencias a Petrarca se cuenta una graciosa historia según la

Milán, "cómo quedará un soneto para que sea perfeto" (X5v, 518) y, luego es Juan Fernández quien acaba por dar su opinión, con la que Milán afirma estar en concordancia.

Javier Lorenzo nos recuerda que Boscán, en su defensa del endecasílabo, conecta este verso con los "autores ecelentes catalanes" y los italianos como Petrarca, que lo aprendieron de los provenzales que, a su vez, lo recibieron de los latinos que, por su parte, lo tomaron de los griegos (89). Éste es el tipo de linaje, la larga e ilustre genealogía, de cuya calidad los cortesanos pretenden descender. En lo caballero, buscan sus raíces en los héroes romanos como Marcus Curtius y en lo cortés, de los sofisticados griegos. Por consiguiente, si el caballero-cortesano se considera a sí mismo como una evolución del caballero-guerrero, no es suficiente con que asuma las formas poéticas tradicionales como el que hereda un blasón familiar. También es necesario que demuestre su perfección personal de alguna manera. Dijimos a propósito de la carta prologal dirigida a Felipe II que, el caballero, para ser "la mejor criatura de la tierra" y, "para tener perfecta mejoría" debería "saber bien hablar." Dentro de esta perfección en el hablar hemos de situar la demostración de su habilidad con los metros italianos. Luis Milán, que como hemos dicho, ya recogió sonetos musicales y literarios en su libro *El Maestro de vihuela* (1536), introduce en *El Cortesano* docenas de sonetos de propia creación como el que vimos anteriormente a propósito de la historia de Hero y Leandro.

No obstante, el soneto que tal vez mejor refleje la cohesión del libro a pesar de la variedad de géneros, tradiciones literarias y poéticas es el que Luis Milán escribe a propósito del retrato de la dama a la cual tanto él como Juan Fernández de Heredia sirven. El lector recordará que este lienzo fue causa del torneo de motes del que finalmente salió victorioso el autor de este *Cortesano*. Luis Milán, más adelante, vuelve a recuperar el motivo de esta pintura. Aquí, no obstante, completa la transición cortesana. Partiendo desde la lucha

---

cual, el poeta italiano habría rechazado los amores de Laura, "por no trocar los plazeres del amiga por los enojos de la mujer" (D8r, 239). En otra ocasión, Diego Ladrón compara a doña Leonor, dama de la corte valenciana, con Laura y, por tanto, a él mismo con Petrarca con una referencia al soneto 133 del italiano: "Mucho me tira vuessa merced hoy con flecha, y si fuesse la de la bella Laura, por quien Petrarcha dezía "Amor ma posto como seño astrale" [Amor m'à posto come segno a strale] yo quedaría tan bien assaeteado de vuestra mano" ([H5v]; 300)

poética con la "lengua spada" en forma de motes, acaba por rendirse a la estrofa italiana, aunque sin abandonar nunca el tono burlesco,

> Yo retraté su gesto muy hermoso
> y téngole perfeto retratado.
> Quando no stáys, haziendo el desdeñado,
> que feo stá mirar muy desdeñoso,
> rato me days, que no sé qu'es reposo,
> quando miráys, mirar desamorado;
> tal me paráys, de vos muy mal parado,
> que muérdome las manos de ravioso.
> Y en veros tal raviosa por matarme,
> corriendo voy a ver vuestro retrato,
> por descansar mirandos en pintura.
> Y el dios d'amor, por más desengañarme,
> húrtamela, por darme muy mal rato,
> que del mortal le huye su natura. ([X7r]; 521)[43]

Soneto cuyo significado explica rápidamente don Francisco al
duque para apuntalar la burla a Juan Fernández de Heredia:

> Este soneto recita la farça que Joan Fernández hazía, y era que en
> su oratorio tenía el retrato que hurtó a don Luys Milán, de la da-
> ma que servían. Y en ella hazerle mala cara, luego le dezía: "Yo
> me voy a ver vuestro buen gesto, pues éste que me hazéys no es
> sino el gesto de Marifea, vuestra favorescida, que el compañero
> sella como sello." Y con gran prissa yva a su casa; y algunas vezes
> no hallava el retrato y él dezía, cantando: "¿Dónde estás que no
> te veo? ¿Qu'es de ti, pintura mía" Buelve, que ver te desseo, si
> stas en la Morería." (X7v; 522)

---

43 Tal vez pueda verse aquí una ligera referencia al soneto V de Garcilaso, "Escrito está en mi alma vuestro gesto," si bien el tono de burla lleva la elegante sublimación del poeta toledano a la burda queja del amante que confiesa "muérdome las
manos de ravioso" por los desdenes que sufre. También ha de recordarse aquí el
Soneto 78 de Petrarca, "Quando giunse a Simon l'alto concetto," en el que el poeta
italiano explica cómo cuando habla con el retrato de Laura, ésta parece correspon-
derle mejor en sus amores –aunque sea únicamente con la pintada mirada– que la
real: "Ma poi ch'i' vengo a ragionar co·llei, / benignamente assai par che m'ascolte,
/ se risponder savesse a' detti miei" [Mas cuando voy a razonar con ella, / muy be-
nigna parece que me escucha, / si responder supiese a mis palabras] (340; 341).

Mediante la descripción de la rabia de Juan Fernández de Heredia en este soneto-mote, así como la ridícula situación en que se encuentra el cortesano al volver a su casa y buscar el retrato entre llantos y súplicas, Luis Milán consigue mostrarnos a su rival como un mal remedo del amante petrarquista dibujado por Garcilaso en el soneto V, "Escrito está en mi alma vuestro gesto."

De esta manera, los metros italianos y españoles se entremezclan en este *Cortesano* armónicamente y sin disputa, con el interés primordial de mantener una conversación desenfadada y digna de un palacio cortesano en el que, sobre cualquier otro objetivo, se encuentra la búsqueda común del entretenimiento. Éste se compondrá, a veces, con mayores dosis de idealismo y, en otras muchas, de un realismo rayano en costumbrista; unas veces será moderno y, en otras tradicional. En definitiva, se mostrará tal y como corresponde a este momento cultural que hemos dado en llamar Renacimiento.

Capítulo 5

TEATRALIDAD Y VIDA ÁULICA EN *EL CORTESANO*

E L estudio del teatro del siglo XVI es siempre complejo debido a la fragmentación de testimonios y la dificultad que entraña la aproximación a una actividad artística aún sin formar. En un período en el que la experimentación de distintos caminos espectaculares es la norma, resulta prácticamente imposible –y siempre insatisfactorio– tratar de completar una taxonomía rigurosa. Tal vez por eso, históricamente, la crítica ha arrinconado las obras de este tiempo en la esquina de la historia del teatro dedicada a los supuestos "pre-lopistas," con lo que el valor de una docena de géneros queda supeditado, como si de un juego de petanca se tratase, a su proximidad al triunfante modelo del Fénix madrileño. Por ello, y para estudiar un conjunto de obras tan poco homologables al esquema de géneros dramáticos ya maduros que encontramos en el siglo XVII, es especialmente útil el versátil concepto de "práctica escénica" acuñado por Joan Oleza. Partía el profesor valenciano de la misma perplejidad epistemológica pero decidió no azacanarse en una búsqueda de etiquetas con que ordenar la creación dramática del siglo XVI en espacios claramente señalados para colecciones de farsas, églogas, monterías, autos, coloquios, etc. Sus intereses son distintos y, por eso propone que "nuestra mirada debe hacerse más teatral" para entender que:

> nuestra historia teatral sólo es posible a partir de la totalización del hecho teatral como tal en su especifidad de espectáculo no siempre literario, tal como se concreta en el concepto de práctica escénica ... y en el interior de este concepto el texto es un compo-

134

> nente más, fundamental si se quiere, sobre todo si consideramos
> que es una de nuestras fuentes primordiales de información, pero
> no el elemento determinante de nuestras hipótesis históricas. (9)

La propuesta de Oleza, si bien fundamental, pues actúa como
un detonante que desencadenaría una cadena de investigaciones
que acabaría por cortar el nudo gordiano de los géneros teatrales
del siglo XVI, venía a profundizar, y tal vez moderar, una reflexión
anterior de José Ortega y Gasset: "Por teatro de Esquilo, de Shakespeare, de Calderón entiéndase, además e inseparablemente, junto a sus obras poéticas, los actores que las representaron, la escena
en que fueron ejecutadas y el público que las presenció." (70)

Una vez que el pensador español saca la noción de "teatro" de
su secuestro *logocéntrico* procede a presentárnoslo como una práctica social, cuya primera consecuencia es un cambio de perspectiva
que propugna un acercamiento más *escenocéntrico* al hecho teatral:

> La palabra tiene en el Teatro una función constitutiva, pero muy
> determinada; quiero decir que es secundaria a la "representa-
> ción" o espectáculo. Teatro es por esencia, presencia y potencia
> *visión* –espectáculo–, y en cuanto público, somos ante todo es-
> pectadores (76).

En lo que se refiere específicamente al estudio del teatro del siglo XVI, Valencia es probablemente una de las regiones más afortu-
nadas en cuanto a abundancia de textos primarios y de una bibliografía crítica muy heterogénea que ha basculado siempre entre el
logocentrismo y el escenocentrismo.[1] Josep Lluís Sirera ("Panorama..." 43-60) clasificó estos trabajos en cuatro corrientes fundamentales y que aún hoy puede sernos de utilidad para acercarnos a
la bibliografía de este teatro. Al comienzo de la clasificación coloca
el profesor valenciano la corriente de estudios valencianos iniciada
por Henri Mérimée, que sería la crítica más influyente durante dé-

---

[1] Utilizo los términos de "logocentrismo" y "escenocentrismo" en el sentido en
que son descritos por Patrice Pavis en su *Diccionario del teatro* (505-06). Según su
descripción, el logocentrismo es consecuencia de una jerarquización iniciada por
Aristóteles en la cual se da prioridad al texto escrito sobre la representación que se
considera superflua y subordinada. Por el contrario, la crítica escenocentrista se
centrara en la representación, toda vez que la palabra escrita y el historicismo entran en decadencia a finales del siglo XIX.

cadas, aunque hoy ampliamente superada. Según el erudito francés, no podríamos hablar de una escuela valenciana propiamente dicha. Los esfuerzos dramáticos de los autores se perdieron en una tupida influencia exterior, principalmente italiana y castellana, la cual no se reelabora, sino que se acepta de forma acrítica. La consecuencia de ello es una anemia que impide el desarrollo de un teatro puramente valenciano, con la leve excepción, dice él, de la época del duque de Calabria.

Como reacción a los planteamientos del investigador francés surgieron importantes voces como las de Rubió y Balaguer, Sanchís Guarner, Bohigas, Massot y Muntaner, Romeu y Huertas, que pensaron encontrar un rico tronco inicial de teatro valenciano que, sin embargo, por circunstancias socioculturales acaba tronchándose. En realidad, parte de la incompatibilidad de estas dos primeras tendencias críticas se debe al propio concepto de teatro con que trabajan. Mientras Rubió y Balaguer incluye en sus trabajos la mímica y descubre en ellas influencias flamencas que le hacen relativizar la impronta francesa e italiana, Mérimée, con una idea de teatro mucho más logocéntrica, no toma en consideración la pantomima.

Fuster busca una línea intermedia entre estas dos corrientes, pues se interesa por la progresiva castellanización de la sociedad valenciana –no únicamente del teatro– durante los siglos XVI y XVII. No obstante, evidentemente, el teatro no es únicamente palabra, literatura, sino, coesencialmente, su representación. Por ese motivo, este análisis, una vez más, deja de lado el estudio de una tradición propia de la representación y actuación dramática y, como consecuencia, minusvalora el trabajo de Rubió y Balaguer.

Por último, Sirera incluye en su análisis a Rinaldo Froldi que, si bien no se dedicó específicamente a la cuestión de los orígenes, sus estudios sobre el teatro valenciano dentro de un supuesto marco evolutivo que culminaría con Lope de Vega hacen de él una referencia obligada para estudiar la gestación de la comedia barroca y su vinculación con lo que él bautizó como "escuela valenciana."

A estas cuatro corrientes habría que añadirle una quinta que es la que más frutos ha dado desde los años ochenta y hasta muy recientemente. Se trata del grupo de investigadores formados en torno a Joan Oleza –entre los que se encuentra Josep Lluís Sirera– y cuyos frutos iniciales fueron plasmados en los dos volúmenes de *Teatro y prácticas escénicas*, el primero de los cuales se dedicó al siglo XVI valenciano (1984) y el segundo a la comedia barroca (1986). La "totalización del hecho teatral" –que huye de "-ismos" literarios o escénicos– ha permitido que autores como el propio Josep Lluís Sirera, Teresa Ferrer Valls, José Luis Canet, Carmen García, Ricardo Rodrigo, J. L. Ramos, Manuel Diago, etc. estudien las fuerzas internas de lo dramático desde la coexistencia y rivalidad de distintas prácticas escénicas. Entre esas prácticas escénicas, interesa aquí la cortesana, que se manifiesta, entre otros textos, en *El Cortesano* de Luis Milán, editado a su vez, por los profesores valencianos, V. J. Escartí y A. Tordera.

En los Estados Unidos y Canadá encontramos también muchos estudios pero, debido a su disparidad de aproximaciones y conclusiones, no es posible reunirlas en una escuela o, siquiera, tendencia crítica. No obstante, varios han sido los investigadores que han mostrado interés en el primer teatro valenciano. Entre ellos los más relevantes tal vez hayan sido, tempranamente, Cecilia V. Sargent y John G. Weiger, ambos estudiosos de Cristóbal del Virués. De este mismo autor, así como de los trágicos valencianos es imprescindible hoy la cuantiosa y sustancial aportación de Alfredo Hermenegildo. También habría que destacar a Bruce Wardropper y, Thomas R. Hart, uno de los primeros en estudiar la "Farsa de las galeras" de Luis Milán.

La mayoría de los investigadores que se acercan al libro de Luis Milán suelen destacar el espíritu más o menos dramático que parece permear la casi totalidad de sus páginas y suelen referirse a esta "crónica ficticia" en términos muy próximos al de un género dramático. Así, para José Romeu Figueras, *El Cortesano* se trata de una "succesió ininterrompuda de vivíssimes escenes dramàtiques" (319); para Josep Lluís Sirera, el libro de Milán, aunque "sin plantearse explícitamente como obra de teatro, se presenta lleno de teatralidad ... aparece como un hito imprescindible en la formación del teatro valenciano" (265-6); Eugenia Fosalba, en la misma línea, distingue dos facetas de este libro, "una potencialmente dramática pero dispuesta a modo de narración ... y en segundo lugar, podrían distinguirse elementos específicamente teatrales" (132). Antonio Cortijo Ocaña, por su parte, habla de *El Cortesano* como de "una sucesión de cuadros costumbristas" que, de alguna forma, actuarían como antecedentes de la comedia burlesca de Felipe IV (407). En Italia, Amedeo Quondam describe el libro de Luis Milán como "una sorta di macrosceneggiatura di una Corte che gioca" (31); Franco Meregalli, prefiere destacar el carácter narrativo del texto sobre su teatralidad, y lo define como "una narrazione in prosa ampiamente dialogata" (55), mientras que Ines Ravasini habla de "una desmesurada pieza de teatro" ("Crónica social" 80; "Polifonia ed eclettismo" 187). Entendiendo lo dramático de una forma más restrictiva, Joaquim Molas, considera que las farsas incluidas en el *Cortesano* son únicamente textos dialogados, más o menos dramáticos, pero insertados en un contexto narrativo (15-21). En casi idénticos términos se expresa también Josep Solervicens (169-73), y James Haar, sitúa el libro de Milán –tal vez sorprendentemente– incluso más cercano a los diálogos de Francesco A. Doni, Pietro Aretino y Ludovico Dolce que al propio libro homónimo de Castiglione (n.40, 187).[2] Por último, los editores modernos del texto, Vicent Josep Escartí y Antoni Tordera, hablan de *El Cortesano* también como de una "dilatada conversa" (10).

Con todo, *El Cortesano* de Luis Milán, aunque tenga mucho que ver con el diálogo renacentista y con un momento concreto del teatro valenciano de la época, no es exactamente ni lo uno ni lo otro. *El Cortesano*, como su predecesor y modelo italiano, y tantas otras obras del Renacimiento, tal vez entren mejor en la calificación de *genera mixta* y, con algunas variaciones, ambas son ejemplos de "anatomías" en el sentido que les da Northrop Frye, si bien en el libro de Castiglione, predomina la influencia del symposium y el de Milán se inclina más hacia el aspecto satírico de este tipo de ficciones en prosa. Esta clasificación, que podríamos acusar de perezosa por lo que tiene de cajón de sastre, sin embargo, define mejor que ninguna otra el interés del autor por recoger en un mismo volumen muestras de muchos géneros diferentes según qué momento. Para el crítico moderno no parece solucionar o aclarar ningún problema, salvo el de testimoniar el gusto por la variedad temática y de géneros en un momento histórico-literario concreto como el del siglo XVI. Una vez más, para aquel que busque encontrar etiquetas exac-

---

[2] Aunque no se trate realmente de un diálogo, es fácil ver las semejanzas con *La Zucca* (1551) de Francesco A. Doni, pues tanto el libro de Milán como el del italiano tienen mucho de colección de donaires, cuentos jocosos, comentarios y alabanzas satíricas y algunas reflexiones morales. De Ludovico Dolce es posible que Haar esté pensando en *L'Instituzione delle donne* (1545), pero, al margen de la coincidencia en la manida anécdota del armiño y la mujer que guarda su pureza y, si acaso, algunas de las lecciones para las damas en las "Cortes de amor," es difícil encontrar puntos de contacto. En cuanto a Aretino, no pienso que la ligera procacidad de algunas de las páginas de *El Cortesano* puedan ser en absoluto comparables a las de los diálogos del italiano.

tas que le permitan ordenar su biblioteca de un modo preciso, tal vez esta denominación de *genera mixta* o *anatomía* sea insatisfactoria, como también es probable que le resulte la noción de "práctica escénica" mencionada arriba.

Y, sin embargo, ambas calificaciones deben interpretarse como un reconocimiento de la inherente complejidad de fijar patrones –"schemas" es el término que emplea E. H. Gombrich para la pintura en *Art and Illusion*– con que analizar la percepción de lo literario y la interpretación de la producción cultural de un período histórico como el Renacimiento. Los géneros literarios modernos –en período de formación– con frecuencia se combinan, cambian y transforman, sin ceñirse a los patrones fijos con que retrospectivamente los leemos hoy.

Pero independientemente de dónde se ponga el acento, y según se ha podido ver en el somero repaso crítico anterior, parece haber un consenso entre los investigadores en reconocer un cierto carácter dramático en el libro de Luis Milán que va más allá de las propias obras teatrales más evidentes que puedan encontrarse en sus páginas tales como la "Farsa de las galeras" o la "Máscara de griegos y troyanos." Sin querer entrar en discusiones dramatológicas acerca de los límites de qué sea o no *verdadero* teatro, pero teniendo claro que en el libro encontramos distintos niveles de teatralidad, lo que interesa aquí es, sin embargo, la verificación que realiza esta "crónica ficticia" de una de las características más señaladas del Renacimiento: la progresiva teatralización de la vida y acontecimientos de mayor o menor calado que suceden en la corte. Consecuentemente, el primer objetivo del estudio de las prácticas escénicas de este *Cortesano* consiste en ilustrar cómo la corte virreinal valenciana construye con mimbres provenientes de la literatura y del imaginario caballeresco, una ilusión áulica dentro de la corte del duque de Calabria y su esposa, la reina Germana. Efectivamente, aunque los cargos de virrey y virreina los señale como meros representantes de los reyes, Germana de Foix siempre mantuvo, por deseo expreso de su primer esposo, el rey Católico, el título de reina de Aragón, mientras que el duque de Calabria, aunque desposeído de su reino, era el príncipe jurado de Nápoles. La teatralización –la representación– de la condición monárquica es siempre un instrumento esencial para el sostenimiento del sueño áulico y celebración del mito cortesano. Por este motivo, el drama profano medieval y del primer Renacimiento siempre se construyó en gran medida gracias a las fiestas, banquetes, procesiones, coronaciones, bodas, etc. que ayudasen a construir la necesaria *auctoritas* de los príncipes (Shergold 140) y la "fabrication of majesty" (Fantoni 2) que se mencionaba en el primer capítulo.

Es normal, por tanto, que las propias relaciones y crónicas de las cortes europeas desarrollaran una tendencia a mostrar la vida en palacio como si de un teatro se tratara, pues se da por hecho que esta forma de vida es –en cierto modo– fingida. La dualidad de la vida de los individuos causa en el hombre de palacio una suerte de esquizofrenia que de forma muy aguda criticará Stefano Guazzo en su *Civile conversazione* (1574). Según Guazzo, el sujeto cortés, a la vez que se relaciona con los otros cortesanos, ha de tratar de verse a sí mismo como si fuera una tercera persona para así poder predecir la manera en que sus comportamientos serán juzgados por sus rivales y actuar conforme a ello. Irónicamente, esta complicada madeja psicológica ha de permanecer oculta al resto, pues las acciones cortesanas han de ser de calculada naturalidad y desenvoltura, mostrando únicamente un cuidadoso descuido y *sprezzatura* (Snyder 319-20).

La distancia entonces entre los modelos cortesanos de Castiglione y Maquiavelo se recorta. En ambos, el egoísmo, la simulación y la prudencia calculadora se han convertido en virtudes necesarias para la supervivencia dentro de palacio, el cual no es sino el escenario donde los cortesanos se observan y estudian mutuamente para aprender nuevas maneras de manipulación que aplicar a los rivales (Elias, *La sociedad cortesana* 141). Vivir en palacio supone vivir siempre en tensión y requiere de los cortesanos una gran fortaleza mental y meticuloso control de las pasiones. Este esfuerzo no se hace para lograr un perfeccionamiento personal o como un ejercicio de virtud ascética, sino para no dar muestras de debilidad al rival. José Antonio Maravall lo explica así,

> El arte de la vida [en la Modernidad] es un arte de controlarse a sí mismo –que ha quedado muy lejos del socratismo antiguo y medieval– y es, sobre todo, un arte de conocer a los demás y, penetrando en sus reacciones, llegar a controlar los resortes de su comportamiento para poder dirigirlo. (I, 77)

La corte de Germana de Foix y el duque de Calabria, aunque en ocasiones lo intente, no es corte real, sino virreinal y, si se quiere, provinciana, pero no por ello está libre de rivalidades entre los distintos componentes como las damas de palacio y las damas valencianas, o entre los amigos Juan Fernández de Heredia y Luis Milán. A pesar de todo, la estratificación entre los cortesanos no es tan taxativa y su proximidad con los señores también es mayor. Esta proximidad es la que confiere a esta "representación" –como Luis Milán describe el objeto de su libro– un aire de naturalidad y, a las actuaciones de los cortesanos, un aire de sincera *sprezzatura*. Tal vez por ello, resulte una tarea tan difícil discernir el momento en que los cortesanos cruzan el umbral de la vida común y entran en la parateatralidad. También por ello, tal vez lo más adecuado no sea enzarzarse en discusiones acerca de si tal o cual entretenimiento puede o no ser considerado teatro *estrictu senso*. Es probable que sea más productivo estudiar de qué manera todos estos elementos: la dramatización de la vida, los juegos y entretenimientos, así como las representaciones teatrales de la corte valenciana, contribuyeron a crear dentro del palacio virreinal una ilusión áulica que se materializaba a través de sueños de tipo caballeresco.[3]

El libro de Milán nos ofrece una pequeña colección de dramas representados en la propia corte con interesantísimos detalles acerca de su producción y recepción. Además de éstos, tenemos un variado repertorio de entretenimientos literarios y parateatrales que van desde los propios torneos de motes, a los juegos, saraos, canciones, monterías y banquetes con una clara intención de crear un mundo separado en el que los cortesanos representen unos papeles ficticios por un período de tiempo específico. El análisis de estas prácticas en sus diferentes niveles de teatralidad muestra una compacta intencionalidad de crear una ilusión áulica que se construye sobre una base literaria que proviene de la novela sentimental, la novela pastoril y, sobre todo, de la de tipo caballeresco. Con la ayuda de estas tradiciones literarias, Luis Milán diseñará los entretenimientos con los que el duque de Calabria y la Reina Viuda logren

---

[3] Parto aquí una noción de teatralidad graduada. José Luis Álvarez Barrientos (42-75) describe distintos niveles de teatralidad dependiendo de la relación de cada manifestación con el emisor y el destinatario, lo que crea cuatro espacios en cuyos extremos encontramos el teatro en su definición más estricta y habitual y, en el otro, la vida cotidiana entendida como teatro. Entre medias encontramos ejemplos de parateatralidad tales como casos de "cámara oculta," en los que ciertas personas se encuentran actuando, aun sin ellos mismos saberlo, y su reverso, es decir, cuando uno actúa, pero su intervención es ignorada y carece de público.

olvidar y trascender los límites políticos de sus competencias virreinales para revivir una y otra vez –y aunque sea fingidamente– la vida que la cuna les había reservado y el destino les negó. Para ello, las singulares biografías del duque de Calabria, Fernando de Aragón y la reina Germana de Foix vistas en el segundo capítulo, no podrían haber encontrado mejor lugar que el Palacio del Real valenciano, cuya propia historia –como a continuación se verá– despertaría en ellos la conciencia de participar de una auténtica corte real.

El Palacio del Real y los espacios del drama

El palacio del Real valenciano era, como no podía ser de otra manera, el principal lugar de reunión de aquella corte. Desgraciadamente, esta construcción, que se encontraba en el espacio que hoy ocupan los Viveros, en frente del puente del Real, fue destruida durante la Guerra de la Independencia por miedo a que las tropas francesas pudieran acuartelarse en su interior y utilizarlo para sus intereses. Hoy en día, y gracias a algunos investigadores como José María Zacarés primero, Salvador Aldana después y, más recientemente, Luis Arciniega García y Amadeo Serra Desfilis y sus trabajos enmarcados dentro del contexto del proyecto *Arquitectura en construcción en el ámbito valenciano de la Edad Media y Moderna*,[4] tenemos un gran conocimiento de la arquitectura e historia del Palacio Real de Valencia. También Rosa E. Ríos Lloret, por su parte, ha aportado una dimensión interpretativa que defiende el valor simbólico del edificio, así como su importancia como continente de expresiones culturales y literarias tales como aquellas de las que da cuenta Luis Milán en *El Cortesano*.

Según Salvador Aldana (295), el nombre de este palacio deriva de un *Raal* o alquería que los reyes musulmanes tenían en aquel emplazamiento y que los cristianos, una vez conquistada la ciudad por Jaime I en mayo de 1238, denominaron *Rahal* y *Reyal*, tal vez porque fuera el lugar elegido por el monarca para establecerse de forma temporal mientras esperaba que le llegaran las compañías de caballeros mesnaderos (Zacarés 1845: 9, *apud* Ríos Lloret 161). Ya desde entonces, el palacio comenzó a sufrir numerosas ampliaciones y reformas para acomodarse a la importancia de sus moradores

---

4 Se trata éste del proyecto I+D (HUM 2004-5445/ARTE).

de forma que, en el inicio del siglo XVI, ya había adquirido una dimensión administrativa y cultural que le confería un cierto estatus simbólico, cimiento ideal sobre el que levantar una auténtica corte real como la que pretendían Germana de Foix y su esposo Fernando de Aragón.

Como es habitual con edificios alzados y reformados para responder a las cambiantes necesidades, impulsos y caprichos de sus distintos moradores, el palacio valenciano que habitaron los virreyes carecía de cualquier atisbo de coherencia arquitectónica. A grandes rasgos, se puede decir que la construcción contaba con un núcleo central y otro lateral –ambos vertebrados en torno a sendos patios– que se comunicaban mediante pasadizos o estancias transitables (Aldana 295).

La Reina Germana y Fernando de Aragón, como todos sus predecesores en aquella casa, también emprendieron reformas desde antes incluso de fijar en ella su residencia personal. No obstante, lo más probable es que estas obras no afectaran a la estructura general del edificio pues no parecen haber dejado ninguna huella documental en el Archivo del Reino de Valencia (Ríos Lloret 163). Las tareas que se emprendieron fueron, fundamentalmente, numerosas remodelaciones y algunas obras de carácter menor con el fin de embellecer, ennoblecer y mejorar algunos de los servicios del palacio que los virreyes iban a ocupar. Dentro de aquellas salas, así como los jardines y huertas –como en otras cortes similares de la época– es donde se entretendrían nuestros cortesanos con sus representaciones, torneos, juegos, desfiles y canciones, haciendo de su conjunto un espacio mágico, o cuando menos fabuloso, en el que habían de confundirse lo real y lo representado, actores y personajes, cortesanos y caballeros.

El uso que se da al interior del palacio en la Modernidad es consecuencia directa del desarrollo del fasto medieval. Tras las entradas solemnes y las procesiones por las ciudades, era también costumbre realizar algunos festejos y banquetes para un público más exclusivo como el de la nobleza y, tal vez, también algunos de los prohombres más significados de la villa. Durante la Edad Media y el Renacimiento, el lugar preferido para este tipo de juegos y representaciones fue habitualmente el salón del palacio, cuya polifuncionalidad ayudaba a que en él se pudieran celebrar banquetes, juegos y espectáculos. En estas salas, tras levantar las mesas –o tal vez durante la propia comida, según fuera la costumbre de cada corte– se daba comienzo a bailes, juegos, interpretaciones musicales, o alguna que otra representación dramática más o menos elaborada.

Las veces en que tenía lugar una representación dramática, el escenario se ubicaba directamente en el suelo y, por consiguiente, actores y público se encontraban a una sola altura, lo que posibilitaba una fácil ruptura de la cuarta pared. Así, por ejemplo, cuando Gil Vicente representó el *Auto de las gitanas* (1521),[5] las mujeres circulaban libremente entre las damas de la corte diciéndole a cada una su destino en un espacio escénico flexible e intercambiable con el espacio real sin que hubiera confusión, ya que siempre era posible diferenciarlos en función del lugar de la salón donde se encontraban las gitanas. De esta forma, las gitanas llevaban el espectáculo de un lado a otro de la sala y, por un breve espacio de tiempo, convertían a la dama a la cual se leía la fortuna en una actriz más, hasta que era necesario pasar a la siguiente y la anterior volvía a su función espectadora.

Conforme avanza el siglo, los espacios del drama palaciego, especialmente en la salacorte, se van haciendo más rígidos y se acentúa la tendencia de situar el público a ambos lados de la sala en unas sillas puestas convenientemente contra la pared, mientras la función tiene lugar en el centro y delante del príncipe. García Resende, en su *Crónica* describe el cuidado con que tales salas eran adornadas cuando se iba a representar, danzar, o acoger cualquier otro tipo de espectáculo:

> Deceram no paço, e em ua mui grande sala armada toda mui rica tapeçeria d'ouro u muito bem alcatifada, dorsel, cadeiras e amolfadas de mui rico brocado, se começou um grande sarao em que el-Rey nosso Senhor dançou com a senhora Infante dona Isabel o Príncipe nosso Senhor e o senhor Infante dom Luis, com damas que tomaram… E as danças acabadas, se começou ua muito bem feita comédia de muitas figuras muito bem ataviadas e mui naturales… e com ela acabada se acaou o sarao. (*apud* Manuel Calderón XXXII)

---

    [5] Para esta representación entraban en la corte de los reyes de Portugal un grupo de cuatro gitanas pidiendo limosna a cambio de leerles las manos. Antes de comenzar las adivinaciones llaman a otros cuatro gitanos que, a su vez, tratan de vender unos borricos a los caballeros. Después, al son de una cantiga bailan todos y las gitanas se distribuyen por toda la sala para echar la buenaventura. Termina la representación con las gitanas y gitanos bailando emparejados.

También el cronista Calvete de Estrella recoge una pequeña relación de dos representaciones ofrecidas por don Ferrante Gonzaga al entonces príncipe Felipe con motivo de su estancia en Milán en 1548. De su relato aprendemos algunos detalles relativos a la primitiva escenografía como el cuidado por destacar la entrada y el asiento del príncipe con respecto a los demás y el uso de la vihuela para acompañar el recitado del argumento por parte del "gracioso truhán," práctica que tuvo una gran éxito tanto en el teatro cortesano como en el popular:

> Entrando el Príncipe en la sala començó una suavisima música de diversos instrumentos hasta que llegó a sentarse en el lugar y assiento real que para él estava hecho algo más eminente que los otros. Sossegada ya la gente salió tras de unas cortinas que tenían las armas imperiales, un gracioso truhán hablando alto que se oyan las gracias que dezía, declarando en parte el argumento de la Comedia, y començando a cantar y tañer con una vihuela, súbitamente dejaron caer un gran paño... (27)

Aunque únicamente sean dos ejemplos –uno portugués y otro italiano– lo cierto es que no hay grandes variaciones nacionales en la distribución de estas salas cuando llega el momento del baile o la representación. Por lo común, todas ellas se constituían de un gran espacio rectangular con un número indeterminado de puertas –si bien una o dos eran las estrictamente necesarias para la entrada y salida de los actores, vestidor, etc.– y el público sentado a ambos lados del príncipe que preside la representación. En la tradición borgoñona, como la representación tenía lugar durante la celebración de la comida, las mesas delimitaban físicamente la escena. La costumbre italiana, en cambio, era que los actores esperasen a que se levantaran las mesas para comenzar su actuación.

Evidentemente estas formas de organizar el espacio entre los actores y su público pueden variar ligeramente de un palacio a otro, e incluso entre dos espectáculos dentro de una misma corte. Como ejemplo de estas variantes, tenemos el juego parateatral propuesto por los virreyes valencianos consistente en la celebración de unas "Cortes de amor" –las medievales *cours d'amour*– que, en este caso, por el tono en el que se desarrolla el juego, se acerca también a un juego similar que tiene lugar en *Il Cortegiano* de Baldassare Castiglione (III, §53-75; 416-42). No obstante, al contrario que en el caso italiano cuyo objetivo es educar a la dama en "saber tratar con los que anduvieren con ella de amores" (III, §73; 416), en estas cortes del palacio valenciano se procura conseguir que "las damas sean bien servidas y los cavalleros que lo avran menester, sepan en qué las han de servir" ([Y6r]; 535).

Para esas "Cortes de amor," la sala valenciana se organiza a modo de una corte de justicia dando –como es lógico– el lugar preferente al duque, don Fernando de Aragón, y a su esposa, la reina Germana, que se sitúan sobre un estrado. Los cortesanos y las damas ocupan sendas graderías construidas para la ocasión, de forma que quedan divididos en dos partidos de acuerdo con su sexo. Los caballeros a un lado y las damas de palacio al otro. Luis Milán lo describe de la siguiente manera:

> El otro día no vieron el hora como acudir: y acudieron muchos cavalleros y damas a esta salacorte, que se tuvo en la sala mayor del Real, donde el duque y la reyna se pusieron sobre un theatro de quinze gradas en alto. Y los cavalleros en un cadahalso y las damas en otro. ([Y5v-Y6r]; 535)

La organización del espacio de esta sala, unido al tipo de juego que tiene lugar en ella, hacen que el entretenimiento resulte una suerte de remedo lúdico-paródico de las Reales Cortes en las cuales se establecían las disposiciones legales del reino y, mayormente, los impuestos. Para ello, don Fernando de Aragón hace uso de su condición de virrey y, lo que es más importante aún, de su verdadera realeza de sangre, para cumplir una función que, aunque pudiera ser delegada, habitualmente estaba reservada a los reyes.[6]

Este juego de "Cortes de amor" tiene manifestaciones similares en otros países europeos, pero aquí tiene la curiosidad, irónica o no, de que fueran las primeras "cortes" convocadas en Valencia en tiempo del emperador. En su empeño por no escuchar los reproches de la ciudad por la tardanza en aceptar y jurar los fueros, la corona tomó la costumbre de trasladar las cortes a Monzón y, así, evitar a la indignación de los valencianos. Si esta circunstancia

---

6 Entre sus prerrogativas, el virrey poseía la potestad para convocar cortes, si bien en ningún momento llegaría a hacer uso efectivo de este derecho ni durante el virreinato conjunto con su primera esposa ni tras el fallecimiento de ésta. Germana, por el contrario, sí utilizó esta herramienta legislativa en una ocasión en el año 1510 (Querol Roso 42-43).

histórica estaba en mente de los cortesanos es difícil de saber, pero fuera como fuere, estas "cortes de amor" acabaron por aprobar para la corte diez medidas o "leyes de amor" tópicamente destinadas a mejorar la fama de la ciudad de Valencia (vid. Capítulo 6).

Si dejamos de lado por ahora las posibles interpretaciones políticas de este juego y continuamos con los distintos escenarios de la representación palaciega, habremos de convenir que, aunque la salacorte sea el lugar más habitual para la representación teatral, no era el único. Además del interior del palacio, era frecuente utilizar alguno de los patios, una vez que éste era habilitado a la manera de sala con toldos y luminarias. El patio –o *cortile* italiano– es el centro vertebrador de la arquitectura palaciega mediterránea ya que de él salen las escaleras que se dirigen a las distintas plantas y dependencias. Como ya ocurría con el claustro eclesiástico, estas características hacen de él un lugar ideal para la representación. Sus puertas y diferentes niveles permitirían una rica diversidad de posibilidades, entre las cuales la más evidente tal vez sea la natural jerarquización del público que observaba las evoluciones de los actores desde los balcones y ventanas de las estancias que lo rodeaban (Cruciani; Sirera:1984). Sarthou Carreres describe así uno de los patios del palacio Real que habitaron los virreyes valencianos:

> Del primer patio se pasaba a otro cuadrado, de unos ochenta pies de área, circuido de un pórtico abierto; en su piso abajo estaban las cuadras, las cocheras y almacenes, y en el primero y segundo magníficas habitaciones, tales como la sala de guardias, la de ujieres, el salón que servía de teatro, las cámaras y gabinetes destinados para las reales personas, la galería que caía a los jardines, la armería, el archivo, y demás oficinas correspondientes. (*Jardines...* 364-65)

Un patio de esta amplitud, con una disposición porticada, y tan bien estratificada en dos niveles, parece ideal para la representación dramática y, es muy posible que así fuera utilizado en alguna ocasión. Aunque Luis Milán no lo deja claro en *El Cortesano*, el episodio en que el "Paje de mal recaudo" visita los distintos aposentos de los cortesanos ([N4v-N7r]; 381-86) podría haberse desarrollado en este patio. En tal caso, el paje visitaría los distintos aposentos de la planta baja en lo cuales se encontraría con los más habituales de aquella corte, para hacer posible la representación de este juego. En la primera estación, el paje se enfrenta con una criada de Juan Fernández a la que pregunta: "¿quién está en su casa?," a lo que ella responde con sorna, "quien no stá en la ajena" y, después de un breve intercambio el paje con la criada, éste le dice "salid veamos con quien hablo, si es del palacio o del establo" (N4v; 381), lo que, si hemos de interpretarlo de forma literal, tal vez pudiera indicar el lugar real –el establo– en el que el paje iniciara la representación de esta ronda de visitas, ocupando los demás hombres y damas de palacio el resto de las estancias.

Además de la salacorte y el patio, otro lugar cortesano por excelencia para el teatro y los juegos era el jardín. Tres eran los jardines en el Palacio Real: uno en forma de cruz, otro en forma de damero y, por último, el de la alberca o del Vivel; todos ellos famosos desde hacía décadas. Ya en 1495, el alemán Jerónimo Münzer destacó la amplitud y variedad de frutos de aquellas huertas del palacio, así como las acequias y estanques. De la misma manera, algunos años después, en 1502, un miembro del séquito que acompañaba a Felipe el Hermoso también mostraba su admiración por los jardines y huertas pertenecientes al Real valenciano (Arciniega y Serra 163). En una de ellas será precisamente en la que Luis Milán sitúe uno de sus entretenimientos más singulares recogidos en *El Cortesano*: la celebración de unos "Mayos" al modo de Italia. Esta fiesta, según Cristóbal de Villalón en *El Crotalón*, solía celebrarse el primero de mayo por ser éste el "más apacible y graçioso del año" (379). Más adelante nos detendremos a estudiar esta costumbre en detalle (Capítulo 6); por el momento, bástenos con decir que el jardín o la huerta ofrecía posibilidades únicas como espacio escénico si se sabía utilizar los recursos que ofrecía, tales como el agua, las fuentes, los olores de flores y plantas, etc. Todos ellos elementos ideales para recrear un espacio bucólico o mágico construido sobre un suculento banquete de los sentidos. En ocasiones estas celebraciones tienen lugar en el crepúsculo, momento idóneo para explotar la creación de un ambiente mágico mediante el juego de luces de colores y sombras. Otras veces, entre las que se encuentra la celebración de los "mayos," estas aventuras tuvieron lugar durante el día para que, así, el sol artificial "de vidrio como vidriera" pudiera resplandecer cuando "los rayos del otro [sol] verdadero davan en él."

Los virreyes valencianos hicieron buen uso de todos los posibles espacios escénicos; llenaron sala, patio y jardín de fantasías áulicas y caballerescas con las que, más que escapar de su cotidianeidad, la construían. Estos espectáculos y diversiones, músicas y coplas de mote eran los que daban auténtico sentido a una corte que, en ausencia de *potestas*, esto es, de poder político y militar, centró todo su esfuerzo, incluido el económico, en compensar esta carencia mediante la creación y consolidación de su *auctoritas,* o autoridad moral y su "capital cultural." Una importante clave para conseguirlo sería el sostenimiento de un importante mecenazgo literario-musical que les permitiera reivindicar esa autoridad y naturaleza real. En ningún espectáculo puede verse esto de forma más clara que en la puesta en escena de la llamada "Farsa de las galeras de San Juan."[7]

LA FARSA DE LAS GALERAS DE SAN JUAN, O CUANDO VIRREY REINÓ

Dentro de los distintos entretenimientos, saraos, banquetes y festejos que tienen lugar en el palacio virreinal valenciano, la "Farsa de las galeras de San Juan" tiene una importancia especial para este estudio. Aquí, Luis Milán no se limita a transcribir un texto dramático, sino que nos mete de lleno en la experiencia del teatro en aquella corte. Nos introduce en las intimidades que rodean los momentos previos a la representación y abre una ventana desde la que contemplar las rápidas maniobras con que los cortesanos tratan de cortar la progresión de sus rivales; nos permite entrever las tensiones políticas entre castellanos y valencianos, así como, una vez concluida la representación, también se nos dan algunos detalles de la acogida que tuvo el entretenimiento entre la audiencia y, muy especialmente, en su patrocinador, el duque de Calabria.

Grosso modo, la farsa cuenta la historia de siete caballeros de la orden de Malta que, después de navegar durante veinte días en busca de ayuda, llegan a las playas de Valencia. Una vez en la corte, piden al duque que envíe vigilantes a la costa para otearla en busca de la embarcación turca que les sigue y en la cual se encuentran raptadas sus damas. Una vez avistados los enemigos, el capitán cristiano y sus caballeros comendadores desafían a los turcos para recuperar a sus damas. Uno a uno los caballeros cristianos se enfrentan con sus pares turcos. A cada victoria cristiana le sigue el reencuentro

---

[7] El texto completo de esta farsa puede encontrarse en el segundo de los apéndices de este libro. Las citas y referencias, como viene siendo habitual en este estudio, se hacen a las páginas de las ediciones de 1561 y 2001.

con la dama, a la cual el caballero requiebra galantemente, y así hasta que todas las damas vuelven con sus respectivos caballeros cristianos. El espectáculo termina con una celebración en la que los comendadores realizan una danza con sus espadas mientras los turcos bailan "al modo que lo hacen en su tierra." Por último, los caballeros se despiden de los virreyes para volver a Malta, y los turcos son perdonados "por haber visto cara de rey" y marchan. La igual distribución estrófica en tres grupos de personajes netamente distintos como son los caballeros, los turcos y las damas –únicamente interrumpida por Gilot y Juan Sevilla al volver de su misión de vigilancia de costa–, así como la importancia de la música en la representación, hizo pensar a Mérimée que esta farsa, si bien castellana en la letra, debía ser de inspiración italiana (I, 99).

Como género, la farsa es, probablemente, uno de los más maleables dentro de la dramaturgia del siglo XVI. Sebastián de Covarrubias la definió inicialmente en su *Tesoro* como equivalente a comedia: "Es representación que significa lo mesmo que comedia," pero Díez Borque (37-38) ha insistido en que se ha de prestar mayor atención a la segunda parte de la definición del *Tesoro*, ya que aquí se encuentran importantes puntualizaciones a esta equivalencia. Así pues, si continuamos con la lectura de Covarrubias descubrimos que, aunque sea "lo mesmo que comedia," sin embargo "no parece sea de tanto artificio ... los farsantes mezclan muchas cosas diversas, fuera del argumento principal, por recrear y divertir el auditorio." En efecto, si algo caracteriza a "La farsa de las galeras" de Luis Milán no es el desarrollo de su argumento principal o su parecido con la comedia, sino la variedad de danzas, canciones, requiebros amorosos y torneos, etc. para conseguir un entretenimiento variado que pudiera complacer a todo el auditorio.

Para el duque de Calabria, no obstante, el rasgo más representativo del género farsesco sería una comicidad simple y superficial, lo que Patrice Pavis califica después como grosero y bufonesco (218). Por ello, el virrey, para elogiar la calidad y singularidad de la pieza compuesta por Luis Milán, ha de negar la premisa mayor, es decir, su misma pertenencia a aquel género dramático. El duque no deja lugar a dudas y le dice al músico valenciano que, en realidad, las suyas "no son farsas... pues de vuestras burlas se pueden sacar avisadas veras y de las veras avisadas burlas" ([L8v]; 357), con lo que parece atribuirle un cierto didactismo o utilidad que no es característico del género.

En líneas generales, la crítica no se ha alejado demasiado de la antedicha definición en el *Tesoro* en lo que respecta a su consideración sobre este género. Parece haber un consenso en adjetivar a estas obras como primitivas y, como consecuencia, de inferior calidad dramática a la posterior comedia barroca. La variedad que caracteriza a la farsa no se ve como algo buscado intencionalmente, sino como reflejo de una falta de unidad argumental que, con la literaturización del teatro o, dicho de otra forma, con el triunfo del teatro logocéntrico, se convierte en el elemento básico de estos espectáculos. Sin embargo, entretenimientos como éste de Luis Milán, cumplen en la corte con una función para la que la unidad de acción y la complejidad de las tramas barrocas no son necesarias, e incluso podrían constituir un obstáculo para una fácil recepción de un mensaje de *auctoritas* que no busca demostración, sino mostrarse.

Según el testimonio de Diego Ladrón, la farsa iba a representarse originalmente en la casa de Juan Fernández de Heredia y su esposa Jerónima, con la presencia del duque y Germana de Foix,

> Vamos a casa de Joan Fernández, que hay una visita de damas y son doña Mencía, doña Luysa, y doña Violante, y doña Castellana, quatro estrellas, y están esperando una farsa, que si verdad es lo que me han dicho, no puede sino ser muy ecelente, por ser de don Luys Milán [...]. Vamos, que a tal fiesta ya tardamos, porque halleguemos con tiempo para guardar al duque y a la reyna, que vienen a favorescer la fiesta de la señora doña Hierónyma. (I4r-[I4v]; 314)

Sin embargo, y a pesar de estar todo preparado, e incluso con las damas esperando en la casa, el mismo que poco antes urgía a sus compañeros a que se dieran prisa, cambia de opinión y propone mudar la fiesta a la sala del Real. Un cambio de estas características tiene notables consecuencias en el siempre precario equilibrio de influencias entre los cortesanos. Con esta mudanza, puede decirse que Diego Ladrón intenta –y consigue efectivamente– robar honores a unos para dárselos a otros pues, les hurta a Jerónima y Juan Fernández el privilegio de hospedar y entretener a los virreyes en su propia casa para, asimismo, engrosar el prestigio de Luis Milán, autor de la farsa, y el mayor beneficiado con este cambio:

> Diego Ladrón: Señoras,[8] mudar de bien en mejor es gran cordura. Si paresce a vuessas mercedes, vamos al Real y presentemos al

---

[8] Vicent Josep Escartí lo transcribe como singular, "señora," tanto en su edición de 2001, como en la de 2010 (172).

> duque y a la reyna la farsa [...]. He aquí el Duque, que ya sale del Real, a buen tiempo hallegamos. Señor, mande vuestra excellencia que se haga la farça en el Real, y será sacar de necesidad a Luys Milán, que las damas que traemos, havían movido una scaramuça contra él, que no podía acampar de muerto o preso y, pues verá cara de Rey, será salvo. ([I7v]; 320-21)

Estos dos fragmentos con los cuales se muestra cómo primero se invita a la representación en una casa particular para, después, trasladarla al palacio, nos proporcionan algunas claves interesantes para la comprensión de este tipo de representaciones cortesanas y, en particular, de esta *Farsa de las galeras*. En primer lugar, la primera cita de Diego Ladrón es un testimonio de que este tipo de actividades dramáticas tenían lugar de forma habitual en casas particulares como la de Juan Fernández de Heredia, señor de Andilla. El palacio de los virreyes, por tanto, aunque fundamental, es posible que no fuera la única fuente de entretenimiento para la mediana nobleza valenciana. En segundo lugar, si era posible decidir de un modo tan fácil y rápido un cambio de lugar para el espectáculo, su escenografía debería ser muy simple o, como dice Covarrubias, "no parece sea de tanto artificio." Por último, el texto de esta farsa en particular debía de ser conocido con anterioridad por parte de los cortesanos, al menos de Diego Ladrón, pues en su propuesta de trasladar el espectáculo al palacio virreinal recoge casi textualmente uno de los momentos más relevantes de la obra. Este cortesano le pide al virrey que lleve la farsa a su palacio ya que así Luis Milán, por ver cara de rey, "será salvo" de las burlas a que le están sometiendo las damas en la casa de los Heredia. El poder salvífico de la contemplación de la cara del rey, como se verá más tarde, es una clave decisiva para la interpretación de la intención política de esta farsa.

Estas pequeñas disputas de prestigio no se agotan en el cambio de localización de la farsa, sino que en el camino descubrimos otras tensiones como las que sostienen las damas de palacio con el resto, puesto que opinan las primeras que "no se pueden dezir damas sino las que están en él [el palacio]" ([I8r]; 322), lo que causa el comprensible enojo de las otras que se sienten insultadas. En el fondo de la cuestión se encuentra la expansión de las leyes y costumbres castellanas a la totalidad del territorio, incluyendo la corona de Aragón y, como no podía ser de otra manera, los virreinos. La señora doña Merina de Tovar[9] lo confirma al defender que "en Castilla no se llama, sino es de palacio, dama" ([I8v]; 323). Luis Milán, en una de las escasas instancias en las que se hace una mención explícita a las relaciones políticas con Castilla, decide romper una lanza por las costumbres valencianas[10] –así como por la trascendencia de las acciones individuales sobre la pertenencia a una clase– y corrige a Merina Tovar respondiendo que "mucho va esso al revés, que el palacio no haze dama, sino la que dama es" ([K1r]; 323), en línea con la postura de Dante sobre la virtud individual como base de toda nobleza.[11] Esta distinción que hace el músico le gana inmediatamente el aplauso aprobatorio del duque.

Una vez que todos los invitados llegan a la sala del Real donde está previsto el espectáculo, y mientras se ultiman los preparativos, todavía hay tiempo para otra interesante conversación de damas y una intervención de Francisco Fenollet acerca de la etiqueta de palacio en lo que a estos espectáculos se refiere. Respecto a lo primero, Luis Milán nos ofrece un pequeño juego con el que las damas se entretienen antes de la representación diciéndose unas a otras sugerentes y picantes piropos de tipo lúdico en los que, por ejemplo, se juega con la proximidad fonética del nombre de "Merina" con "marina" para repetir una analogía tan del gusto de los poetas de cancionero, la comparación de las damas con personajes conocidos de la literatura caballeresca si bien, en esta ocasión, de una forma menos convencional,

> Dixo la señora doña Violante:
> –Señora doña Merina de Tovar, quien a vos a de llevar, muerto no estará en la marina de vuestra mar.[12]

> Respondió doña Merina de Tovar:

---

[9] Merina Tovar es una de las 25 damas de la corte de Germana de Foix nombradas de forma explícita entre los 96 motes que se contienen en el *Libro de motes* de Luis Milán (Vega Vázquez 30).

[10] Franco Meregalli (60) opina también que el hecho de que Luis Milán parezca favorecer a los portugueses frente a los castellanos en algunos de los cuentecillos y anécdotas, también puede esconder una cierta antipatía hacia estos últimos.

[11] Esta postura de Dante (*Convivio*, Tratado IV, pero tomado de Keen 218) será heraldo del enfoque humanístico sobre este asunto durante el Renacimiento.

[12] Vega Vázquez (111) nota cómo esta misma relación aparece en otro momento de *El Cortesano*: "Respondióle don Francisco: Señora doña Marina, / si en ella un Hero viese, / y Leandro me volviese, / no me ahogue su marina." ([Y4v];533) y en el *Libro de los motes*, en el cuarto de los cuales se puede leer:

> –Señora doña Violante, pues soys otra Bradamante, querría ser, para vos, otro Rugier.[13]
> Dixo la señora doña Castellana:
> –Señora doña Joana de Dicastillo, mucho quedará ufano, quien será de su castillo el castellano.
> Respondió la señora doña Joana:
> –Señora doña Castellana, de mi dedo soys anillo. Vos seréys de mi castillo Castellana. ([K1v]-K2r; 324-25)

Más adelante, y como estos requiebros con que las damas se agasajan y entretienen comienzan a extenderse y, tal vez a asomarse fuera de los límites del decoro e incomodar a algunos de los presentes, Diego Ladrón las interrumpe y advierte de que "estos amores que se dizen las damas de Valencia con las del Real se encienden mucho" ([K1v]; 325). Juan Fernández de Heredia se ríe de su gazmoñería y le replica con un romance, en el más puro estilo de los poemas de motes que ya hemos visto,

> Don Diego, mejor sería matalle con el yelo de vuestra frialdad, pues os pueden oy cantar "Fuente fría, fuente fría soys, señor..." Pues atravessáys con hombres donde ay damas de primor. (K2r; 325)

Otro de los cortesanos habituales en estos saraos, Francisco Fenollet, realiza entonces la transición entre la conversación de los cortesanos y el comienzo de la obra dramática cortando el cruce entre Diego Ladrón y Juan Fernández de Heredia, a la vez que deja caer un breve comentario que, no obstante, resulta de gran interés para conocer la actitud del público cortesano de estas representaciones, así como una probable queja de los autores.

> Yo [Francisco Fenollet] voy por la farsa, para atajar la que hazen

[dama]	Buscaréis por estas damas, y dezilde, si hay Merina: "Yo la mar, vos la marina."
[caballero]	Merina, yo la mar, d'amar muy dina, pues mi cora[ç]o(n) ha echado, como hombre ahogado, de la mar a la marina.

[13] Bradamante es una de las heroínas del *Orlando furioso* de Ludovico Ariosto, famosa por portar una lanza capaz de descabalgar a quien se interponga en su camino. Finalmente se casa con el príncipe moro Ruggiero toda vez que éste se convierte al cristianismo.

> don Diego y Ioan Fernández, y no será menester, que ya me pa-
> resce que entran. Todo el mundo esté atento y sin mucho reir,
> que Donmiramucho, que es el Milán, si reymos demasiado nos
> terná por hombres de farsa, y burlará de nuestras risadas con
> aquello que dize: "Un reyr demasiado juzgan por muy alocado."
> Guardemos pues la autoridad y vergüença, que donde se pierde,
> tarde se cobra, y callemos que ya comiençan. (K2r; 325)

Esta advertencia de Francisco Fenollet demuestra una clara conciencia de la naturaleza del espectáculo dramático, así como de la importancia de respetar ciertas convenciones que se consideran corteses durante algunas de las actividades de palacio. La actitud de respeto que se pide ayuda a validar el significado simbólico de la farsa y a sostener el mito diferenciador de la sociedad cortesana.

Sabemos que el éxito social de una representación no depende únicamente de los gestos, diálogos y mudanzas de los actores, sino de que éstos se produzcan en el lugar adecuado y bajo una etiqueta propia que garantice la "felicidad" –por ponerlo en términos de J. L. Austin– de su propuesta. Si se cumplen esos criterios, la farsa puede convertirse en un acto perlocutivo eficaz para la construcción y el refuerzo del poder simbólico del señor. Es decir, para el príncipe, el éxito del drama cortesano radica fundamentalmente en su capacidad para generar y defender un discurso que asegure el mantenimiento de su posición de fuerza y autoridad (Bourdieu "Sobre el poder..." 65-73). De esta forma se entiende mejor también la importancia simbólica de que la acción se desarrolle en la sala del Real en lugar de en la casa de Juan Fernández de Heredia. También así se entiende la insistencia de Luis Milán por mostrarnos todos los prolegómenos de la representación, pues la materia discutida en ellos –a saber, la verdadera naturaleza real de los virreyes, la discusión sobre el creciente centralismo castellano y la gravedad del mensaje que se va a transmitir en el escenario– colaboran de un modo esencial en la construcción del poder simbólico y *auctoritas* que se va a re-presentar.

El propio editor del texto, Juan de Arcos, es consciente de la importancia de esta farsa y, al contrario que en otras representaciones que se encuentran en *El Cortesano*, en esta ocasión destaca la singularidad y autonomía del texto dramático al dejar un blanco mayor del habitual entre el último comentario de la audiencia –la intervención de Franciso Fenollet vista anteriormente– y el comienzo de la farsa, cuyo título aparece sobre el papel de manera que no deje duda de su autonomía e importancia dentro del texto impreso en 1561:[14]

EL CAPITAN DE
las galeras de la religión de
sanct Ioan comiença
y dize

La elección de la Orden de San Juan para conducir las galeras de esta representación tampoco parece, ni mucho menos, casual. La defensa de la isla de Rodas que los caballeros de aquella orden hicieron en 1523 despertó el asombro de toda Europa y, una vez vencidos y expulsados de la isla, la errante orden recorrió sucesivamente Candía, Mesina, Civita-Vecchia, Viterbo, Niza, Villafranca y muchos otros puntos de Italia y Sicilia durante siete años, hasta que el emperador Carlos V les hizo donación de las islas de Malta, Gozo y Trípoli el 24 de marzo de 1530.[15] Desde entonces, los llamados "hermanos hospitalarios, caballeros de San Juan de Jerusalén y caballeros de Rodas" serán conocidos como los "caballeros de la orden de San Juan" o, simplemente, "caballeros de Malta." Poco después, cuando el gran maestre de la orden, Felipe Villiers de l'Isle-Adam muera en 1534, será sustituido por Pedro de Ponte, que ostentaba el bailiaje de Santa Eufemia, en el ducado de Calabria.

Casi de forma inmediata, en 1535, el nuevo gran maestre tuvo oportunidad de compartir bandera con Carlos V, y unir el poderío naval de la Orden de Malta con el de los virreyes de Nápoles, don Pedro Álvarez de Toledo, y el de Sicilia, y con el gobernador de Milán, Ferrante Gonzaga, en la campaña de Túnez contra Barbarroja

---

[14] El lector podrá apreciar esta distinción en el original de 1561 y en su edición facsimilar de Vicent Josep Escartí y Antoni Tordera. No obstante, en la transcripción que hacen estos mismos editores en 2001 –o Escartí en 2010–, así como en la edición de 1874 de la Biblioteca de Libros Raros y Curiosos, esta disposición desaparece. Como curiosidad, en la versión manuscrita que Francisco Asenjo Barbieri copia de la edición de 1561, recoge que "A la vuelta empieza un Farça composición de Don Luis Milán, la cual no tiene título..." (26) para, a continuación, respetar la disposición original y comenzar la farsa en la siguiente página.

[15] El texto íntegro que recoge aquella donación puede leerse en "Donación de la isla de Malta por el emperador Carlos V a la religión de San Juan de Jerusalén, en 24 de Marzo de 1530." *La soberana orden militar de San Juan de Jerusalén o de Malta, por un caballero de la orden*. Madrid: Sucesores de Rivadeneyra, 1899. Apéndice 1: 203-08.

(*La soberana orden...* 49-59). A ellos se les unirían también otras viejas familias de España como los duques de Alba y Cardona, los condes de Benavente, Chinchón, Niebla, Buendía, Ribagorza, Luna y Olivares; los marqueses de Aguilar, el marqués de Mondéjar, el marqués de Astorga, Lomba, Montesclaros y Zenete, y otros igualmente célebres con el tiempo como Garcilaso, Luis de Ávila y Zúñiga, Francisco de los Cobos, etc. (Fernández Álvarez 496). La ciudad de Valencia, como no podía ser de otra forma, también contribuyó a los esfuerzos con cuatro embarcaciones, pero el virrey valenciano no se unió a ellos.

Algunos autores como Josep Romeu i Figeras ("Literatura valenciana" 325; "Mateo Flecha" 58), seguido después de Consuelo López López y José González Negrete (96), Arriaga ("Reflexiones" 16) y Ravasini (75) han sostenido que la *Farsa de las galeras*, debido a su temática de lucha contra los turcos, podría haber formado parte de un conjunto de celebraciones para despedir al duque antes de partir en aquella expedición contra Barbarroja. No obstante, la participación del duque de Calabria en aquella campaña no es tan clara. Según Romeu i Figueras, el duque se habría embarcado en Barcelona el 30 de junio de 1535, únicamente para regresar al cabo de un año y, por tanto, poco antes del fallecimiento de su esposa Germana de Foix el 15 de octubre de 1536. Sin embargo, la documentación apunta en la dirección contraria. Tenemos una carta misiva remitida por el emperador con la fecha de 14 de julio de 1535 y enviada a Fernando de Aragón, en Valencia, por razón de su cargo de lugarteniente y Capitán General. En esta carta se le informa con gran detalle de la victoria en La Goleta. Once días más tarde, el emperador vuelve a escribir al duque para notificarle la derrota de Barbarroja y la toma de Túnez, según se puede leer en sendos traslados que se hicieron para la imprenta y que hoy se conservan en la Biblioteca Nacional de España (R/12804[3]) y que demuestran la ausencia del duque en aquella campaña.[16]

Al conocer estas victorias, Valencia, como no podía ser de otra manera, se deshizo en fiestas y plegarias por el emperador (González García 31-32) y, en este contexto, tal vez fuera posible que se concibiera la *Farsa de las galeras* como parte de estas celebraciones

---

[16] La precisión llega hasta tal punto que el emperador le comenta al duque detalles acerca de la sed que han pasado, los bizcochos que Barbarroja dejó en Túnez, de los que ellos darían buena cuenta y, desde luego, los prisioneros liberados.

dentro del ámbito cortesano. Sin embargo, si la intención de la farsa era, efectivamente, conmemorar estos hechos, es harto difícil de comprender que no se mencionaran ni en los extensos prolegómenos que la preceden, ni en la representación, ni en las conversaciones posteriores.

En cualquier caso, la ausencia del duque en estas hazañas, que ya entonces se calificaban de históricas, debe considerarse un elemento más para la interpretación de una farsa cuyo eje se encuentra en la victoria de unos caballeros de San Juan sobre los turcos, gracias a la colaboración del duque de Calabria.

La campaña de Túnez, que se preparaba sin su concurso, posiblemente le trajera a la memoria el rescate de Otranto preparado por su abuelo Fernando I (Ferrante) –y dirigido por su tío Alfonso II– contra la invasión de las tropas turcas de Mehmed II en 1480. La victoria de sus familiares al siguiente año, con la consiguiente recuperación de la ciudad, se interpretó entonces como un verdadero auxilio a la Iglesia y a la ciudad de Roma que, de otra forma, según se pensaba, habría corrido la misma suerte que anteriormente Constantinopla a manos de aquel sultán otomano.[17]

También es posible que, al ver este espectáculo dramático, nuestro duque tuviera en la memoria la aventura que sufrió cuando con diez años, y recién apresado por el Gran Capitán, fue llevado en una galera a España y, de camino, según cuenta Fernández de Oviedo,

> falto poco de ser preso el Duque de turcos e llevado a Greçia. Porque yendo en la galera, al pasar de çierta punta o promontorio, de la misma costa salieron çinco o seys fustas armadas de turcos, e dieron en la galera yaunque capitán e los que en ella yvan eran ombres de bien e de hecho se vieron en mucho trabajo, e entraron los turcos dentro e ganaron desde la proa hasta el árbol de la galera e pelearon tan animosamente que mataron y echaron fuera todos los que entraron. (135)

---

[17] Así se lo hace saber Angelo Poliziano a Giovano Pontano en una carta: "*Opem vero divinam quis, rogo, vel sperare vel polliceri sibi magis potest quam qui Turcos impios ferro ignique sequens non tam ab oppido Hydrunte quam, ut mihi videtur, ab Roma ipsa, quam primum petebant, atque adeo a sanctissimis illis altaribus expulerit?*" Shane Butler lo traduce al inglés así: "Who, I ask, can more expect or promise for himself divine aid than the man who, pursuing the infidel Turks with sword and fire, expelled them not so much from the town of Otranto than (as I see it) from Rome itself, which was their first goal, and thus from the holiest of altars?" (*Letters* I: 106-11)

Este denso y complejo contexto histórico e ideológico –que incluye circunstancias históricas del reino, pero también personales– debe ser tenido en cuenta al valorar la "Farsa de las galeras," para –como dice el duque– "sacar avisadas veras" (K8v; 357).

* * *

La farsa consta de tres partes claramente divisibles: un introito de tipo informativo que pone a la corte en antecedentes; le sigue el cuerpo del entretenimiento donde tienen lugar el desafío y el subsiguiente enfrentamiento entre cristianos y los turcos, que concluye felizmente con el rescate de las damas; por último, tenemos una clásica celebración tipo "fin de fiesta" con música y canto, además de dos danzas que ocurren de forma simultánea: la que realizan los turcos vestidos de muchos colores, y la danza de espadas que ejecutan los caballeros comendadores.

El introito comienza con una intervención del capitán de las galeras de la orden de San Juan que, casi con toda seguridad, representaría el propio Luis Milán. En esta primera parte del espectáculo, el capitán explica el desastre ocurrido a su expedición a la salida de "Ysladeras," o Isla Deras, como también se conoce a la isla de San Honorato, situada al sur de Francia.[18] Según su narración, al poco de partir de la isla, las embarcaciones cristianas fueron sorprendidas por una tormenta con lo que, tanto la nave capitana como las otras tres galeras que la acompañaban, quedaron varadas en la costa francesa. El capitán, junto con el resto de los caballeros comendadores de la Orden de San Juan de Malta, se ven obligados a fletar un pequeño bergantín para buscar socorro y así llegar ante la presencia de los virreyes valencianos.

La isla de San Honorato se encuentra a poco más de una milla marina de Cannes en la Riviera Francesa, lo que hace la derrota de la embarcación hacia Valencia, cuando menos, sorprendente. No obstante, el capitán, consciente de ello, trata de justificar la decisión al afirmar que los vientos del este –Griego y Levante– empujaron la embarcación con tal fuerza que "un sueño me paresció, / ser tan presto en Alicante" ([K2v]; 326).

---

[18] La isla de San Honorato es la segunda más grande de las llamadas Islas Lerianas y albergaba una important̀e monasterio cisterciense fortificado que fue, desde la Edad Media, un lugar de peregrinación.

Sin embargo, a pesar de que los caballeros cristianos llegan a salvo a la costa valenciana, sus damas, que habían quedado atrapadas en las otras tres galeras encalladas, son apresadas por los turcos. El capitán y el resto de los caballeros comendadores –de los cuales en ningún momento se critica que abandonaran a las mujeres y partieran solos en un bergantín– declaran su amor y comparan el desastre marino que casi los ahoga con el amor no correspondido que sienten por sus damas. El autor entonces aprovecha para realizar un juego de palabras bilingüe entre el valenciano y el castellano utilizando la palabra "negación," referida a la actitud de las damas que rechazan a sus pretendientes, y el vocablo valenciano "negarse" –o en castellano "ahogarse"– en las aguas. El resultado de este juego puede verse en la intervención del primer comendador:

> Perdone sobre ste passo
> por la parte que me toca,
> que no's bien calle mi boca
> pues d'amores me traspasso.
> Sino me negó ste mar
> fue tanbién por ser negado
> en aquella del amar,
> donde amor haze tragar
> el morir que ya he tragado. (K3r; 327)

Este introito concluye cuando el último de los caballeros comendadores termina de cantar su amor por su dama y, acto seguido, Luis Milán, en su papel de capitán, da paso a la historia central que da título a la farsa. Para ello, pide al duque que haga vigilar la costa por si se divisaran sus galeras bajo el mando de los turcos, y sugiere que esta tarea la desempeñen Gilot y Juan Sevilla, bufones de la corte que, al igual que el duque, mantienen su identidad durante la representación. Casi de forma inmediata avistan las embarcaciones enemigas y los caballeros comendadores se ofrecen para enfrentarse a los turcos con el fin de rescatar a sus damas pues, como dice uno de ellos, "ganalla [la dama] por la fama / es mejor que por la cama" ([K5v]; 333), declaración que, tal vez, esté inspirada en otra del duque Guillermo IX de Aquitania y muy imitada y repetida en la literatura caballeresca.[19] El capitán

---

[19] Se contaba que el duque portaba un retrato de su dama pintado en su escudo porque, decía, "era su voluntad llevarla en la batalla, ya que ella le había llevado en la cama" (*apud* Keen 49).

de las galeras, como personaje que en todo momento marca los tiempos en esta representación, arenga a los suyos y después desafía a su rival a batirse con la espada si no renuncia a su fe y libera a su "linda amada:"

> ¡Caballeros: sedlo en todo!
> Ya véys que'l Turco me spera
> Si dios quiere que aquí muera,
> Regíos con muy buen modo.
> Turco: ¡Vuélvete christiano![20]
> Y dame mi linda amada,
> que sto te será más sano.
> Y sino [sic] pon luego la mano
> como yo pongo a mi spada. (K7r; 336)

Tras esta apelación ambos se enfrentan en un combate de duración indeterminada que, como era de esperar, acaba con la victoria cristiana y la recuperación de la dama por parte del caballero que, dentro del paradigma de amor cortés, atribuye la victoria a la dama con estos versos,

> Gracias hago a mi Dios.
> Gran victoria me ha dado,
> pues que vos havéys ganado,
> que yo no venço sin vos.

Aunque efectivamente dentro del tópico del amor cortés, Castiglione también se hace eco de esta influencia positiva que las damas tienen en el ardor de los caballeros cuando éstos se disponen para la lucha. Así, en su *Cortesano* llega a afirmar que gran parte del mérito de la victoria de Isabel la Católica sobre el reino de Granada se debió a que las damas de su corte excitaban a los caballeros a aventurarse en su lucha contra los infieles:

---

[20] El duque ya había explicado en la primera jornada a propósito de los lugares y a las personas con las que un cortesano debe o no hablar, las circunstancias en las que un cortesano podía hablar a un moro (o, en este caso, un turco). "Ni menos se deve hablar a la persona ques prohibido, como escomulgado con participantes, por no menospreciar la yglesia de Dios que lo manda, ni con hereje, ni con moro, si no por necesidad o conversión dellos" (E5r; 250).

> Dicen también muchos que las damas fueron en parte gran causa
> de las vitorias del rey Hernando y la reina Doña Isabel contra el
> Rey de Granada; porque las más de las veces, cuando el exército
> de los españoles iba a buscar los enemigos, la Reina iba allí con
> todas sus damas y los galanes con ellas, hablándoles en sus amo-
> res hasta que llegaban a la vista de los moros; después, despidién-
> dose cada uno de su dama, en presencia de ellas iban a las escara-
> muzas con aquella lozanía y ferocidad que les daba el amor y el
> deseo de hacer conocer a sus señoras que eran amadas y servidas
> de hombres valerosos y esforzados. (III, §51; 413-14)

Cabe suponer que las conversaciones que aquellos caballeros
tuvieran con sus damas fueran más amorosas que las que describe
Luis Milán en esta farsa porque, una vez más, haciendo gala de su
sentido del humor, se hace eco del tópico del amor cortés, pero no
para imitarlo, sino para burlarse de él. Prueba de ello son las respuestas que los caballeros comendadores reciben de sus damas y, en
concreto, aquel amoroso caballero cuya intervención leíamos arriba, al cual su dama le muestra un agradecimiento más que comedi-
do:

> Cavallero de verdad,
> de muy alto coraçón:
> siempre stuve en libertad
> porque en vuestra gran bondad
> nunca se siente prisión. (K7r; 336)

Uno tras otro los combates se suceden siguiendo la misma secuencia en la cual, primero el caballero se dirige a su rival para invi-
tarlo a la conversión, y luego le pide la liberación de la dama y le
exige deponer de las armas. Los turcos, que en ningún momento de
la farsa pronuncian una palabra, son atacados por el cristiano correspondiente y tras su triunfo tiene lugar un breve intercambio con
su dama en términos semejantes a los de arriba.

Tras los combates y las iniciales galanterías de los caballeros, casi sin darnos cuenta nos encontramos en un gracioso juego de coplas de requiebro que se dedican los caballeros y sus damas, en los
que se pueden observar algunas de las inquietudes y preocupacio-
nes más íntimas de los comendadores que, primero de forma delica-
da, y abiertamente después, quieren indagar acerca del tiempo que
sus damas pasaron cautivas y los "favores" que pudieran haber reci-

bido los turcos. En estas graciosas coplillas de celos que cantan los caballeros cristianos encontramos una gradación en la inquietud masculina, tal vez en busca de una rudimentaria intención de construir un clímax dramático. Así, en la primera copla se ve cómo el caballero expresa su inseguridad de un modo tímido y casi por obligación o rutina después de un suceso como el sufrido:

> Señoras, bien es saber
> cómo's fue de servidores;
> y a los Turcos de favores,
> que otro no podía ser. (L2v; 344)

A continuación, vemos de qué forma esa inicial sospecha se ha transformado ya casi en certeza. No obstante, el caballero se muestra abierto a disculpar los posibles "favores" de la dama, pues entiende que habrían sido fruto del miedo y no el amor:

> Yo también tengo un dolor,
> pues ser otro no podía,
> que favor al Turco haría
> más de miedo que d'amor. (L3r; 344)

A ésta le sigue una insinuación de que los turcos habrían intentado también solicitar el amor de las damas con las mismas armas que los cristianos, esto es, con los requiebros enamorados, dentro del mito del moro como amante seductor que, en España, se extiende también a los turcos:

> Caballero:
> Turcos requiebros dirían,
> Turcos tan enamorados. (L3r; 344)

Así hasta llegar al clímax en que el caballero comendador se muestra inflexible y considera a la dama –y no al turco– responsable de lo que haya podido suceder pues es la mujer, portadora de una incontrolable sensualidad, la que con el arco y las flechas de sus ojos habría disparado, como si de Cupido se tratase, al corazón de su raptor:

> Ya vuessa merced tenía
> arco y flechas, pues hería
> con los ojos que mirava. (L3v; 345)

Cada una de estas insinuaciones no encuentra sino una respuesta desdeñosa por parte de la dama, con lo que se ve que los caballeros, a pesar de haber vencido a sus rivales, aún no han conseguido conquistar a las damas. El capitán de las galeras, siempre atento a marcar el ritmo de la farsa, corta la discusión para invitar a todos a un baile pidiendo a los caballeros que canten para que las damas escuchen lo que tengan que decir:

> ¡Ea ya señora, ea!
> ¡vamos, vamos, a dançar!
> Porque yo quiero storvar
> con dançar esta pelea.
> Sea trisca, si querrán,
> y cantemos en la fiesta
> y las damas callarán
> y callando mostrarán
> que'l callar dan por respuesta. (L4r; 346-47)

No obstante, las mujeres no están de acuerdo con esta petición de silencio así que cada uno de los villancicos de los caballeros encuentra la correspondiente réplica de una dama. Es muy probable que Luis Milán aprovechara aquí para reciclar algunas de sus piezas musicales, como la de "Yendo y viniendo / voyme anamorando, / una vez riendo / y otra vez llorando" (L5r; 348), que también encontramos en el *Cancionero del duque de Calabria*, también conocido como *Cancionero de Uppsala* (n° 6).[21] Otras composiciones musicales, tal vez de *El Maestro*, posiblemente adoptaran nuevas letras siempre en un tono jocoso y de burla erótica en la que se hace gala del espíritu lúdico propio de los torneos motes y coplas de repente.

Concluye la representación y la farsa con unos combates a espada entre los cristianos, que han sido coreografiados a modo de danza. A su vez, los turcos, vestidos de mil colores, bailan una morisca y son perdonados –"por ver cara de rey"– y los caballeros piden licencia al duque para volverse a Malta.

---

[21] No es la única ocasión en que se refieren composiciones del *Cancionero del duque de Calabria* (CdC) en *El Cortesano*. Así, además de la ya mencionada "Yéndome y viniendo", encontramos "Desdeñado soy de amores" (CdC n° 16, *Cortesano* G5v-G6r; 283-84), "Vella de vos son amoros" (CdC n° 24, *Cortesano* Q5v; 433), y "Si amores me han de matar" (CdC n° 51, *Cortesano* G7v; 288).

Visto lo anterior, es comprensible que Mérimée escribiera que "la Farsa de Luis Milán tiene menos de comedia que de ballet" (I: 98), opinión con la que concuerdan J. B. Trend (84) y Ruggero Palmieri, el cual pensaba que esta obra no era sino "un ballo mascherato" (22). Para Thomas R. Hart, en una línea similar, aunque primando la música sobre la danza, la lectura contemporánea de este texto es igual de insatisfactoria que la lectura del libreto de una ópera o de una zarzuela (308). Sea de una forma u otra, todos ellos parecen estar de acuerdo con que los lectores –contemporáneos o no– nos estamos perdiendo lo esencial en la farsa: su representación.

En lo literario, para Thomas R. Hart, el texto literario de la farsa gira en torno a los dos significados de la voz "negar" como "anegar o ahogar" y, de otro lado, "rechazar" (311). La asociación de "amar" y "mar" que este mismo crítico proponía –aunque se trate de un *topos* horaciano– alcanza gran popularidad en la poesía de amor cortés gracias a un poema de Petrarca que emplea la metáfora del barco perdido en mitad de la tormenta para describir su desconsuelo amoroso tras la muerte de Laura (*Cancionero* nº 323, "Standomi un giorno solo a la fenestra"). Luis Milán está familiarizado con esta figura y la pone en práctica tanto en *El Cortesano* como en *El libro de los motes*, en ambos casos, como ya se ha visto más arriba para el caso de Merina de Tovar.

Desde este punto de vista, el significado de "negar" –como "rechazo"– apuntaría a la actitud de las damas respecto a los caballeros comendadores, mientras que, en su acepción de "anegar o ahogarse," al encallamiento de las galeras, siendo esta última figura de la primera. Revertir ambos desastres y significados de "negar" es, en última instancia, el objetivo de los combates de los caballeros y de la farsa en su totalidad.

Sin embargo, en el plano simbólico, la representación del poder viene marcada por el trayecto que va desde el primer verso con que el capitán de las galeras se dirige a aquel que patrocina el espectáculo –"Duque, todo rey sin falta"–, hasta el último parlamento de este mismo capitán en que se ha transformado nuestro músico y poeta valenciano. En esta intervención final, Luis Milán pide que los turcos sean libres de volver a sus casas, pues "vieron cara de rey,"

> No más trisca y acabemos
> con tener de vida ley;
> pues vieron cara de rey,

> a los Turcos libertemos
> y mandémosles baylar,
> pues su mal bolvió alegría,
> que no sentirán pesar,
> pues se vean libertar
> para bolverse a Turquía. (L8r; 355-56)

La declaración del primer verso de la farsa –"Duque, todo rey sin falta"– hace, de un simple virrey, un auténtico y verdadero rey. Luis Milán, desde el propio comienzo de la representación, como de otra parte sucede ya a lo largo de todo el libro, nunca se refiere al príncipe de Nápoles, Fernando de Aragón, como virrey, sino siempre como "Duque [de Calabria]," pues con esta designación se hace referencia a su título de heredero del trono napolitano, de igual manera que hoy nos referimos al heredero de la corona española o inglesa con el título de príncipe de Asturias o príncipe de Gales. Más que virrey, que no deja de ser un encargo, un empleo recibido del emperador, don Fernando de Aragón se identifica con su título de heredero del cetro de Nápoles. De gran importancia resulta también el que la llamada de "duque [de Calabria]" venga inmediatamente seguida de "todo rey sin falta." Es decir, rey completo y sin ninguna carencia.[22] A partir de aquí todo el contenido de la farsa adquiere un significado simbólico que dota al texto de Luis Milán de una mayor gravedad y trascendencia de la que hubiera gozado de haberse llevado a cabo en la casa del señor de Tendilla, Juan Fernández de Heredia, como se había planeado inicialmente. Todo el desarrollo de la farsa dependerá de esta concepción áulica, en la cual el duque actúa como verdadero rey con todos los atributos propios y con no menor lucimiento. Entre estas características merece destacarse la del poder mayestático que permitirá la salvación de los turcos al final de la farsa por la mera contemplación del rostro de nuestro "rey."

---

[22] En cierta ocasión, en la primera jornada, el duque le pregunta a Milán acerca de sus progresos en la redacción de *El Cortesano* que le había prometido a las damas, y en su respuesta vuelve a dirigirse a su señor tratándolo como a verdadero rey diciendo, "si vuestra Excellencia me avisa diziendo las partes que ha de tener el Cortesano, yo sabré hazer lo que no sabría, (que del Rey se ha de tomar cortesanía)." (E4v; 249) El propio emperador Carlos V reconocería su realeza con deferencias de trato que lo elevaran incluso por encima de los Grandes de España (Fernández de Oviedo 137).

La defensa del "poder real" de Fernando de Aragón es el centro que permitirá reinterpretar toda la farsa dentro de su contexto político y cortesano. No es únicamente el cambio de la casa de Juan Fernández por el Palacio Real como refuerzo del mensaje de *auctoritas*, sino que las palabras escritas por Luis Milán –dichas dentro del palacio y, quizá, en el contexto histórico de la campaña de Túnez, bien de los preparativos, bien de la victoria– hacen que ahora el introito del capitán de las galeras sea interpretado como un informe, una relación, del desastre sufrido por una armada cristiana, así como de la amenaza turca.[23] Gracias a esto, los caballeros, al llegar a Valencia, y a pesar de la dificultad en que se encuentran, pueden mostrarse esperanzados e incluso agradecidos, porque la fortuna no les ha sido del todo esquiva, sino que les ha puesto delante de aquellos que tienen el remedio para sus males, el "rey" Fernando y la reina Germana. Como ellos mismos dicen, esa fortuna o tormenta,

> nos ha puesto en tal posada
> que si es el Real nombrada
> es por quien oy posa en ella. ([K3r]; 327).

Evidentemente aquí el capitán de las galeras, Luis Milán, se equivoca intencionalmente pues, como se ha explicado a propósito del palacio valenciano, el motivo por el que se denomina "real," no es sino por una simple corrupción de su nombre árabe. No obstante, la tradición de personas reales que ocuparon el palacio, así como la condición de los actuales virreyes, y el halago que supondrían los versos, hacen de esta confusión, lo que podríamos denominar un "error acertado" que, de nuevo, viene a acrecentar el capital simbólico de nuestro duque.

La totalidad del significado simbólico de la farsa gravita en torno a este centro que es, a su vez, la justificación última de su razón de ser y de su estructura: la conversión simbólica de los turcos mediante la contemplación del rostro de Fernando de Aragón –"por

---

[23] En el Archivo Histórico Nacional se guarda una carta a las monjas clarisas de Gandía, fechada el 10 de septiembre de 1533 que da fe del estado de pánico con que se vivían en la costa levantina las continuas incursiones de los piratas berberiscos. En esta carta, el virrey les pide que no abandonen el convento para no crear alarma social y les explica las medidas de seguridad adicionales que se van a implementar para proteger la costa (Sección Nobleza, Osuna, C. 538, D.5 [5])

haber visto cara de rey"– con lo que se restaura una paz y alegría que se expresa mediante músicas y coloridos bailes, y el permiso que, por la piedad del duque, reciben los turcos para volver a su tierra, ahora que "su mal bolvió alegría" ([L8r]; 355).

La salvación a través de la visión de la cara del duque, puede muy bien referirse a la costumbre en los pueblos de liberar o indultar a los presos comunes cuando tenía lugar una entrada real. Entonces, en el momento en el que la procesión del monarca pasaba por delante de la cárcel, se abrían las puertas y los condenados se agolpaban a la salida dando gracias al rey, cuya visión les había liberado (Marsden 401-02). De igual forma, entre todas las virtudes que se atribuyen a los reyes medievales –y sobre todo en los juegos dramáticos– destaca la de poseer una naturaleza capaz de tener efectos perfeccionadores y sublimadores sobre toda persona que se les aproxime. Se trata, aunque no se diga expresamente, de una suerte de acción mayestática inspirada en la gracia divina, y marca definitiva del verdadero monarca (Maravall 307). En esta acción se confirma la naturaleza mítica de la realeza que se traduce, en casos como éste, en que los turcos se convierten a la religión cristiana, no ya a través de las armas, que únicamente pueden derrotalos, sino por la gracia y la *auctoritas* del verdadero rey, lo que se hace patente en la capacidad redentora que tiene la contemplación de su rostro.

Se podría argüir que la cara contemplada no es la de un rey, sino la de un simple virrey. No obstante, como se ha dicho, Fernando de Aragón es príncipe y descendiente de reyes, y su naturaleza, independientemente de las contingencias políticas, se mantiene incólume. Luis Milán es capaz de reconocer esto y de comunicarlo a su audiencia, y eso es precisamente lo que hace de él merecedor del comentario cómplice del duque una vez que la farsa concluye. "Bien havéys mostrado que no son farças las que vos hazéys, pues de vuestras burlas se pueden sacar avisadas veras" ([L8v]; 357). Esas "avisadas veras" son, sin lugar a dudas, las que aúpan, aunque sea por un rato y en un festejo, a Fernando de Aragón desde su cargo de "alto funcionario del emperador" hasta su dignidad de rey verdadero.

Naturalmente, los prolegómenos a la farsa y las reacciones del duque fueron consignadas en *El Cortesano* con posterioridad a la escenificación y, por tanto, no enmarcan ya la obra dramática, sino una particular representación histórica concreta, una puesta en escena específica en el lugar y en el tiempo, como de otra parte Luis

Milán presenta al lector la intención global de este libro de *El Cortesano* que, para él,

> Representa la corte del Real Duque de Calabria y la Reyna Germana, con todas aquellas damas y cavalleros de aquel tiempo, abilitando algunos que para dar plazer fueron abilitados por el Duque, haziendo que hablen en nuestra lengua valenciana, pues muchos que han escrito usaron escrivir en diversas lenguas, para bien representar el natural de cada uno. (A3r; 178)

Es decir, como en toda actuación, los hechos que encontramos en los niveles de ficción, participan a posteriori de la realidad. Es poco probable que el texto dramático se modificara demasiado durante la revisión de Luis Milán previa a la publicación de su libro pues, entre otras cosas, se habrían añadido entonces los parlamentos de Gilot y Juan de Sevilla que en el texto de la farsa se dejan abiertos a la improvisación ingeniosa de los dos bufones mediante una escueta acotación en la que se dice, "Buelven Joan de Sevilla y Gilot, y dizen que una armada de Turcos han tomado las tres galeras y están en Denia" ([K5v]; 332), pero sin recoger los versos de sus intervenciones.

Sin lugar a dudas, la "Farsa de las galeras de San Juan" es una farsa singularísima dentro del teatro del siglo XVI tanto por las circunstancias que rodean su representación, como por las de su publicación y transmisión. Pero también esta farsa constituye un eficaz testimonio que ayuda a desmentir las rutinarias acusaciones de simplicidad de nuestro primer teatro cortesano sin detenernos apenas en el análisis de los textos y sus representaciones. En ésta de Luis Milán, cada uno de sus elementos han sido cuidadosamente construidos como respuesta a una compleja y particular circunstancia que vivía el virreino valenciano y los que ocupaban su silla. Por eso, en la misma medida en que esta dependencia de la circunstancia incrementa su significado simbólico, desgraciadamente también lo hace efímero y difícil de trasladar a otros palacios y a otros señores, así como también a otros tiempos y a otros lectores tan remotos como somos nosotros mismos. De manera semejante ocurre con la celebración de fiestas palaciegas como la que se ve a continuación a propósito de la llegada del mes de mayo.

Capítulo 6

CELEBRACIONES CORTESANAS DEL AMOR Y EL MES DE MAYO

ESDE tiempos antiguos, y como consecuencia de la radical alteración de la naturaleza que la primavera trae consigo, el mes de mayo ha sido considerado el mes propicio para el amor apasionado; aquel que se escapa del control familiar y social, y se muestra, en ocasiones, atrevido y licencioso. La antigua lírica popular castellana no fue ajena a este despertar de las pasiones y, como prueba de ello, disponemos hoy de abundantes testimonios conservados y ordenados en meticulosas recopilaciones como las llevadas a cabo por Margit Frenk quien, tanto en el *Corpus de la antigua lírica castellana*, como en el *Nuevo corpus* ha rescatado del olvido abundantes y graciosos ejemplos en los que la ingenuidad y aparente simplicidad constructiva se mezclan con una maliciosa picardía ante la cual el lector moderno no puede más que sonreírse,

> Las mañanas de abril
> dulces son de dormir,
> y las de mayo
> de sueño me cayo.
> (*Corpus* 604; 1268 B)

> Entra mayo y sale abril:
> ¡tan garridico le vi venir!
> Entra mayo con sus flores,
> sale abril con sus amores,
> y los dulces amadores
> comiençen a bien servir.
> (*Corpus* 606; 1270 B)

En líneas generales, Margit Frenk considera que, cuando en poemas populares como los arriba referidos aparecen símbolos característicos del mes de mayo y de la primavera como ríos, aves, vegetación, flores, etc. el significado apunta, casi con toda seguridad, al deseo erótico de la voz lírica.

> Podemos estar seguros de que siempre que se mencione, digamos, una fuente, un arroyo, o un río en el mar, sus aguas estarán asociadas con la vida erótica y la fecundidad humanas, incluso cuando no se las mencione de manera expresa. Del mismo modo, siempre que nos topemos con árboles, hierbas, flores, frutos, aves y otros animales, podemos estar casi seguros de que funcionan como símbolos. ("Símbolos naturales..." 162)

En este mismo sentido, como es lógico, también algunos de los romances españoles más conocidos se hacen eco de este sentimiento y dan fe del uso de estos símbolos que emparentan el mes de mayo y el despertar de la naturaleza con el amor; como aquel del "Prisionero" que se suele traer a mano en estos casos:

> Por el mes era de mayo,   cuando hace la calor,
> cuando canta la calandria   y responde el ruiseñor,
> cuando los enamorados   van a servir al amor.
>   (*Romancero* 238)

En otras ocasiones, es el caso del *Auto de las gitanas* de Gil Vicente ya mencionado en el capítulo anterior, el mes de mayo actúa como metáfora a modo de piropo- de la mujer hermosa y de sus expectativas amorosas. En la representación del autor portugués, las gitanas –con un gracioso ceceo– piden a las damas que les enseñen las palmas de las manos para poderles leer la buenaventura. Entre todas, una de ellas, de nombre Melibea, recibe los mayores elogios por su hermosura, la cual se equipara con un "mayo florido," con lo que se le augura también una feliz vida amorosa:

> Dad acá, mayo florido,
> eça mano, Melibea.
> Pues bien, ceñura [señora], te cea
> buen marido, buen marido.
> Na Landera cazaraz,
> nunca te arrepentiraz;

> iraz morar a Pombal
> y dentro en tu naranjal
> un gran tezoro acharaz [hallarás] (vv. 201-09)

Naturalmente, el interés folclórico del mes de mayo no se para en la expresión literaria del amor. Una de las costumbres más extendidas en toda Europa y norte de África para celebrar la llegada de este mes era la de clavar delante de la iglesia o en mitad de la plaza pública un árbol o palo que, tal vez por sinécdoque, acabó por ser denominado también mayo. Covarrubias, al definir esta voz en su *Tesoro de la lengua castellana o española* describe este palo o cucaña de la siguiente forma:

> Un olmo desmochado con sola la cima, que los mozos zagales suelen el primer día de mayo poner en la plaza o en otra parte; y por usarse en aquel día se llamó mayo; y así decimos al que es muy alto y enjuto que es más largo que mayo; entiéndase deste árbol y no del mes, pues otros meses traen los mismos días como él.

El *Diccionario de Autoridades* nos da también algunos detalles nuevos acerca la decoración de estos mayos, tales como unos premios que se ponían en lo más alto del árbol para los hombres que consiguieran escalar hasta lo más alto. Al fin, el lema "mayo" queda definido como "árbol alto adornado de cintas, frutas y otras cosas que se pone en lugar público de alguna ciudad o villa." Estos adornos ya existían en el folclore paneuropeo con mucha anterioridad a la redacción del diccionario y, con seguridad, vendrían a simbolizar los distintos premios amorosos de los vencedores.[1] Así por lo menos parece deducirse del soneto que Luis Milán escribe a propósito de una experiencia suya con un "árbol de amor," o de mayo:

> D'un árbol d'amor yo vi que colgava
> una guirnalda de muy lindas flores.
> Muchas pastoras y muchos pastores
> se la ensayavan y a nadi encaxava.

---

[1] Sobre la función del árbol de mayo y variedad de tradiciones folclóricas paneuropeas relacionadas con el culto o festejo de árboles en relación con el amor durante este mes, sigue siendo recomendable iniciarse con los capítulos 9, "The Worship of Trees," y 10, "Relics of Tree-worship in Modern Europe," del temprano estudio de Sir James G. Frazer, *The Golden Bough: A Study in Magic and Religion.*

> Y en la cabeça que muy bien entrava
> era dichosa y amada en amores.
> L'árbol nombravan mançano d'amores
> y era mal sano de quien no sanava.
> L'amor me mandó que yo me provasse.
> Dixo, riendo, que d'él no temiesse.
> Con grande temor prové sta aventura
> y antes fue seca que yo la ensayasse,
> Porque sperança ninguna tuviesse,
> que'l engañoso jamás assegura.
> (*El Cortesano* [V7r]; 506-07)

El poema del músico valenciano recoge algunos de los elementos más importantes tanto de la definición del mayo en el *Tesoro de la lengua castellana*, como de la que se lee en el *Diccionario de Autoridades*. En estos versos encontramos a los tradicionales muchachos y muchachas que rodean al árbol si bien, a diferencia del juego descrito por Covarrubias, el de Luis Milán no es un árbol trasplantado al centro de la plaza, sino que son los propios jóvenes quienes han de desplazarse hasta el lugar donde se encuentra el manzano. De sus ramas cuelgan unos premios como los referidos en el *Diccionario de Autoridades*, a los que se les atribuye un significado simbólico sin el cual este "árbol d'amor" no dejaría de ser uno más en el campo valenciano. No obstante, a pesar de sus similitudes con los árboles de mayo descritos en el *Tesoro* y *Autoridades*, el de este juego tiene también una característica propia. En esta ocasión, el premio es una invitación a la "aventura," a una prueba de amor, en la cual los pastores –y muy significativamente, también aquí las pastoras– han de ceñirse una corona de flores para ver a quién le encaja mejor. Aquel en cuya cabeza mejor se ajuste la corona será aclamado como el más dichoso en amores y, por consiguiente, vencedor. Tras numerosos intentos, y al ver que "a nadi encaxava," el burlón y cruel "Amor" invita a nuestro poeta a probarse en el juego y, cuando ya está a punto de ceñirse la guirnalda en la cabeza, las flores, al instante, se secan, lo que ha de interpretarse como una indicación de que "sperança ninguna tuviesse" en materia de amores.

La costumbre celebratoria de "pingar un mayo," que puede ser tanto un "mançano d'amores," como un "olmo desmochado," no está aún extinta, sino que se mantiene, aunque de forma muy esporádica, en algunos pueblos de León, Palencia, Burgos y Cantabria para celebrar el amor de los jóvenes y, curiosamente, también para conmemorar a los "misacantanos;" es decir a los jóvenes y recién ordenados sacerdotes. Estos jóvenes que abandonaron sus pueblos para estudiar en el seminario regresan a sus localidades para celebrar su primera misa y, de esta forma, mostrar su agradecimiento al pueblo en el que crecieron y del que han recibido el apoyo económico necesario para completar su formación. Es también, de alguna manera, un homenaje que la localidad, orgullosa de su sacerdote, se da a sí misma. Para celebrar el regreso, los hombres fijarán un mayo frente a la iglesia del pueblo, quién sabe si –de un modo inconsciente– con intención similar a la del dios Amor en el soneto de Luis Milán al "mançano d'amores." Esto es, para que el nuevo clérigo "esperança [de amor] ninguna tuviesse." Tenga parte o no esta ironía en el inconsciente colectivo, no deja de ser, cuando menos, interesante, que la celebración de la primera misa de un sacerdote se festeje de forma idéntica a la conmemoración de la fertilidad y el amor humano (Campo Tejedor "Diversiones…" 56). Sobre esta idea de la sustitución del amor carnal por otro sacrificial y eucarístico en las fiestas del mes de mayo descansa también la construcción del *Auto de la maya* de Lope de Vega donde el Príncipe de la Luz (Cristo), se ofrece al Alma de la siguiente forma:

Príncipe de la Luz: Alma, yo soy: no podía
                        nadie amar tanto, ni dar
                        lo que yo doy este día
                        a mi mesa y a mi altar.
                        Hoy te convido, Alma mía. (325-26)

También Calderón de la Barca haría un uso similar del amor eucarístico como sustituto del amor del mundo en su *Loa para coronar abril*, que habría acompañado al auto de *El veneno de la Triaca* en su estreno valenciano de 1634.

Cristo: Veníos todas conmigo,
                  que en un plato solo intenta
                  mi amor dar hoy a la Fe
                  la vïanda de su fiesta.
Todos: ¿Qué plato ha de ser?
Cristo: Yo mismo
                  sacramentado en la tersa,
                  blanca forma de una hostia
                  en cuya real asistencia

> en cuerpo y en alma, verá
> la última de mis finezas. (vv. 230-41)

La mencionada costumbre del escalar el mayo no es la única de las celebraciones folclóricas de este mes que ha llegado aún hasta nuestros días; también han sobrevivido las llamadas fiestas de la maya y del mayo. Para una breve descripción de ellas podemos volver de nuevo al *Tesoro* de Sebastián de Covarrubias, donde éstas quedan definidas como

> una manera de representación que hacen los muchachos [mayos] y las doncellas [mayas], poniendo en un tálamo un niño y una niña, que significan el matrimonio; y está tomado de la antigüedad porque en este mes era prohibido casarse,[2] como si dijésemos ahora cerrarse las velaciones.

Ese potencial dramático que reconoce Covarrubias en su definición de la maya indicando que se trata de "una manera de representación," se puede ver completamente realizado en un ejemplo sevillano que Rodrigo Caro describe con gran detalle dando cuenta del modo en que la maya era seleccionada, los adornos que llevaba, la carga simbólica de los elementos del atrezo (la corona de flores, las joyas, o el vaso de agua de olor, etc.), así como el tálamo o trono en que la muchacha se sentaba:

> Júntanse las muchachas en un barrio o calle, y de entre sí, eligen a la más hermosa y agraciada para que sea la Maya, aderezándola con ricos vestidos y tocados, coronándola con flores o con piezas de oro y plata como reina, pónenle un vaso de agua de olor en la mano, súbenla a un tálamo o trono, donde se sienta con mucha

---

[2] Según la tradición romana y algunas creencias astrológicas, casarse en el mes de mayo era una provocación a la naturaleza pues éste era un mes en el que se habían de desarrollar rituales de purificación de las tierras. Por este motivo, la abstinencia y la virginidad se asociaban con el mes de mayo y, casarse en este mes podía ocasionar un matrimonio infeliz, según se explica en el *Fasti* de Ovidio. Pedro Mexía utilizará este argumento después en su *Silva de varia lección* (1540/50) al hablar de los misterios y cursiosidades de este mes (véase De Armas 58-60). Luis Martínez Kleiser recoge algunos refranes populares muy claros en este sentido como: "Las malas, en el mes de mayo se casan," "bodas en mayo, males las llamo" y, por último, "bodas mayales, bodas mortales" (Entradas n° 39.400-02). En inglés se conserva también el dicho de "Marry in May and you'll rue the day."

gracia y majestad, fingiendo la chicuela mucha mesura; las demás la acompañan, sirven y obedecen como a reina, entreteniéndola con cantares y bailes y suélenla llevar al corro. A los que pasan por donde está la Maya, y a los que no les dan, dicen:

Barba de perro,
que no tiene dinero. (87)

Si hemos de hacer caso de lo que se dice en el auto sacramental de *La maya* que Lope de Vega incluye en su *Peregrino en su patria* (282-326), los acompañantes de la Maya no le dedicaban versos únicamente a aquellos que se negaban a sufragar la maya, sino que todo aquel que pasara por delante era recibido con alguna versión de los siguientes versos tradicionales:

Echad mano a la bolsa,
cara de rosa;
echad mano al esquero,
caballero. (332)

Y si las niñas sevillanas a las que se refiere Rodrigo Caro trataban a la maya con agasajos y obediencia –"como a reina"– con mayor motivo lo harían los servidores del rey Juan II de Castilla cuando, en el mes de mayo de 1424, se presentó ante sus adversarios y primos, los infantes de Aragón, como "rey de mayo" de la siguiente guisa:

vestido de plata y verde, con una diadema de mariposas, autorrepresentándose como rey de mayo. El ciclo de apariciones culminó con un vestido blanco, a guisa de Dios Padre, haciendo patente la mescolanza de símbolos y sentidos paganos y cristianos, así como la emanación sincrética del poder religioso-estatal. (Campo Tejedor, *El mayo festero* 85)

La fiesta de la maya parece estar tan arraigada en la península durante la Edad Media que –cuenta un poema épico del cerco de Zamora que aparece en la *Crónica de 1344*– cuando el rey García de Galicia iba preso de su hermano el rey Sancho de Castilla allá en 1072, fue incapaz de contener las lágrimas al ver la alegría con que las jóvenes portuguesas se preparaban para esta fiesta. González Palencia y Eugenio Mele resumen este incidente en su clásico estudio de la maya:

> El rey Sancho de Castilla ha derrotado y hecho prisionero a su
> hermano el rey don García [en] Santarém, y muy aherrojado se
> lo lleva hacia Coimbra; allí, pasando junto a una fuente, donde
> las muchachas cogían el agua para sus mayas, los caballeros cas-
> tellanos se acuerdan de que están en el primer día del mes de las
> flores, y a vueltas con las portuguesitas, empezaron a cantar las
> mayas, mientras que al regio prisionero anublaban del llanto sus
> ojos, ante la alegría del mundo, para él vedada. (11-12)[3]

Todos estos testimonios sirven para hacernos ver que cuando el
duque le pide a Luis Milán y al resto de los cantores que comiencen
a preparar la fiesta del mayo en el jardín del Palacio del Real, los
cortesanos valencianos no hacen sino añadir un testimonio más a
una importante tradición popular y folclórica, pero también a una
práctica arraigada en la costumbre y sensibilidad cortesana. Luis
Milán será el encargado de poner un acento italiano sobre ambas
tradiciones para satisfacer los gustos del duque y su corte.

En este capítulo vamos a centrarnos en la llamada "Fiesta del
mayo"[4] celebrada en los jardines del palacio real valenciano, si bien
acompañaremos su interpretación con el estudio de otras referencias a este mes y a su significado simbólico –como el ya mencionado
del "mançano d'amores"– que pueden encontrarse a lo largo de todo *El Cortesano* de Luis Milán. Para hacernos una idea de la importancia de este motivo en el libro, el propio autor valenciano comienza la Primera Jornada con una caza de montería que, nos dice,
tuvo lugar en "saliendo del estremo invierno" para entrar en la primavera y que, en este texto, se inicia con la llegada de los "suaves
hermanos abril y mayo."

> En el tiempo deleytoso de la hermosa primavera, quando todo el
> mundo para conservación dela vida humana, saliendo del estre-
> mo invierno, entra en estos dos suaves hermanos abril y mayo,

---

[3] González Palencia y Mele no discuten esta historia que, a pesar de su belleza,
es más probable que no sea más que el producto de la imaginación al tratar de buscar a posteriori una explicación para el nombre de la localidad portuguesa de "Ago-
as de Mayas," junto a Oporto, donde según la *Crónica del Cid* (II, 10), el propio rey
García fue herido antes de ser finalmente apresado en Santarém. *La Crónica del
Cid*, desde luego, en ningún caso menciona estas celebraciones del mes de mayo.

[4] La "Fiesta del Mayo", así como la "Aventura del Monte Ida," además de en
las ediciones del texto completo de *El Cortesano*, han sido editadas y anotadas también por Teresa Ferrer (*Nobleza y espectáculo teatral,* 111-34).

enrramados con guirnaldas de flores y frutos, se hizo una real caça de monte de las damas y cavalleros que aquí verán... (A4r; 179)

En el Renacimiento, las fiestas populares de mayo –al igual que ya vimos ocurriera con la poesía (Capítulo 4)– hubieron de pasar por un necesario proceso que Margit Frenk bautizó como de "adopción y adaptación." De esta forma, lo que originariamente había nacido como una fiesta de carácter agroganadero para conmemorar la fecundidad de la tierra y las cosechas, al llegar a palacio había de transformarse para encontrar su acomodo dentro de los nuevos intereses y gustos de la sociedad cortesana.

Por su riqueza e importancia, es común mencionar como ejemplo la sofisticada adaptación de esta fiesta para la corte de Enrique VIII de Inglaterra que describe Sebastiano Giustiniani en su *Relazione del regno d'Inghilterra* (1519), libro en el que este embajador veneciano en Londres da cuenta de los despachos enviados a su señor entre 1515 y 1519. En el primero de los volúmenes encontramos una carta fechada el 3 de mayo de 1515, en la que se puede ver la atención y pomposidad con que el rey inglés quiso celebrar la fiesta aquel año. Según esta relación (I: 79-81), los festejos de la mañana se iniciaron en una arboleda situada en las afueras de Londres. Allí, los monarcas Enrique VIII y su por entonces esposa, la española Catalina de Aragón –que había estado recogiendo el rocío de mayo con 25 de sus damas de compañía[5]– recibieron a numerosos embajadores y otras personalidades. Para la ocasión, los reyes, acompañados de unos cien nobles, además de la guardia del rey, se vistieron de color verde que, por razones obvias, es uno de los colores típicos de esta fiesta. Mientras tanto, numerosos músicos y cantores subidos en riquísimos carros triunfales amenizaban con música de laúdes, flautas y órganos el copioso banquete que se había

---

[5] Tanto en Inglaterra como en el resto de Europa existía la creencia de que el rocío recogido en la mañana del primero de mayo –e incluso durante todo el mes– tenía propiedades mágicas que ayudaban a embellecer el rostro de las damas eliminando las pecas y algunas pequeñas imperfecciones. También se creía que tenía propiedades curativas para las articulaciones, etc. Gonzalo Correas (15) recoge incluso una frase proverbial que dice, "Agua de mayo, quita la sarna todo el año." En *Celestina* (Tractado 3: 146), Celestina le pide a Elicia que le traiga un "azeyte serpentino" para elaborar una poción, y le ruega que tenga cuidado de no derramar el agua de mayo que está debajo del "ala de drago," con lo que podemos adivinar que también se usaba en sospechosos laboratorios como el de Celestina.

preparado. Una vez terminada la comida el rey mantuvo audiencias privadas con los distintos embajadores para, finalmente, concluir la jornada festiva en honor del mes de mayo con una cena de gala en el palacio real a la que siguió una justa en la que el propio rey y nueve de sus hombres se enfrentaron a otros diez rivales durante más de tres horas.

En la corte virreinal valenciana, como hemos dicho, el mes de mayo tampoco pasaba desapercibido y, si bien las fiestas nunca pudieron alcanzar, ni buscar, el boato con que las pudo adornar Enrique VIII, no por ello el duque y la reina Germana desistieron en el intento de adaptar la tradición folclórica y la costumbre cortesana para elevarlas al paladar italianista de su corte.

LA FIESTA DEL MAYO EN LA CORTE DEL DUQUE DE CALABRIA

Los virreyes de Valencia gustaban de conmemorar la llegada de mayo haciendo uso del fabuloso jardín que rodeaba su palacio, así como de la magnífica capilla musical que, como se dice en el capítulo 2, era la envidia de España y, aun de no pocas cortes europeas de la época. De entre todas, la celebración que mejor conocemos es la que organiza y relata Luis Milán en la sexta y última jornada de *El Cortesano*. Esta fiesta, que Luis Milán y los músicos de la corte –animados por el propio duque– quisieron hacer a imitación de las que se hacían en Italia y que el propio virrey había disfrutado de niño, consta de tres partes: un prólogo en el que se desarrollan las "cortes de amor" que mencionábamos en el capítulo anterior; a estas cortes le sigue la fiesta propiamente dicha con la llegada del mayo, y el posterior juego de la "Aventura de la fuente del deseo" en la que los cortesanos y los virreyes prueban la pureza de sus deseos delante de una fuente de plata que guarda Cupido. Por último, los presentes contemplan un debate entre los caballeros Miraflor de Milán –máscara del propio Luis Milán– y el personaje alegórico del Deseo que trata de convencerlo para que se rinda al amor. Todo ello, aunque variado, compone un único festejo con el que se celebran el amor y el mes de mayo.

Las "Cortes de amor" que preceden la celebración del mes de mayo recibieron ya alguna atención en este trabajo a propósito de la versatilidad espacial de la salacorte palaciega para la representación de espectáculos de diversa naturaleza. Ahora, nos centraremos en analizar su función preparatoria dentro del *continuum* festivo del que forma parte junto con la llegada del mayo con sus cantores, el juego-aventura de la fuente del deseo, y la disputa entre Miraflor de Milán y el Deseo.

El debate a modo de guerra de sexos que hemos denominado como "Cortes de amor," en realidad, no recibe ningún título específico dentro de *El Cortesano*, pero éste parece ser el más aceptado por la crítica. También Luis Milán parece gustar de esta etiqueta, si bien parece utilizarla más para referirse al género de este juego que como título específico.

Efectivamente, este tipo de entretenimiento, tal y como se concibe en este libro, era bastante común en las cortes europeas y consta de un referente importante en *El Cortesano* de Baldassare Castiglione (III; §53-75: 416-42). Ambos debates –el italiano y el valenciano– discuten acerca de temas similares y siempre relativos a las reglas de cortesía en el trato entre damas y caballeros. Sin embargo, a pesar de las similitudes, tampoco deben ignorarse las diferencias que son también muy significativas y distancian la disputa valenciana de aquella de la corte de Urbino. La primera y fundamental se encuentra en la propia orientación del debate. En el libro italiano, hombres y mujeres discuten para tratar de elaborar una serie de consejos con que educar a las damas y que así aprendan a "saber tratar con los que anduvieren con ella de amores" (III; §73: 416). En las cortes organizadas en Valencia, por el contrario, el objetivo es que "las damas sean bien servidas y los cavalleros que lo avran menester, sepan en qué las han de servir" ([Y6r]; 535). Es decir, el propósito de Milán se opone al de Castiglione en que mientras el italiano quiere educar a las damas, el valenciano quiere mejorar el servicio que han de dar los caballeros. Con todo, dado el carácter cortesano del entretenimiento, muchas de las leyes o consejos de ambas cortes vienen a concordar con los tópicos habituales en todo manual de cortesanía. Por ejemplo, cuando en la corte de Urbino, miser César confiesa "no soy tan cuerdo que pudiese dexar de decir mal de mi competidor [en amores], salvo si vos no me mostrásedes alguna mejor arte para desbaratalle," Magnífico le reprende por esa actitud y marca la pauta que deben seguir los cortesanos, afirmando que "no querría que nuestro cortesano se aprovechase contra nadie de engaños ni de ruines mañas" (III, §70; 434-35). En la corte virreinal, el duque, que hace las veces de Magnífico aquí, determina una ley de cortesía para caballeros basada en el mismo espíritu:

> No paresce bien que sirve
> reñir con el competidor,
> qu'es locura o poco amor
> el que sirve si dessirve. ([Y8r]; 540)

Ambos, el consejo y la ley, comparten, pues la misma intención de civilizar –como explicaría Norbert Elias– la competición de los caballeros por el favor de la dama, de forma que se acomode mejor a una sociedad cortesana que busca sublimar los conflictos mediante su represión y ocultamiento.

De igual forma, la declaración del duque de Calabria en su tercera ley de que "el amor muy más se muestra / en las obras que a la muestra" ([Y7r]; 538), no se aleja mucho de la también estereotipada respuesta de Magnífico que dice que "los verdaderos enamorados, como tienen el corazón caliente, así tienen la lengua fría '*col parlar roto e subito silencio.*' Y así por ventura no sería muy gran sinrazón decir que el que mucho ama habla poco" (III, §55; 419).

Como intención última, explica el duque de Calabria, el resultado de estas cortes debe servir como respuesta a una acusación que, dice, ha sido levantada "por todo el mundo," de que Valencia sea tierra "desamorada;" es decir, poco propicia para los amores. Como es de esperar, éste no es más que un lugar común de la literatura cortesana, una excusa con la que poder iniciar el juego, pero que, en este caso particular, tiene la curiosidad de que la fama de Valencia era, precisamente, la opuesta. Desde hacía décadas, la ciudad del Turia había sido considerada el marco ideal para iniciarse en amores. Benedetto Croce lo explica muy bien en la siguiente cita en la que describe el estatus de la ciudad valenciana dentro del imaginario social en el que las "Cortes de amor" relatadas por Luis Milán tienen lugar:

> La ciudad de Valencia aparece como capital del país de la galantería en cuyo elogio existe un romance en el *Cancionero general* del bachiller Alonso de Proaza[6] ... Pontano, llevando a escena a un viejo enamorado que andaba por las calles cantando sus trovas amorosas, afirma: *e media scilicet Valentia delatum hoc est*, y del ya mencionado Carrasio, natural de Valencia, quien a pesar de sus ochenta años se dedicaba a tocar la trompa, observa: *ut*

---

[6] Se refiere al romance "Valencia ciudad antigua," nº 477 en la numeración de la edición de José A. De Balenchana (1882), y 6350 en la numeración de Brian Dutton. Se encuentra en fol. cxxxix, (S3r) del *Cancionero general* (1511).

sunt plerique Valentini cives, tum senes, tum invenes, amoribus dediti ac deliciis, agregando, respecto de las iglesias y los monasterios de aquella ciudad, que eran casas abiertas a los amantes lo mismo que lupanares. La fama galante y erótica de que gozaba aquella ciudad española traspuso las fronteras de Nápoles y se extendió por toda Italia... Fama que duró, por otra parte, hasta el siglo XVI, como lo comprueba quien lee a Bandello: "Valencia es considerada una nobilísima y gentil ciudad donde... hay bellísimas y preciosas mujeres que alegremente saben enamorar a los hombres. En toda Cataluña no hay más lasciva y amorosa ciudad que Valencia. Si por acaso cae por allá un mancebo inexperto, las mujeres le adiestran en las lides del amor mucho mejor que las sicilianas, aun aquellas de la más baja condición." (116-18)

Casi como respuesta a los comentarios de Alonso de Proaza, Pontano, Carrasio y Bandello que recogía Croce, encontramos en el Archivo del Reino de Valencia (*Curia Real*, Leg. 1315, ff. 8-20) una premática del virrey destinada a "guardar la salud y tranquilidad del reino." En este documento se regula de un modo estricto, entre otras muchas cosas, la concesión de licencias para dirigir un burdel, las horas y barrios en los que se puede ejercer la prostitución, la prohibición de las relaciones entre estas mujeres con moros o sarracenos, así como también se penaliza el travestismo y la visita a los conventos de monjas tras la puesta de sol, etc. Esta premática, no obstante, es posterior al 1535, aunque anterior a la publicación de *El Cortesano*. También es posible que la anterior queja acerca de Valencia como ciudad "desamorada" esté relacionada de alguna manera con el final de la "Aventura del Monte Ida" donde el propio dios del amor, Cupido, se muestra molesto por el trato que recibe en la ciudad de Valencia. Entonces, se dirige a su nuevo campeón, el caballero Miraflor de Milán (el propio Luis Milán), y le pide que acuda a esta ciudad para reparar el daño que el amor allí sufre: "Tú has de partir luego, para la ciudad de Valencia de Aragón, mi mortal enemiga, pues reyno tan poco en ella, que me ahorcaron en una justa como tu sabes" ([M8v]; 372-73).

Desconocemos la efectividad de esa ley para controlar prácticas amorosas ilícitas o arriesgadas, o a qué se refiere exactamente Cupido cuando afirma que ha sido ahorcado en una justa,[7] pero uno no

---

[7] Este ahorcamiento de Cupido en una justa aparece también mencionado anteriormente (I1r; 307) y, dice Diego Ladrón, apenó mucho a Juan Fernández. Muy

puede dejar de preguntarse si la queja de que Valencia se hubiera convertido en tierra "desamorada," aunque fuera dentro del contexto del tópico literario, tendría también algo que ver con un progresivo aumento del control sobre la moralidad de los ciudadanos a causa del endurecimiento de la presión religiosa en el momento de la publicación del libro. En cualquier caso, como resumen de este debate de los sexos o "Cortes de amor," el duque elabora diez leyes de amor –siete para los hombre y tres para las mujeres– para su inmediata aplicación.

La publicación de un decálogo para el amor cortesano supone un inmejorable pórtico para la fiesta del amor que es la celebración del mes de mayo y la aventura de la fuente del deseo, que forman el núcleo principal de todo el entretenimiento. Será ahí, entonces, donde podrá comprobarse lo que las damas y los cortesanos hayan aprendido con la discusión y aprobación de estas nuevas normas. Pronto se verá, no obstante, que ni los deseos de unos u otros se corresponden con las nuevas directrices aprobadas, ni los resultados son tampoco los deseados.

En un pequeño paréntesis entre las "Cortes de amor" y la llegada de los del mayo encontramos un discurso pronunciado por el Maestre Zapater, teólogo de la corte, en el que se nos quiere hacer ver que, a pesar de su apariencia pagana, la celebración del mes de mayo es una fiesta profundamente cristiana. La fiesta del mes de mayo que tenía lugar en el palacio de los virreyes no podía quedar en una celebración al margen del contexto religioso de la época y así, aunque ennoblecida con una temática clásica y mítico-caballeresca de estilo italianista, debía aún revestirse con ropajes cristianos que la hicieran aceptable a los ojos de la Iglesia y de la Inquisición que velaban por la pureza de los entretenimientos tanto del pueblo como de la corte.

---

probablemente esta justa se celebraría en el marco de unas fiestas carnavalescas y no sería muy diferente del que pudo disfrutar el entonces príncipe Felipe en su visita a Bruselas en 1550. En aquella ocasión tuvo lugar una justa sobre el dios del amor en la que éste fue presentado con un lazo corredizo en torno al cuello y, a su lado, un guardián armado, que era el español Alonso de Pimentel, a quien ayudaba el conde Lamoral de Egmont. Cada vez que un contrincante vencía al defensor de Cupido, el lazo era izado y si el guardián ganaba, el lazo bajaba. En la justa belga los adversarios ganaron y el dios del amor acabó muriendo y fue trasladado en un ataúd delante de las reinas de Francia y de Hungría para que se le cantara un *requiem*, con lo que "milagrosamente" volvió a la vida (Kamen, *Felipe de España* 43).

En el tiempo en que esta fiesta tuvo lugar, y aún más en el que el libro llegó a publicarse, la Iglesia había incrementado notablemente su presión para controlar los excesos que se producían en las celebraciones populares que, como éstas del mes de mayo, invitaban a sus participantes a inclinarse hacia comportamientos licenciosos. Todas las fiestas y celebraciones, aunque ocurrieran dentro de los palacios cortesanos, debían de encontrar un anclaje cristiano que los librase de toda sospecha de promover un ambiente contrario a las buenas costumbres. Los virreyes, en consecuencia, realizan un esfuerzo por matizar el trasfondo pagano y agroganadero originales de los mayos que, como tales, podrían serían considerados inherentemente proclives a causar daño a la integridad moral del pueblo y aun del palacio.

Por motivos similares, durante estos años, un gran número de fiestas populares y cortesanas de todo el territorio español comenzaron un proceso de cristianización mediante el cual los elementos paganos o neutrales eran sistemáticamente sustituidos por otros de raigambre cristiana. Es entonces cuando celebraciones como la del "mayo florido," según explican Alberto Campo Tejedor y Ana Corpas García (110; 184-91), comienzan su transformación popular hacia lo religioso para convertirse en el "mayo mariano."[8] En esta nueva fiesta, el lugar que tradicionalmente había ocupado la reina maya para recibir las ofrendas florales pasa a ser el asiento de la Virgen o, como en el auto sacramental de Lope de Vega de *La maya*, el rey de mayo será el propio Cristo.

También por aquel entonces comienza el proceso según el cual el folclórico ritual del *arbor intrat* en el cual los jóvenes traían al centro del pueblo aquel árbol que juzgaban más alto y tieso de todo el bosque, ha de reinventarse en las "cruces de mayo," que son unas pequeñas cruces de madera que los niños adornan con flores para ofrecerlas a sus familiares a cambio de un donativo. Costumbre

---

[8] En cualquier caso, este papel de la Virgen María tampoco es nuevo. Eugenio Asensio ya notaba que en las *Cantigas de Santa María* de Alfonso X, ésta se convertía en "la nueva y celesta maya" (37), a la cual se asociaba con la fecundidad y la guerra con los moros. Martha E. Schaffer (97-132) estudia cómo precisamente la explícita conexión entre la Virgen María y el mes de mayo en la cantiga "Ben vennas, Mayo" le costó su exclusión de los manuscritos y colecciones de cantigas alfonsinas –muy notablemente el MS E, que se supone el más completo– a pesar de encontrarse en el pequeño códice denominado *Toledo* que representa la colección más antigua de estas canciones.

que, todavía hoy, puede verse en algunos pueblos castellanos y andaluces.

Desde este punto de partida hay que entender el largo, alambicado, y ciertamente anticlimático, sermón con que el teólogo Zapater[9] prologa la celebración en la corte de los virreyes.[10] De acuerdo con su argumentación, los antiguos romanos, al darse cuenta de las "grandes excellencias y provechos" que ocurrían en este mes, decidieron destacarlo por encima del resto del año mediante rituales y fiestas. Según sus observaciones, durante el mes de mayo, la naturaleza y el cosmos multiplican su potencia de forma que "dan las estrellas influencias para engendrar todos los metales... y tienen más virtudes las yervas" (Z5r-[Z6r]; 550-52).[11]

El maestre Zapater defiende que el acortamiento de las noches y el consecuente alargamiento de las horas de sol durante el día tienen efectos evidentes en la naturaleza, las criaturas y, por tanto, también en el hombre. Continúa su discurso con una explicación según la cual, tanto el Sol como la Luna y otros astros principales, tienen una misión complementaria a la de los ángeles custodios, con

---

[9] Muy probablemente se trata de Luis Sabater, teólogo valenciano fallecido en 1555. Según el repertorio de Vicente Ximeno, *Escritores del reyno de Valencia* (1747), Sabater era doctor en Sagrada Teología, beneficiado y lector de Sagrada Escritura en la Santa Metropolitana Iglesia de Valencia. Es alabado por su "facundia" y por haber formado a muchos discípulos, así como haber escrito en lengua valenciana un manual para confesores (I: 126-27). Por el contrario, Franco Meregalli sostiene que el Maestre Zapater sería el nombre simbólico de un artesano y, por consiguiente, ha de tomarse como un intento de reconciliación con la burguesía después de la traumática represión de las Germanías (66-67).

[10] Antoni Tordera, en el estudio "Drama i Estratègies escèniques en *El Cortesano*" que precede a la edición moderna, nos indica que esta interpolación teológica, así como otras posteriores, se deben al "nou context que proporciona Felip II, durant la fase final de redacció del llibre" (n. 17, 116). Ines Ravasini argumenta de una forma muy convincente que precisamente este contraste entre el tono elevado de Zapater y la actitud lúdica de los juegos de palabras, dobles sentidos de los cortesanos, etc. constituyen una prueba más de la profunda revisión y ampliación del contenido de *El Cortesano* en un momento próximo a su publicación. Con ello, el texto final estaría más acorde con la nueva realidad de la España moderna que exigía a la corte despojarse del idealismo y la teatralidad para asumir su responsabilidad pública ("Crónica social" 85-89).

[11] A este respecto, el CORDE nos da referencias interesantísimas acerca de los poderes de las hierbas recogidas en el mes de mayo. Entre los muchos testimonios, en el *Tratado breve sobre la maravillosa obra de la boca* de Francisco Martínez de Castrillo publicado en 1570. Uno de los remedios incluye "rayzes de malvas cogidas por mayo." Real Academia Española: Banco de datos (CORDE) [en línea]. *Corpus diacrónico del español.* <http://www.rae.es> [29 de abril de 2012].

los que colaboran para que los hombres logren la salvación. Así, mientras los ángeles trabajan "alcançándonos gracias para yr al cielo," el Sol y la Luna añaden a la labor de los ángeles "los effectos que hazen por sus influencias, y las inclinaciones que dan a quien debaxo su curso nasce."

Zapater sigue su argumento con un ingenuo y algo tosco corolario de la célebre "segunda vía" de Santo Tomás de Aquino para la demostración de la existencia de Dios. Según la explicación del escolástico, Dios es la "causa eficiente primera" de todas las cosas, pues es la única realidad "incausada." Es decir, Dios es la única realidad completamente autónoma, no originada o dependiente de ninguna otra para su subsistencia. De ello se deduce que todas las demás realidades –que sí son causadas– han de depender de esta primera en una forma u otra. Por ello, el maestre Zapater cierra su razonamiento arguyendo que pues "la primera causa sólo es Dios, de quien proceden todas las segundas causas que son las criaturas," también las fiestas de mayo, han de proceder de Dios ya que es evidente que no son realidades "incausadas."

Finalmente, y para cerrar tan largo y farragoso discurso, concluye con un razonamiento más propio de Perogrullo, que se resume en decir que las fiestas de mayo son cristianas porque Dios está en el origen de todas las cosas y el único Dios verdadero es el cristiano. Por ello, siendo ya cristianas, concluye con que, además, "para ser cathólicas estas alegrías, han de ser dando gracias a quien las da, que es nuestro señor Dios, de quien todas las criaturas proceden y son hechas" ([Z6r]; 552). Así, las fiestas de mayo son bautizadas simbólicamente y la fiesta pagana queda justificada, "limpia" en su origen, e incluso santificada, pues se convierte en una oportunidad de plegaria agradecida a Dios.

Evidentemente, la tosquedad de este razonamiento invita, cuando menos, a sospechar que el autor de semejante argumentación no fuera en realidad el famoso y fino teólogo valenciano que, según Vicente Ximeno, era este doctor en Sagrada Teología. Casi con toda seguridad sería el propio Luis Milán quien, para sortear posibles críticas a esta fiesta e incluso a la corte valenciana, decidiera excusar y cristianizar la celebración. Para reforzar esta suposición tenemos indicios tanto dentro como fuera de este libro. Ya en otro momento anterior de este mismo *Cortesano*, y precisamente en un soneto dedicado a una "hermosa maya," el poeta se muestra enamorado y protesta porque una muchacha –la maya– posee unas "extrañas yerbas" de propiedades mágicas –como las que menciona Zapater– y, aunque las utiliza para sanar el mal de amores de todos sus pretendientes, el efecto de estas plantas sobre el poeta es el opuesto,

> Hermosa maya, llena de mil flores
> y estrañas yervas de propiedades.
> Sanáys con ellas mil enfermedades,
> que de miraros sanan amadores.
> Y a mí no sanan, d'estos mis dolores,
> que yervas fueron vuestras crueldades
> que entossicaron nuestras voluntades:
> la vuestra y mía para desamores.
> La vuestra hizieron de ponçoña llena,
> que emponçoñada voluntad se muestra.
> La mía siento d'esto entossicada,
> y aunque stá siempre para amaros buena,
> va muy doliente, por no verse vuestra,
> que'l rostro muestra voluntad dañada. (V4r; 496-97)

La influencia de los astros no se limita a potenciar propiedades mágicas durante el mes de mayo, sino también, como se explicó antes, juegan un papel importante en el comportamiento y la salvación de los hombres. Luis Milán hace su primera referencia a la influencia astrológica sobre los hombres en una publicación anterior a *El Cortesano*. En el prólogo de su primer libro, *El Maestro* (1535-1536), dedicado al rey don Juan de Portugal, Milán explica su entrega a la música aclarando que fue realmente su estrella la que inicialmente le inclinó hacia este arte y que su oficio de músico es, por tanto, el destino natural de su talento.

> El muy famoso Francisco Petrarca dize en sus sonetos y triumphos que cada uno sigue su estrella, con estas palabras: "Ogniun seque sua estella," afirmando que nascemos debaxo de una vida estrella a la qual somos sometidos por inclinación ... Y que esto sea verdad, en muchos se vee, y en mí lo he conocido, que siempre he sido tan inclinado a la música que puedo afirmar y decir que nunca tuve otro maestro sino a ella misma [la naturaleza]. (A3r)

El testimonio de Luis Milán, junto con la burda construcción del razonamiento basado en el tópico de que los astros inclinan, pero no obligan –las estrellas impelen, pero no compelen– que se atribuye al maestre Zapater, unido a la sospecha de Antoni Tordera ("Drama i Estratègies... 116") de que la fase final del libro debió de escribirse ya bajo el reinado de Felipe II o, al menos, en un contexto social menos abierto que el correspondiente a 1535, apuntan de forma convincente a Luis Milán como el verdadero autor del sermón teológico para escapar la crítica en el momento de la publicación de su libro un cuarto de siglo después de la fiesta.

Con la celebración de mayo ya hecha cristiana por Zapater, los cortesanos del duque de Calabria y doña Germana descienden al jardín para contemplar la escenografía preparada para la ocasión. Al instante de pisar el jardín, los del mayo entran cantando a imitación de como se hace en Italia y todos los cortesanos se ven obligados a subir de nuevo las escaleras para ver mejor la procesión de músicos en lo que resulta una divertida escena para el lector que ve la forma en que se suceden las subidas y bajadas del palacio al jardín. Escena que habrá de repetirse una vez más cuando, al término de la procesión del mayo, tiene lugar un nuevo regreso al jardín para tomar parte en la "Aventura de la fuente del deseo."

En este juego-aventura, cada uno de los miembros de la corte ha de expresar sus deseos amorosos delante de una fuente sobre la que se encuentra un hombre haciendo las veces de Cupido. Si éste aprueba los deseos de los cortesanos, entonces dejará que corra el agua de la fuente para que el peticionario se acerque a beberla. Si los rechaza, entonces la fuente permanecerá seca en espera del siguiente cortesano.[12] Inexplicablemente, todos los cortesanos y damas de palacio –incluidos el señor duque y la propia reina Germana– fracasan en su intento por lograr el premio. Es entonces cuando, para sorpresa de todos, llega un enigmático caballero errante que se hace llamar Miraflor de Milán, detrás de cuya identidad se esconde Luis Milán. Le acompaña un soldado rival denominado "Deseo," con el cual ha de disputar el agua que vigila Cupido

---

[12] Aventuras de este tipo eran muy comunes en la literatura caballeresca y en las cortes de la época. Castiglione (III, §54; 417; vid. nota correspondiente) menciona la aventura del "arco de los amantes" –*l'arco dei leali innamorati*– del *Amadís de Gaula* de García Rodríguez Montalvo. Cuenta la historia que en lo alto de este arco se encontraba la estatua de un caballero con una trompeta que hacía sonar de un modo horrible cuando pasaban amantes desleales, y de forma armoniosa cuando los que pasaban eran amantes sinceros.

y, en caso de lograrla, deberá dar de beber a todos los que se habían congregado en palacio aquel día.

En esto consiste, *grosso modo*, la fiesta conmemorativa del mes de mayo en el palacio valenciano. Evidentemente, el fasto de las celebraciones de la corte virreinal no puede compararse con el lujo de aquella que hemos visto organizara Enrique VIII. No obstante, ambas cortes comparten un espíritu e intención similar: deslumbrar a los presentes mediante la cuidada adaptación de una celebración popular y, asimismo, en ambas se inserta la parte más folclórica de la celebración dentro de una continuidad festiva de exaltación del amor. Los instrumentos elegidos por el duque de Calabria para divertir a sus cortesanos parecen ser, dentro de sus posibilidades, los mismos que empleara el monarca inglés: el dominio de la naturaleza, la esmerada ejecución musical para acompañar la fiesta,[13] y un colofón de tipo caballeresco que eleve la rusticidad original a la altura de un festejo cortesano.

La fiesta valenciana se organiza en torno a dos principios: la recuperación del ideal italiano y el anhelo caballeresco. El primero es satisfecho por Luis Milán y los cantores del duque gracias al concurso de los *maggi* italianos; el segundo se lleva a cabo mediante una aventura al uso de las novelas de caballerías. En este caso se trata de un lance con el que probar la pureza del corazón frente a la fuente del deseo. Curiosamente, tal y como ya ocurriera en el juego descrito por Luis Milán en su soneto al "árbol d'amor," al transformar la clásica aventura caballeresca para la corte virreinal, el músico y poeta valenciano opta por equiparar la participación de las damas y los caballeros.

Arranca entonces todo el aparato festivo con unas palabras en las que el duque conmina a sus cortesanos a acudir a esta celebración pidiéndoles "baxemos a la huerta, que mis cantores quieren hazer la fiesta del mayo que hazen en Ytalia" (Z5r; 549). Una vez los cortesanos han llegado al jardín de palacio se encuentran en un

---

[13] En el caso de Enrique VIII, el dominio de la naturaleza y la ejecución musical irían de la mano, pues en ésta última colaboraría el canto de numerosos pájaros encerrados en grandes jaulas como era habitual entonces. Para la importancia de los pájaros cantores en los jardines renacentistas, véase el capítulo dedicado a la cría de ruiseñores en Gregorio de los Río, *Agricultura de los jardines* (1592). De acuerdo con este texto, la cría de ruiseñores y buen cuidado de estos pájaros es tan importante para el diseño y disfrute del jardín como lo pueda ser la distribución de plantas aromáticas o la armonía cromática de las distintas flores.

paraíso imaginario compuesto de elementos naturales cuidadosamente manipulados para que el espacio, aun siendo natural, sea también recreación poética de la voluntad de los virreyes e impregne el lugar de un ambiente mágico capaz de subyugar a la corte. Con tal objetivo, la naturaleza se arregla siguiendo modelos del *ars topiaria* –ya habitual en la escenografía italiana del drama pastoral (Pieri 501-02)– y se consigue mostrar un espacio natural que refuerza la autoridad simbólica del duque como hombre capaz de domeñar la naturaleza a su antojo para recrear una suerte de paraíso terrenal y alegórico con que proporcionar un rato de solaz a su corte.

En el siglo XVI, el jardín era fundamentalmente un lugar de recreo en el que las plantas y hierbas olorosas se organizaban en geométricos arriates, alrededor de las fuentes, con setos recortados para crear las más interesantes esculturas o dibujar imágenes aprendidas del ejercicio del *ars topiaria*. Covarrubias, en la definición de la voz "jardín" en el *Tesoro*, alaba este ejercicio de la siguiente forma:

> Ay algunos [jardines] tan primos que de yervas y flores hazen ricos quadros, y en ellos esmaltan y pintan letras y armas. Hazen de arrayán y de murta y romero y otras matas castillos, naves, hombres armados y diversos animales, afeitando las matas y guiándolas a su propósito; y esta habilidad se llama arte topiaria.

Los jardines del Real Valenciano tenían una larga tradición y merecida fama. En 1560, un año antes de que viera la luz el texto de Luis Milán, el rey Felipe II hizo que se trajeran a su palacio de Aranjuez naranjos y limoneros de la huerta del Real valenciano y, andando el tiempo, más de 6000 plantas procedentes de este palacio acabarían en los jardines de Aranjuez, con lo que no es exagerado afirmar que gran parte de estos famosos jardines madrileños tienen su origen en los valencianos. No fue éste el único jardín que se benefició de las plantas valencianas pues, además de surtir a Aranjuez, también se enviarían semillas y esquejes a otros importantes jardines napolitanos, y aún a los que rodean el Alcázar de Sevilla. La importancia del jardín del palacio valenciano es de tal envergadura que los investigadores Juan Armada e Inmaculada Porras (29-30) afirman que, al menos en 1599, cuando Felipe III casó con su prima Margarita de Austria, éste era probablemente el jardín que mejor ejemplificaba el ideal descrito por Covarrubias. Un buen testimonio de su riqueza lo podemos encontrar en la *Relación de Fies-*

tas de Valencia por el casamiento de Felipe III que Juan Armada e Inmaculada Porras recogen en su estudio. Según esta relación,

> [e]n dicho jardín había cuadros plantados con hierbas aromáticas en los que se dibujaban diferentes escudos ... En medio de este delicioso jardín había numerosos paseos que describe con detalle. Algunos estaban rodeados de setos de murta o arrayán de mediana estatura, sobre los cuales se disponían ordenadamente numerosas figuras –realizadas igualmente en mirto– de personas y animales que simulaban estar vivos. (29-30)

El jardín o huerto al que bajaron los cortesanos del duque sería, sin lugar a dudas, muy distinto, pero ya entonces era un espacio cuidadosamente preparado al gusto florentino del virrey que destacaba por el esmerado tratamiento de la luz de las velas de cera que traslucía detrás de las vidrieras de colores para crear un efecto mágico que Luis Milán describe minuciosamente al lector:

> Estava un cielo de tela pintado tan natural, que no parescia artificial, con un sol de vidrio como vidriera, que los rayos del otro verdadero davan en él, y le hazía dar luz, no faltando estrellas que por subtil arte resplandecieron a la noche. Debaxo del havía una bellíssima arboleda, con unos paseaderos de obra de cañas cubiertas de arayán, y entre ellos, unas estancias en quadro hechas de los mesmo. Y en medio deste edificio stava una plaça redonda arbolada al entorno de cipreses con assentaderos, donde estava una fuente de plata, que sobre una columna tenía la figura de Cupido. ([Z6r-Z6v]; 552)

Fernando Checa Cremades (74), y siguiéndole a él, otros investigadores como Consuelo López López y José González Negrete (97), y Antoni Tordera (149) han visto en el efecto dramático causado por el uso de la luz y la geometría del jardín, una semejanza con algunos de los grabados que pueden verse en las ediciones de *El sueño de Polífilo* (1499) de Francisco Colonna.[14] Los dibujos de edi-

---

[14] Lo cierto es que, aunque todos ellos muestran el libro de Fernando Checa como la primera referencia que conecta el huerto del Real de Valencia con los jardines descritos por Francisco Colonna, el historiador del arte únicamente compara esta fiesta del mayo con las que narra el italiano. De la celebración valenciana Checa tan sólo dice que "recuerda vagamente las fiestas que F. Colonna narra en su *Hipnerotomachia Poliphili*" (74), pero sin entrar en ningún tipo de detalles.

ficios fantásticos de corte clásico del críptico libro italiano tuvieron, efectivamente, una gran influencia en la ejecución de arquitecturas efímeras durante el Renacimiento y fueron una fuente constante de inspiración para numerosos diseños de jardines incluso para la época postrenacentista y manierista, llegando sus ecos hasta los jardines de Versalles (Añón Feliú 82). En concreto, el ambiente creado en el jardín de los virreyes con la fuente de plata y la figura de Cupido sobre una columna situada en mitad de una plaza redonda se ha relacionado con las descripciones y los grabados del "Jardín de Venus de la isla de Citérea" impresos en el libro de Colonna. Consuelo López López y José González Negrete hacen la comparación de la siguiente forma:

> ambos [el jardín del duque y el de Venus de la isla de Citérea] participan de una forma estructuralmente cerrada, pero abierta y comunicada entre sí por pasadizos con una ordenación regular y lógica, formando cuadrados y un círculo central con la fuente. Las estancias cuadradas de "boj" y los "passeadores de obras de cañas cubiertas de arrayán," con los asientos entre cipreses, crean [en la huerta del duque] el marco idílico similar al representado en los grabados de Colonna. (97)

No obstante la semejanza, resulta quizá aventurado establecer cualquier relación entre el libro del *Sueño de Polifilo* y la escena creada en la huerta de los virreyes para celebrar el mes de mayo. En realidad, son demasiadas las arquitecturas –reales e imaginarias– con las que la ambientación lograda en esta fiesta valenciana tiene parecidos razonables tanto estructurales como simbólicos como para poder establecer ninguna dependencia. El jardín de la "Fuente del Deseo" descrito por Luis Milán guarda ciertas semejanzas con una variedad de espacios idílicos igualmente propicios para que el Amor siente plaza. Un primer ejemplo podría encontrarse en el quinto diálogo del *Tratado de amor cortés* (ca. finales del siglo XII) escrito por Andrés el Capellán a petición de la condesa María de Champaña y fechado, literariamente, en el primero de mayo. Según la historia titulada "Un noble habla con una mujer" (56-58), el noble que quiera conseguir el favor de una dama, ha de hablarle de sus amores y si ésta se negara a escuchar sus cortesías, entonces puede tratar de convencerla mediante una pequeña treta, como la de fingir haber tenido una visión de la "corte de Amor." Esta aparición ha de presentarse como una visión en la cual la corte de Amor estaría dispuesta en tres círculos concéntricos en mitad de un prado. En el centro de todos ellos, según la exposición del capellán, se dice que hay una fuente cuyas aguas bañan el primer círculo, humedecen la segunda circunferencia, y el tercer y más externo de los anillos, se mantiene completamente seco.

De acuerdo con esta alegoría, el agua –evidente símbolo del goce amoroso– llega en mayor o menor medida a los "cortesanos del amor" según sus méritos: en abundancia para aquellos situados en el primer círculo, en forma de humedad para aquellos que se encuentran detrás y, por último, le es denegada a aquellos que Amor juzga indignos por haberse negado a su poder.

La descripción física y el significado simbólico de este *locus* del *Tratado de amor cortés* mantienen un gran paralelismo con aquel de la "aventura de la fuente del deseo" en la fiesta del duque. En la aventura valenciana, serán los cortesanos quienes se acerquen a una fuente situada en el centro del jardín para manifestar sus deseos ante Cupido que, en última instancia, también en función de sus méritos, decide si hace brotar el agua o si, por el contrario, deja la fuente seca.

Para complicar aún más la red de influencias textuales y culturales que convergen en la aventura de la fuente del Deseo, ésta podría considerarse también heredera de clásica "prueba del corazón" –o de amor– a su vez, también deudora del "examen de caballeros" típico de la novela bizantina, la caballeresca y pastoril. Sin ir más lejos, no es difícil ver las similitudes estructurales con el episodio de "el agua encantada" de Felicia en *La Diana* de Jorge de Montemayor –impresa en Valencia durante los mismos años en los que aparece este *Cortesano*–,[15] e incluso *Arcadia* de Jacopo Sannazaro. En esta última ocasión, no obstante, la virtud del agua de la fuente de Cupido de la que habla Opico sería precisamente la contraria a la valenciana ya que, a pesar de que ambas sanan del mal amoroso, mientras la fuente italiana lo consigue logrando que el bebedor se olvide de la amada (Prosa novena, 151), la fuente valenciana premia

---

[15] Una antología de su poesía religiosa se encuentra publicada en un mismo volumen con las el poeta de la corte del duque de Calabria, Juan Fernández de Heredia. El diccionario de impresores españoles de Juan Delgado Casado fija esta publicación entre 1547 y 1567. Aunque el título del libro consta únicamente como *Las obras de Montemayor*, recoge obras de devoción de los dos autores con portada y paginación propias. Puede consultarse en la B.N.E. con signatura R/39720.

al amante con un agua que simboliza, precisamente, el disfrute del amor.[16]

Al poner en relación todos estos textos con la preparación que se hizo del jardín del duque y la reina, no es mi intención indicar una filiación entre aquellos y la escenografía ideada por el vihuelista valenciano. En todo caso, la intención es, precisamente, destacar de qué forma la universalidad de símbolos como la fuente, el agua y el huerto, unido a la popularidad de ciertos modelos de organización espacial de los jardines cortesanos del Renacimiento, evocan una abigarrada red de referencias culturales e intertextuales que dificultan la atribución de canales específicos de comunicación de influencias. Así, de igual forma que la inspiración para el arreglo del jardín del palacio del duque de Calabria podría deberse al libro de Francisco Colonna, también podría haberse basado en modelos clásicos de *locus amoenus,* o de *hortus conclusus,* en el *Romance de la Rosa,* o la obra de autores como Andrés el capellán o Jorge de Montemayor. Puede –por qué no– que también fuera simplemente la transpiración de un modelo de jardín renacentista basado en el control, la perfección, la simetría y la sensorialidad como elementos imprescindibles para crear un espacio idílico donde pudieran tener lugar transformaciones alegóricas. Al margen del modelo seguido, es innegable que el huerto de los virreyes participa cultural, estética e ideológicamente de un modo de entender el jardín clásico propio del Renacimiento. Un espacio pensado con el fin de convertirse en el lugar donde los cortesanos puedan entretenerse imaginando las aventuras que han leído en las novelas pastoriles y caballerescas que tanto abundaban en la biblioteca del duque.[17]

De esta forma, como se ha dicho, al poco de que los cortesanos bajaran a este huerto o jardín, comenzaron también a llegar el mayo y un grupo compuesto por los cantores de la capilla musical del duque "con gran música de todo género de instrumentos que tañeron" ([Z7r]; 554). Los cortesanos, para ver mejor la procesión, se

---

[16] En *El Cortesano* de Luis Milán, la propiedad de hacer olvidar a la dama, en lugar de concedérsela al agua de la fuente, como en la *Arcadia* de Sannazaro, se le atribuye en un soneto a una "yerva" que él denomina "sanadores" ([V8r]; 506).

[17] En el *Inventario de los libros de don Fernando de Aragón* se encuentran, entre otros, los siguientes registros: 645. *Los cuatro libros de Amadís,* 657. *Orlando furioso,* 659. *Palmerín de Oliva,* 662. *Don Leonís de Grecia,* 664. *Lucidante de Tracia,* 665. *Las Sergas de Esplandián.* Además, de *Don Claribalte* que Gonzalo Fernández de Oviedo le dedicó al duque.

apresuran entonces a subir la escalinata que unía el jardín cruciforme –donde se había dispuesto el aparato escénico– con el palacio y, desde ahí, asomarse "a las ventanas para ver la entrada d'ellos."[18] Delante de todos los músicos cabalgaba el *gonfaloniere selvagio* con un estandarte de seda verde y bordados de flores mientras los cantores del duque entonaban una variación de la famosa balada de Angelo Poliziano compuesta para celebrar el inicio del mes: "Bien venga el magio, el confaloner selvagio..."[19]

El *gonfaloniere selvagio*, representante de los bosques, se identifica a sí mismo ante los presentes como "el mayo, hijo de naturaleza humana, representador del plazer" ([Z7v]; 554), y se hace acompañar de tres cantores de la capilla del duque vestidos como ninfas para esta fiesta. La primera de ellas, una ninfa oreades, justifica su presencia en el jardín de la siguiente manera:

> Yo soy la nimpha de los montes [ninfa oreades], que habito en el monte Olympo, que stá en la Grecia, de quien muchas nasciones contaron el tiempo porque los griegos hazían unos juegos en él [en el monte] de quatro en quatro años, que principiaron en el año CCCC y VI después de la destrucción de Troya y los romanos, de cien en cien años hazían sacrificios en el, que por ser más alto que las nuves y los vientos siempre hallavan ceniza, de los cien años passados como las dexavan. ([Z7v-Z8r]; 555)

Las otras dos, una náyade –correspondiente a los cuerpos de agua dulce, como la de esta fuente–, y otra alseides –o ninfa de las

---

[18] Antoni Tordera (146-47) nos informa de que el duque, al proponer bajar a la huerta, de entre todos los espacios verdes que rodeaban al palacio, probablemente hiciera referencia al jardín cruciforme (con las "estancias en quadro") ubicado en el ala noroeste, y al cual se accedía a través de una escalinata que venía a caer directamente sobre este jardín. Esta hipótesis permitiría explicar cómo los asistentes, después de haber bajado y contemplado el aparato escénico y las reglas del juego, pudieron subir rápidamente a las ventanas para ver la llegada de los músicos.

[19] La balada a la que nos referimos es aquella canción de mayo que comienza

> Ben venga maggio
> E 'l gonfalon selvaggio:
> Ben venga primavera
> che vuol l' uom s' innamori.
> E voi, donzelle, a schiera
> con li vostri amadori,
> che di rose e di fiori
> vi fate belle il maggio.
> (Poliziano *L' Orfeo...* 295-97)

florestas– justifican su presencia en el jardín valenciano en términos similares a la primera. Tras sus presentaciones, tanto el mayo, como las ninfas se retiran y da comienzo la aventura de la fuente del deseo. Para lograr el éxito en esta prueba, las damas y caballeros habrán de levantarse de su "assentadero"[20] y enfrentarse a la fuente del deseo. La fuente propiamente dicha está hecha de plata, pero sobre ella se alza una columna en la que descansa un personaje que hace de Cupido. Los caballeros y las damas de palacio habrán de manifestar sus deseos amorosos ante esta fuente, bien mediante enigmáticos motes o, por el contrario, de manera clara y directa. Después de cada intervención, Cupido juzgará el deseo del amante para, finalmente, darle el premio del agua o, por el contrario, mantener la fuente ciega.

La unión en un entretenimiento único de la fiesta de la llegada del mayo, el juego de la fuente del deseo y la disputa entre Miraflor de Milán y el Deseo que vendrá después es posible gracias a la vinculación de todas ellas con el valor mágico que se da a algunas fuentes y manantiales en la tradición folclórica,[21] y después adoptada repetidamente en la literatura tanto pastoril como caballeresca. De esta manera se consigue escenificar una prueba de "pureza de corazón" en la cual, mediante un divertido y equívoco juego, las damas y los caballeros deben hacer uso de su ingenioso verbo –armas con las que los cortesanos han de mostrar, una vez más, su cortesía– para vencer en complicados juegos de palabras en los que se aúnan

---

[20] En la copia parcial y manuscrita de este libro que hizo Francisco Asenjo Barbieri, anotaba cómo le llamaba la atención "el gran adelanto del habla castellana en la época citada, y los progresos ortográficos tanto más notables si se considera que el libro fue compuesto por un valenciano e impreso en Valencia, donde siempre ha dominado el dialecto suyo particular derivado del lemosin" (131-32). La aparición de estos "assentaderos" –por "asentaderos"– es, efectivamente, una de las pocas irregularidades ortográficas que encontramos en el texto de Luis Milán. No obstante, el siglo XVI valenciano es referido habitualmente por historiadores como el de la pérdida de la lengua autóctona en favor de la castellana, fundamentalmente en las clases altas. Uno de los primeros documentos oficiales que se redactó en castellano fue precisamente un indulto concedido por Germana de Foix a los peraires a fines del 1524 (Bosch Cantallops 227).

[21] Hemos visto ya algunos ejemplos literarios, pero según E. Hüber, *Corpus inscriptionum latinarum.* vol. 2. "Inscriptiones Hispaniae Latinae:" 509, núm. 3786, muy cerca de donde tienen lugar estos juegos cortesanos se encuentra una de las fuentes más antiguas dedicadas sacralmente a una ninfa en España, y a la que desde la época romana se le atribuían ciertos poderes mágicos (tomado de Julio Caro Baroja 196).

lo cortesano-amoroso y lo mágico-caballeresco, con resultados similares a las justas y torneos de motes (Capítulo 4).

El duque califica este juego de "aventura" e incluso, hiperbólicamente, llega a compararla con el viaje que hiciera Julio César a la isla de Rodas para estudiar retórica con Apolonio el astrólogo (a1r; 557-58). Esta asociación de los estudios de retórica con una aventura de tipo caballeresco resulta muy significativa para comprender la esencia del *ethos* cortesano que se propone en el libro de Luis Milán. En el elogio al juego caballeresco organizado en su jardín, el duque prefiere pasar por alto las muchas hazañas militares del Julio César, para proponer como ejemplo el "viaje de estudios" del emperador romano a Rodas para perfeccionar sus conocimientos de retórica. De esta manera, este juego viene a presentarse como ejemplo ideal de las actividades en las que debe recrearse el caballero cortesano. De acuerdo con lo que ya hemos visto, para Luis Milán, el nuevo Marco Curcio, es decir, el representante de los ideales de la sociedad, si quiere ser perfecto, "deve de ser cortesano, que es en toda cosa saber bien hablar y callar donde es menester" (A2r; 176). Los otrora frívolos juegos de mayo de esta huerta han sido, primero, bautizados por el maestre Zapater y, ahora, elevados a la altura de las mayores gestas clásicas y, el duque, consiguientemente, puesto a la par del emperador, Julio César.

La prueba a la que habrán de someterse los cortesanos en el jardín del Real Valenciano consistirá precisamente en una demostración de entretenida pirotecnia lingüística para la que no se escatimarán esfuerzos: juegos de palabras, dobles sentidos, insinuaciones veladas, motes, adivinanzas, y todo el arsenal de ingenios lingüísticos necesario para que las damas y los caballeros puedan expresar cortesanamente sus deseos y fantasías amorosas.

En la tradición folclórica universal, el agua posee una dilogía simbólica por la cual, de igual forma que está asociada con el goce sexual, también lo está con la purificación de las pasiones y la limpieza del alma; sentido éste que la teología sacramental cristiana aprovecha para hacer de ella "materia necesaria" del bautismo. Este marchamo sacramental concederá al agua aún mayor protagonismo en ceremonias y rituales que, aunque de origen pagano, han sido cristianizados simbólicamente. Esto hace del agua un signo complejo e incluso contradictorio en más de una ocasión. Esta situación de confusión semiótica es un hábitat sin parangón para que las afiladas lenguas de nuestros cortesanos empiecen a cortar palabras, coser motes y doblar sentidos con que componer el juego cortesano.

Luis Milán se hace eco de las contradicciones simbólicas que parecen acompañar al agua cuando ésta se relaciona directamente con Cupido y con el modelo amoroso que representa. En la aventura de la fuente del deseo, Cupido es, de un lado, descrito en sintonía con las interpretaciones más críticas de la mitografía moralizante pero, a pesar de ello, el músico valenciano le entrega el poder sobre la felicidad de todos los integrantes de la corte.

Si tomamos una cierta distancia y consideramos otras apariciones del dios del amor en *El Cortesano*, su valoración en esta obra se torna aún más confusa. En la "Aventura del Monte Ida" ya vimos que Miraflor de Milán –alter ego de Luis Milán– se convierte en heraldo de Cupido y recibe como primer encargo partir hacia Valencia para restaurar el honor de su emisario ya que una efigie suya había sido ahorcada en una justa reciente ([M8v]; 372-73). Miraflor cumple con su encargo y se presenta ahora en el jardín del duque dispuesto a lograr el agua de la fuente del deseo y restaurar así el honor de Cupido.[22]

Sin embargo, el lector también ha podido leer en otros lugares del libro la escasa simpatía que Luis Milán y Cupido se tienen mutuamente. En el soneto del "árbol d'amores" que se discutió al comienzo de este capítulo, los pastores y pastoras acuden a probarse una guirnalda de flores que pendía del "árbol d'amor" y Luis Milán, animado por Amor, decidía entonces probarse en aquella aventura. Al tratar de ceñirse la corona de flores, éstas se secaron al instante, lo que, indefectiblemente, ha de considerarse un desgraciado augurio para su futuro amoroso. La opinión de Luis Milán sobre Cupido es, en consecuencia, y como no podía ser de otra manera a tenor de los distintos textos, ambivalente. De un lado, su *alter ego*, el caballero errante Miraflor de Milán, es el campeón del dios del amor en el Monte Ida y su mensajero en la aventura de la fuente del deseo. De otro, cuando Luis Milán conserva su identidad cortesana, no hace sino recibir los desdenes y chazas del dios burlón. Su frustración con Cupido es tal que le lleva a dedicarle el siguiente des-

---

[22] Ha de recordarse que ya en la "Aventura del Monte Ida" ([M4v-N1v]; 365-74), Miraflor de Milán, después de vencer a los caballeros que las custodiaban, logró beber de sendas fuentes mágicas de las que manaban el agua de la hermosura, de la ciencia y del amor.

carnado vituperio en tercetos de soneto de cuyo significado –para
que no quepa duda– el valenciano incluye después en una explicación o "declaración" para que todo el mundo quede avisado:[23]

¿Sabéys quién es el dios d'amor nombrado?
Tené por fe qu'es nuestro mal desseo
por dessear desvergonçadamente.
Desnudo va quien es desvergonçado.
No le creáys, que no's Dios, ni lo creo;
que lo qu'es Dios no reyna malamente.

Declaración de dichos versos: Con gran curiosidad he sacado en
limpio quién podía ser este Cupido, nombrado dios de amor de
la mentira y pintado como le véys de la verdad. Y hallaréys que
en los enamorados viciosos es nuestro desseo, que por dessear
desvergonçadamente le pintan desnudo como a desvergonçado.
Y ciego, pues lo son todas sus cosas. Y con armas para hazer mal,
pues siempre lo haze, que quanto más da plazer no stá sin dar pesar. (F4r-[F4v]; 264-65)

En el aspecto visual, el Cupido que Luis Milán pone en lo alto
de la fuente en la "Aventura del deseo" sigue la habitual iconografía
renacentista, con la única excepción de que la antorcha de la mano
izquierda se ha cambiado por un ramo de flores, seguramente como
apelación al mes de mayo que se celebra. De otra parte, en la mano
derecha porta un guión real a modo de bandera con un mensaje relativo al entretenimiento que preside. La totalidad de la figura que
verían los cortesanos quedaría entonces de la siguiente forma:

Tenía en la mano yzquierda un ramo de flores y en la mano derecha un guión real, con una plancha de oro por bandera, con estos
versos en ella, que muestran, moralizando, a Cupido quién es:

El muy grande niño de muchos señor,
desnudo con alas y nunca cansadas,
con arco y saetas de plomo y doradas,
quien yerra le llama el gran dios d'amor.

---

[23] El soneto completo se encuentra al comienzo de la segunda jornada (F1r;
258-59) para después ir dividiendo sus cuartetos y tercetos para explicarlos deteni-
damente ([F1v-F4v]; 259-65), hecho que no carece de interés para el estudio de la
recepción cortesana de las formas italianas (vid. Capítulo 4).

> ¿Sabéys quien es este de tanto valor?
> Cupido se dize y es nuestro desseo,
> que cuando codicia d'amor lo más feo
> pierde lo bueno y es todo dolor.
> Entonces, desnudo, muy desvergonçado,
> razón le contempla y muchos le pintan,
> sin ver, pues no vee, qu'es mal desseado
> bolar con dos alas de vicio malvado
> y voluntad mala que el bueno despintan.
> El arco su fuerça primero nos tira
> saeta dorada que toma de grado,
> las otras de plomo después que á tomado
> penando las siente quien ama en su yra. ([Z6v-Z7r]; 553)

Los versos escritos en esta bandera, así como también los del vituperio de Cupido, desgranan punto por punto el significado moralizante de cada uno de los elementos de la corriente mitográfica interpretativa iniciada por Propercio, pero que aún tenía gran vigor en la literatura y arte de la Edad Media y el Renacimiento. De esta manera, observa Panofsky (*Studies* 104-09), el aspecto de "grande niño" simboliza la irracionalidad de los amantes; la desnudez representa la carnalidad y desvergüenza del amor que propone; las alas –"nunca cansadas"– hablan de la volubilidad de los sentimientos que van de uno a otro lado sin asentarse de forma definitiva sobre nadie y, las saetas –doradas para despertar el amor y de plomo para extinguirlo– tienen como destino último herir el alma humana. Para concluir, la imposibilidad del personaje para ver –ya porque tenga los ojos cubiertos, ya porque no sean útiles– es imagen de la ceguera moral causante del pecado que preludia.

Aun así, este mismo Cupido es el encargado de juzgar los deseos de unos cortesanos, e incluso los de los propios virreyes. Todos ellos se esfuerzan en vano en que el agua mane de la fuente, pero el dios del amor, a pesar de las repetidas peticiones de los cortesanos, la mantiene seca, como si de una repetición del infortunio de Luis Milán en el soneto del "árbol d'amor" se tratase. Igual que entonces, el intento por alcanzar el premio es ridiculizado por el dios y a la humillación que eso supone se suman las risas y burlas del resto de los cortesanos. A ello se ha de sumar la protesta –cortesanamente sobreactuada– de los cónyuges que ven en la falta de agua en la fuente un testimonio contra la fidelidad y el amor de su pareja.

En las más de las ocasiones, los deseos expresados por los caballeros y las damas no son sino inocuas bromas relacionadas, efectivamente, con la fidelidad conyugal y los celos; temas, por tanto, habituales y propicios para el solaz de una corte renacentista. Así, por ejemplo, leemos lo que le ocurrió a Pedró Mascón cuando se puso delante de la fuente para declararle su deseo:

> Pedro Mascón y la señora doña Castellana, su muger, llegaron a provarse [en la fuente], y dixo el marido:
> —Yo desseo nunca ser olvidado de una valenciana y castellana que quando más y más las miro, más sospiro.
> Y provó a bever del agua y secóse... ([a2v]; 561)

Después, su mujer, de nombre Castellana de Bellvis, y natural de Valencia, le pregunta enojada quiénes son aquellas dos mujeres de Valencia y de Castilla en cuya memoria quiere estar siempre. Pedro Mascón, su esposo, le responde:

> Mirad quanto ciegan los celos que os havéys desconoscido, pues nombrandos yo valenciana y castellana, que soys vos, os havéys hecho celosa, pensando que fuessen dos. Picado havéys, no lo neguéys. (a3r; 562)

La inocencia, e incluso ternura, de la broma de Pedro Mascón, sin embargo, no recibe el esperado premio del agua de la fuente y, de forma inexplicable, este amor conyugal sincero y —para ser más cortesano— bienhumorado, recibe la misma sentencia que los deseos licenciosos de otros cortesanos, lo que parece venir a confirmar el juicio de Propercio sobre la irracionalidad de Cupido en sus decisiones. Dentro del espectro del amor cortesano que se expresa en este juego, en el extremo contrario al del matrimonio de Pedro Mascón y Castellana de Bellvis se podría situar el de Francisco Fenollet y Francisca. Éstos, cuando por fin les llega el turno de sincerarse delante de la fuente, sus deseos acaban por derivar en una acalorada discusión causada por una imprudencia del caballero:

> [Dice Francisco] Yo quiero provar en qué parará un desseo que tengo, y es si he de comer un higo que me hazen en una relogía.
> Y queriendo bever del agua, se le secó.
> Dixo la señora doña Francisca, su muger:

> –Yo conozco la higuera d'esse higo, que por esto vos sacastes en las cañas papahigo,[24] y no le paparéys. (a2r-[a2v]; 560)

Las palabras de Francisco Fenollet expresan públicamente, y casi sin velo alguno, su deseo por una mujer, y probablemente de clase baja, mediante la popular metáfora de "comer un higo." Esta alusión, que por bien conocida no podía ignorar su mujer, causa su merecido enojo y airada respuesta en la cual le hace saber que está al tanto de sus infidelidades, y que incluso conoce bien a la mujer –la "higuera"– cuyo fruto quiere "papar," por lo que le augura un sonado fracaso, pues ella le ha reiterado que, por mucho que Francisco Fenollet lo intente, "no dexa cogerse" ([a2v]; 560).[25]

Pero si la metáfora del "higo" y la "higuera" no son difíciles de interpretar para el lector, resulta más complicado descifrar el significado del término "relogía," lugar en el cual Francisco Fenollet piensa "comer el higo," pues no aparece en otros textos de la época. Es posible que el vocablo fuera una derivación del francés "reloger," o casa de realojamiento, que sí aparece en la época comúnmente como un lugar en el que se ejerce la prostitución. No obstante, a la espera de mejores pruebas que establezcan una relación cierta entre un término y otro para explicar el significado de la "aventura" de Francisco Fenollet, ésta no es sino mi mejor conjetura.

Así, unos tras otros, de una forma más inocente o menos, todos los caballeros y las damas de palacio pasan por delante de la fuente para sincerarse en sus cuitas y deseos amorosos, y todos acaban con idéntico resultado: la falta de agua por la arbitraria decisión de Cupido. El éxito de la aventura –y del entretenimiento auspiciado por

---

[24] El papahigo (o papafigo: de papar y figo) es un pájaro de vistosos colores que se alimenta de insectos, frutas y, sobre todo, higos. El macho tiene la cabeza y el torso amarillos, mientras que el pico es bermejo. Por él podría tomar su nombre también una pieza de ropa que cubre la cabeza y la cara dejando al descubierto los ojos. Francisco Fenollet, se presentó en la montería de la primera jornada de este *Cortesano* con "vestidos de monte, con ropas y monteras de terciopelo amarillo ... y el mote decía: Sus ojos son predederos / que los míos aprendaron / amarillo me dexaron / como pude meresceros" ([B2v]; 193), y de ahí la comparación.

[25] La existencia de esta conversación entre doña Francisca y la mujer, unido al disfraz de papahigo que llevó Francisco Fenollet, parecen una razonable indicación de que la mujer por la que nuestro cortesano suspirase no andara muy lejos de su círculo, e incluso pudiera ser que se tratase de una de las damas o de las criadas de palacio.

el duque– se encuentra así camino de convertirse en una decepción. Es entonces cuando entra en escena el enviado de Cupido, el caballero Miraflor de Milán, para enfrentarse al "Deseo" y, de esta forma, lograr el triunfo para la corte que presiden don Fernando de Aragón, duque de Calabria, y su esposa Germana de Foix.

EL CABALLERO MIRAFLOR DE MILÁN Y EL SOLDADO DEL DESEO

El fracaso consecutivo de todos los miembros de la corte para conseguir que Cupido deje correr el agua de la fuente amenaza con echar por tierra el carácter festivo de la celebración. Sin embargo, cuando ya parece que toda esperanza está perdida y ya no queda ninguna otra dama o cortesano por probar su corazón frente a Cupido –juez de este paso–, aparecen dos nuevos personajes en el huerto del Real valenciano. El primero es un caballero "armado de cuerpo, con unas muy ricas armas llenas de flores esmaltadas sobre planchas de oro de martillo, y en un chapeu que trahía, una red de oro colgava, que su rostro le atapava y este mote trahía: Miraflor de Milán" ([a4v]; 565). Detrás de este llamativo seudónimo ya hemos dicho que se oculta nuestro músico y poeta Luis Milán, que había utilizado este mismo artificio anteriormente en la "Aventura del Monte Ida" y cuyo relato en la Tercera Jornada había sido de gran éxito entre los presentes en la corte ([M4v]-[N1v]; 365-74). En aquella aventura, según su propia declaración, mientras descansaba en el puerto de Tenedo del reino de Frigia, el caballero errante Miraflor de Milán oyó una voz que le pedía que subiera al Monte Ida. Una vez coronada la cima, el caballero se encuentra sucesivamente con tres fuentes: una de cristal que representa un busto de Policena; una segunda hecha de amatista en la se podía ver a Casandra y una tercera y última que, hecha de diamante, tenía una figura que representaba a Elena de Troya. Cada una de estas fuentes estaba guardada por un caballero –Aquiles, Corebbo y Paris Alexandre respectivamente– con los cuales Miraflor de Milán ha de combatir para lograr el agua que mana de cada una y recibir sendas virtudes: la hermosura de Policena, la ciencia de Casandra, y el ser amado como lo fue Elena.

Una vez nuestro caballero ha quedado "más hermoso, más sabio, y más venturoso [en amores]" ([M8r]; 371) accede a la "sala del Alegría" del palacio del rey Príamo, donde le espera Cupido. Es en aquel encuentro donde recibe el encargo de acudir a Valencia para vengar el poco amor y respeto que ahí se tiene por el dios del amor. Por este motivo, Miraflor de Milán, que ya ha bebido de las fuentes de cristal (hermosura), de amatista (sabiduría) y de diamante (ventura amorosa), se dispone ahora, en el jardín del duque, a beber de la fuente de plata –que representa la pureza del amor en su pecho– y que ha permanecido cerrada para el resto de los cortesanos. En cierta manera, por tanto, la "Aventura de la fuente del deseo" no es sino una continuación de la ocurrida en el Monte Ida, una la última prueba aplazada que nuestro caballero ha de superar. Esta vez, el caballero con quien habrá de enfrentarse no será Aquiles, Corebbo, o Paris Alexandre, como en el Monte Ida, sino el Deseo, es decir, a sí mismo, episodio que desde las epopeyas germano-latinas de los siglos X y XI se había venido repitiendo de manera continua en la novela caballeresca (Keen 81). La lucha, en esta ocasión, tampoco lo será de armas, como fue el caso en el Monte Ida, sino que aquí, delante de la corte valenciana, la disputa habrá de dirimirse con la "lengua spada."

Para encarnar el papel del Deseo probablemente se elegiría a uno de los cantores de la capilla musical del duque al cual se vestiría para la ocasión con una rica indumentaria, sin duda apropiada para semejante papel,

> [Venía] muy bien vestido como a soldado, de terciopelo carmesí, con unos ojos en blanco mirando al cielo, broslados entre muchas alas de oro de martillo, esmaltadas, y un sombrerete de lo mismo trahía este mote que dezía: El deseo siempre vela, / mira y buela. ([a4v]-a5r; 565-66)

Miraflor de Milán y el Deseo mantienen, acto seguido, un interesante debate muy al estilo de otros medievales tan frecuentes en los cancioneros españoles de la época como la "Querella entre el viejo, el amor y la hermosa." Ruggero Palmieri, no obstante, ve en esta querella otras raíces más allá de las de la poesía castellana, para afirmar que resulta "una pagina molto interessante per i contatti letterari italo-spagnuoli" (18). La afirmación es seguramente acertada si tenemos en cuenta que la influencia italiana de esta celebración es reconocida por el propio duque, pero el argumento esgrimido no parece el más adecuado. Según el crítico italiano, la composición métrica de este diálogo se fundamenta en el "ritmo stesso del *Mag-*

gio italiano composto, come ognum sa, da quattro ottonari dei quali il primo rima col quarto e il secondo col terzo, corrispondono le strofette spagnuole che chiudendo la festa, svolgono un breve dialogo fra Miraflor de Milan e il Desiderio" (18). Es decir, la base métrica de una estrofa de cuatro versos octosílabos de rima abrazada se debería a una influencia italiana.

Esta filiación italiana es ciertamente plausible si tenemos en cuenta las circunstancias particulares de esta corte valenciana regida por un príncipe italiano, la motivación de Luis Milán para escribir su *Cortesano* para competir con *Il Cortegiano* de Castiglione, y el propio hecho de que los cantores del duque quisieran hacer la "fiesta del mayo que hazen en Ytalia" ([Z5r]; 549). A pesar de ello, las razones no son tan concluyentes como sugiere la lectura de Ruggero Palmieri. Muy al contrario, aquí encontramos –como ya ocurriera a propósito de la arquitectura del jardín donde tiene lugar esta misma fiesta– un caso en el que es demasiado difícil determinar el antecedente inmediato y la vía seguida en la transmisión de influencias. Si la estructura de la estrofa de este diálogo valenciano es idéntica a la del *maggio* italiano, no es menos cierto que esta misma configuración métrica se corresponde también con la tradicional redondilla castellana, forma poética que no es, ni mucho menos, ajena a nuestro poeta valenciano, que utilizará con frecuencia. Como es lógico, la popular estrofa tampoco es ajena al resto de la corte del duque de Calabria y su esposa. Esta razón iguala la balanza en lo que se refiere a la economía explicativa del uso de versos octosílabos de rima a-b-b-a. Ambas tradiciones, italiana y española, parecen estar detrás de los versos con que debaten Miraflor y el Deseo.

En el diálogo-querella de esta aventura, Miraflor de Milán se presenta como adalid de los ideales de una caballería que ve en los impulsos del deseo una peligrosa distracción que puede acabar con el gobierno de la razón y el autocontrol de los caballeros –virtud de extrema importancia en la corte– para, más tarde, conducirlos a la locura y, finalmente, la muerte. En el lado opuesto, el Deseo –figura de toda tentación amorosa–, lejos de negar los peligros de la locura de amor de los caballeros, los considera como los más altos triunfos de sus héroes, los motivos por los cuales éstos alcanzaron la gloria de la fama eterna,

> ¿Y qué muerte podéys ver,
> que no sea más plazer
> el morir por gentil dama?

> Que después de muerto ser,
> Más se bive por la fama. (a5r; 566)

Acto seguido, el Deseo le recuerda a Miraflor las muertes de algunos fervientes amantes como Leriano, que en *Cárcel de amor* muere por Laureola; Leandro, que en su intento por alcanzar la orilla para ver a su amada Hero perece ahogado; Calisto, que en *Celestina* también acaba sin vida al caer del muro que protegía el jardín de la casa de Melibea; Sansón, que muere a causa de la ira y la ceguera que le provoca Dalida (Dalila);[26] o Aquiles que, enamorado de Policena, promete un imposible a sus enemigos troyanos y, como consecuencia, muere herido por una flecha lanzada por Paris.[27] De forma tal vez sorprendente, pero también reveladora, aparece dentro de este elenco de famosos y ejemplares amantes el príncipe Tarquino el Soberbio, que violó a Lucrecia, y cuyo crimen desataría una revuelta que acabaría, no ya con su propia vida, sino con la misma monarquía romana.

Todos estos ejemplos, más que persuadir a Miraflor de Milán para seguir el camino de los mártires del amor, se convierten en argumentos que el caballero puede utilizar para protegerse de las tentaciones con que el Deseo trata de ganarle:

> [Miraflor]   Desseo: ya podéys ver
> lo que nos puede seguir:
> si vos no's dexáys regir,
> yo no me podré valer. ([a6v]; 569)

El Deseo se percata de la debilidad de su oponente en ese último verso donde confiesa su debilidad –"no me podré valer"– y decide

---

[26] A este respecto, Luis Milán tiene un soneto en este mismo libro que comienza con un verso que dice "El gran Sansón se quexa de su amiga" (H8r; 305) en el que el poeta valenciano compara a Dalila con su propia dama. A continuación, y a petición de Diego Ladrón, Luis Milán le resume la historia bíblica, si bien con algunas libertades.

[27] El Deseo aquí parece estar siguiendo, tal vez, la interpretación de Séneca en *Troyanas* que casa a ambos póstumamente, o la de los varios romances españoles, como aquel de Lorenzo de Sepúlveda, según los cuales Aquiles, enamorado de Policena, habría jurado renunciar a Troya a cambio de su mano. Como incumple su promesa, Paris logra matarlo en el templo de Apolo (*Romancero general* n° 473, "Llanto hace dolorido"). Para Homero, sin embargo, Aquiles, una vez que es alcanzado en el talón por Paris, o Apolo (o ambos), marcha al Hades, donde después lo encuentra Odiseo como un rey. En la *Etiópida*, Tetis lo lleva a Leuce, un hogar póstumo para héroes y heroínas. Otros autores también casan al difunto Aquiles con Medea, Helena, e Ifigenia.

lanzar un último ataque en el cual la tentación amorosa ya no sea una abstracción lejana o una pasión literaria, sino aquella ante la cual ningún verdadero amante pueda defenderse. Para lograr su objetivo El Deseo enfrenta al caballero directamente con su dama, o mejor dicho, a Luis Milán con la suya, sabiendo que, frente a la contemplación de su belleza no habrá "arnés" que sirva de protección suficiente:

[Deseo]
¿Y qué seso bastara
quien de tal dama mirara
que se pueda regir más?
Pues que tú mirado la has,
quien la vio, desseará.
Calla pues,
que amor passa todo arnés.
Si con esta dama mata,
Nombra[l]da Margarimata,
que en su nombre stá quien es. ([a6v]; 569-70)

Miraflor de Milán, en oír el nombre de Margarimata,[28] deja de resistirse y entrega su voluntad como antes lo hicieron Leriano, Le-

---

[28] Esta Margarita aparece nombrada en varias ocasiones en *El Cortesano* como dama de Luis Milán. En la tercera jornada, ésta, "de velle muy triste le dixo: "Alégrate, que pues escribes como el Petrarcha, yo leeré tus obras como Laura" (I7r; 320). Al fin de la cuarta jornada, podemos leer:

"Dixo la señora doña Violante: Don Luys Milán: pues manda el que se dexa mandar, hazé paz con Joan Fernández, por vida de vuestra dama, y nombralda, que el duque lo manda. Respondió don Luys Milán: Pues mandar es ser mandado, en paz quiero siempre estar, mi dama quiero nombrar: de su nombre soy nombrado Margarite, por amar." (Q4r; 431)

También, en la última jornada, Margarita de Peralta, afirma que "ya no se hallarán Leandros amadores" (Y4v; 532), a lo que Juan Fernández le responde que "Yo sé una Hero sin falta, ques una linda Peralta, que el galán que la sirviesse, Leandro por ella bolviesse" (Y4v; 532). Las palabras de Juan Fernández vienen después de que Luis Milán, en un soneto, confiese que tiene envidia de Leandro y que por él se cambiaría gozoso (Y3v; 530-31). Más adelante, en el gracioso e intrigante juego de "Toma, bivo te lo do" los cantores del duque, con Olivarte a la cabeza, retratan a esta dama de esta manera:

Para otra Doñ'Ana Vique,
que de Bétera es señora,
que de todo se enseñora
quien no halla le replique.
Que yo le consejaría
no viesse a Margarimata,
qu'es Margarita que mata,
que también la mataría. ([b8v]; 592-93).

andro, Calisto, Sansón o Aquiles, y responde al Deseo: "pues nombraste la dama que has nombrado, no se puede escusar el dessear ... Y así desseo lo que tú desseas, nunca star en libertad que pueda tener desseos, sino de servir a la señora, que serle su servidor haze ser muy gran señor" ([a7r]; 570).

Las palabras de Miraflor de Milán certifican la rendición de su voluntad en favor de la de su dama. Sus palabras casi parecen recién leídas del libro de Baldassare Castiglione donde Emilia Pío, precisamente cuando se encuentran debatiendo las leyes o recomendaciones acerca de cómo debían de conducirse las mujeres en amores, explica que,

> [q]uien comienza a amar, debe también comenzar a obedecer y a conformarse totalmente con la voluntad de la persona a quien ama y con ella gobernar la suya y hacer que sus deseos sean como esclavos y que su misma alma sea como sierva y que no piense jamás sino en transformarse, si posible fuese, en la cosa amada ... porque así lo hacen los que verdaderamente aman. (III, §63; 428-29)

Miraflor de Milán, entonces, como perfecto caballero amante y rendido a su amada, se acerca a la fuente, alarga la mano para recibir el agua y, para sorpresa de la corte entera, ésta brota con tal abundancia que resulta suficiente para satisfacer no únicamente la sed del caballero victorioso, sino también la de todos los cortesanos, el duque y la Reina.

El significado simbólico de esta agua, además, estaría realzado por el aroma de diversas flores tales como el jazmín, las rosas, la murta y el azahar –siempre presentes en el jardín renacentista– y con las que se hacían las aguas de olor que después, según la descripción que vimos de Caro Baroja, se utilizaban habitualmente en las mayas populares para perfumar el agua de la reina maya. El poder mágico de esta agua perfumada que sacia a todos los que disfrutan del entretenimiento en el jardín viene a subrayar el hedonismo de una corte que, vaciada de responsabilidades por la política centralista del imperio, se entrega a la satisfacción de sus deseos en un momento histórico único; un decenio –el que va desde el matrimonio de los "reyes" en 1526, hasta la muerte de Germana en 1536– espléndido e irrepetible para la corte valenciana.

El deseo de Miraflor de Milán de "nunca star en libertad que pueda desseos tener, sino de servir a la señora" ([a7r]; 570) resume una concepción amorosa en la que el cortesano entrega hasta el último pensamiento y la voluntad entera al servicio de la dama. Esta demostración de amor cortesano hace de Miraflor de Milán merecedor del premio de Cupido, y supone una lección para aquella Valencia "desamorada" en la que caballeros y damas de la corte discuten para la creación de nuevas leyes de amor.

Otros cortesanos, como se vio en el caso de Pedro Mascón, también habían mostrado grandes y nobles deseos amorosos que acabaron sin premio: el duque, por ejemplo, había solicitado "ser desseado de vuestra alteza [Germana] y no aborrescido" ([a1r]; 558); Germana, a su vez, había pedido "no ser olvidada del duque, mi señor" ([a1v]; 558) y, Balthasar Mercader confesó que prefería "morir primero que mi muger, porque yo me desesperaría si ella me faltasse" (a3r; 562). Sin embargo, a pesar de estas amorosas declaraciones, el agua les fue denegada a todos ellos sin que podamos entender el motivo. Para explicárselo a los sorprendidos cortesanos, Cupido concluye su participación en la fiesta alegando que si antes no les concedió el agua, no fue porque no la merecieran, sino "por provar de paciencia, que mucho se contenta amor de bien çufrido amador" ([a7r]; 570). Es decir, una vez más, las acciones del dios del amor se muestran apropiadas para la naturaleza del niño grande que, travieso, unas veces causa pena a los amantes, como en el soneto del "árbol d'amor," y en otras empuja a la ira a sus víctimas, como en el vituperio de Cupido de Luis Milán de la Segunda Jornada (F4r-[F4v]; 264-65), pero al que todos, en cualquier caso, buscan complacer –sobre todo en el mes de mayo– para lograr el agua de placer que sólo él custodia.

* * *

El análisis aquí realizado sobre los modos en los que la poesía popular e italianista era producida y consumida en un contexto palaciego concreto; el estudio de cómo las farsas y otras prácticas teatrales y parateatrales del quinientos fueron organizadas, representadas y recibidas por parte de sus propios mecenas; así como las fiestas populares eran adaptadas para complacer al selecto grupo de cortesanos, dan una buena muestra de la necesidad de estudiar este tipo de manifestaciones poéticas, dramáticas, y festivas dentro de su exacto contexto áulico.

Gran parte de la literatura culta de la Modernidad tiene su origen y su destino en la corte. Sus escritores son cortesanos, que escriben para otros cortesanos que viven dentro de la misma u otras cortes similares; y sin embargo, la importancia de esta institución es aún muy limitada en la crítica. Como consecuencia, se acaba por favorecer un tipo de producción literaria de carácter universal, sobre otra literatura más circunstancial; se valora lo permanente sobre lo efímero y local, pues éste requiere de un conocimiento específico del espacio, el tiempo y las circunstancias que envuelven una producción literaria particular. Aunque esta tendencia crítica es comprensible –y más aún en un mundo como el actual que busca cada vez una mayor globalización aún a costa de las idiosincrasias particulares–, una abstracción teórica y universalista que se alejase de lo concreto de las pasiones, las envidias, las ambiciones, ideales, de individuos que escriben dentro y para un contexto eminentemente social y exclusivo como es la corte, pueden llevarnos a la paradoja de creer en la existencia de una Literatura con mayúsculas, mientras desdeñamos lo particular de las obras literarias individuales. En definitiva, una Literatura que niega la humanidad de los escritores y el valor de un *cursus* literario –de una carrera literaria– que no ambicione el laurel o siga un rumbo similar al marcado por la *rota vergiliana*.

El estudio diferenciado de las cortes individuales, así como de su producción cultural, artística y literaria, insertas a su vez en sus circunstancias políticas, económicas y sociales, ayuda a comprender una escritura literaria que, en muchas ocasiones, no estaba pensada para la posteridad, o para un mercado global, sino para ser comprendida y disfrutada por un selecto grupo de cortesanos que conocían los pormenores de la vida de palacio. En esta exclusividad y excepcionalidad radicaba precisamente su valor. Obviar esto es negarle a la literatura cortesana el propio adjetivo que la define. Reconocerlo y abrazarlo es comenzar a comprender las particularidades de la articulación poética (*parole*) dentro del sistema social-lingüístico áulico (*langue*) en el que ocurren y en el cual el poeta, mediante su creación literaria, se descubre y autorrepresenta en ocasiones como profesional, en otras como adalid de la cultura nacional (laureate) y, en otras, como en el caso de Luis Milán, únicamente como un brillante falso-*amateur* y, por consiguiente, perfecto cortesano.

RAMILLETE DE DICHOS Y SENTENCIAS

1. Diego Ladrón: "Las más vezes burla alabando el que va lisongeando" (B1r; 189)
2. Miguel Fernández: "Muger novicholera, nunca fue buena casera" (B3v; 195)
3. Ana Mercader: "El marido mal casero, canta en otro gallinero" (B3v; 195)
4. Luis Milán: "Lo que se deve callar no es de dezir y lo que se puede dezir no's de callar" (B4v; 197)
5. Ana Mercader: "La guerra en la posada, pero mal no puede ser" (C2r; 210)
6. Duque: "Lo que a muchos toca, con pocos no se platica" (C2v; 210)
7. Duque: "Quien promete, en deuda se mete" (C7r; 221)
8. Castellana: "En perderse los desseos, reynan los menosprecios" (D7v; 238)
9. Diego Ladrón: "Qualquier que habla lo que no comprende, descubre lo que no entiende" (E5r; 250-51)
10. La "Reina Gravedad" en un cuento de Luis Milán: "Más vale soledad que mala compañía" (E6v; 254)
11. En el mismo cuento, "La gravedad ha de yr acompañada de virtudes y sola de vicios" (E6v; 254)
12. Luis Milán: "Cada cosa en su lugar, imposible es enojar" (F4v; 266)
13. Luis Milán: "Ni sabios verbosos, ni ignorantes graciosos" (F5r; 266)
14. Diego Ladrón: "Dos de un mal se conocen por señal" (G4v; 281)

15. Diego Ladrón: "No se ha de tratar poco de lo mucho, ni mucho de lo poco" (G4v; 281)

16. Diego Ladrón: "No se puede pagar lo que no tiene precio" (G7r; 281)

17. Señora doña María: "No se deve oyr lo que no's de agradescer" (H6r; 301)

18. Juan Fernández: "La condición de las damas es pan comido, compañía deshecha" (H6r; 301)

19. Juan Fernández: "Más vale en todo sello que parescello" (H6v; 302)

20. Juan Fernández: "Tras lo imposible van los locos" (I2r; 309)

21. Luis Milán: "Aquel sabe el bien que ha probado el mal" (I2v; 310)

22. Luis Milán: "A donde con obras se ha de servir, no deve ser con palabras." (I6r; 317)

23. Jerónima (en valenciano): "Mes val ase quem porte: que cavall quem derroque" (I8r; 321)

24. Beatriz de Osorio: "Que no se deve començar lo que no se puede acabar" (I8v; 322)

25. Francisco Fenollet: "Un reyr demasiado juzgan por muy alocado" (K2r; 325)

26. Luis Milán: "Burlas de reyes mercedes son" (M1r; 358)

27. Jerónima: "Riñen las comadres y dizense las verdades" (Q7r; 437)

28. Luis Milán: "A nadi deven culpar si se puede desculpar" (R4r; 446)

29. Luis Milán: "Qui la splana la gasta" (R6r; 450)

30. Juan Fernández: "Más motes tenéys en el cuerpo que un mesón de camino" (S3v; 463)

31. Francisco Fenollet: "Buenas obras enamoran, malas van desamorando" (T8r; 487)

32. Juan Fernández: "No se deve declarar lo que puede enojar" (Y1r; 525)

33. Ángela de Aragón y del Milán: "L'amor qu'es chocarrero no sospira y es parlero" (Y6r; 536)

34. Duque: "No con quien nasces, sino con quien pasces" (d6r; 621)

35. Juan Fernández: "De tal molino, tal harina" (d6v; 622)

36. Molina: "Quien no calça el çapato no sabe dónde le duele" (e2r; 629)

37. Duque: "Aunque sea poco el fuego, descuydo lo enciende to-do" (f6r; 653)
38. C [Caballero]: "El que haze cudolete, le meresce en su posada" (g5r; 670)

Apéndice II

CRITERIOS DE ESTA EDICIÓN

–Se moderniza la puntuación y acentuación.

–Conjunción de palabras de acuerdo con su uso moderno (*sed lo >
sedlo*; *vengar se >vengarse*), pero respetando las contracciones propias del siglo XVI (*havellos*).

–Se mantiene la vacilación *i/y* cuando representa un valor fonológico de */i/* (*baylar*). Asímismo se mantiene la vacilación *q/c* con
valor fónico */k/* (*qual, quando*). También se mantiene la vacilación
v/b (*bivirá, tirava*).

–Se mantiene la diferenciación de algunas grafías correspondientes
a fonemas fricativos y africados interdentales, dentales o alveolares
(*moço, bronzo, passo, casa, caça, plazer, dulce*). También se mantienen las diferentes grafías que correspondieron a los fonemas fricativos sordos y sonoros (*atajar, dexa, dexéys*).

–Se mantiene siempre la diferenciación de las grafías *s/ss*.

–Las contracciones libres, inusuales u obligadas por el verso se mar-
can con apóstrofe (*d'amor*).

–Simplificación de consonantes dobladas sin ningún valor fonológico como tales (*affea > afea*; *offender > ofender*). Modernización del
uso de la *–rr–* (*honrráys > honráys*). Simplificación de la *–ll–* siempre que tiene valor alveolar (*salle > sale*), pero no cuando tenga valor fonológico propio (*dalle, tomalle*).

–Se mantiene la *–h–* tal y como la usa el texto (*trahía*).

–Modernización de la grafía en el caso *u/v* según sus valores vocales
o consonantes (lleuo> llevo)

–Se mantiene la mayúscula en los gentilicios *Griego, Romano y Turco*.

–Todos los entrecomillados ("") aparecidos en el texto son añadi-
dos míos para facilitar la lectura.

214

FARSA DE LAS GALERAS DE SAN JUAN[1]

Dixo don Francisco: Yo voy por la farsa, para atajar[2] la que hazen don Diego y Ioan Fernández; y no será menester, que ya me paresce que entran. Todo el mundo sté atento, y sin mucho reír. Que
Donmiramucho, que es el Milán: si reímos demasiado, nos terná
por hombres de farsa y burlará de nuestras risadas, con aquello que
dize: "un reír demasiado juzgan por muy alocado."

Guardemos pues la auctoridad, y vergüenza, que donde se pierde tarde se cobra, y callemos, que ya comienzan.

El capitán de las galeras de la religión de Sanct Joan comiença y
dize:

> Duque, todo rey sin falta,[3]
> oy son justos veynte días
> que, con grandes alegrías
> partimos todos de Malta.
> Y saliendo de Ysladeras
> dio al través la capitana[4]

---

[1] El origen de la Orden de los Caballeros de San Juan hemos de buscarlo en un
hospital de Jerusalén fundado unos treinta años antes de la primera Cruzada con el
objetivo de prestar atención médica a los peregrinos. Una vez que los cruzados to-
man la Ciudad Santa en 1099 se forma la hermandad con el cometido inicial de cuidar de los soldados y caballeros enfermos bajo el dominio musulmán. Tras la pérdida de la Tierra Santa en 1291, su cometido se abre a otros territorios. En 1530
Carlos V les entrega la isla de Malta donde tendrán su base. Desde entonces lucha-
ron contra los ejércitos norteafricanos y actuaron como guardianes del Mediterrá-
neo. Es importante apuntar que, como toda orden nacida en Jerusalén, su máxima
autoridad reside en el Papa.

[2] *Atajar al que está hablando*: interrumpirle cortándole el hilo del razonamiento, y haciéndole parar de golpe en lo que iba diciendo. (*Dic. Autoridades*)

[3] Es notable observar cómo el capitán de las galeras se dirige al duque y virrey
de Valencia como "todo rey sin falta," más si tenemos en cuenta que en realidad le
correspondía por cuna el trono de Nápoles y fue puesto en prisión por Fernando el
Católico porque pensaba que pretendía la corona española.

[4] *Dar al través*: tropezar la nave por los costados con alguna costa de tierra o
roca, en que se deshace o bara. Puede decirse también, "dar al traste." (*Dic. Autoridades*)

y las otras tres galeras,
con fortuna tan de veras
van corriendo tramontana.[5]

La fortuna[6] ya passada
fletamos un bergantín[7]
y embarcámosnos a fin
para hazer esta jornada.
Medio día no passó
que acudió Griego y Levante[8]
y en un punto nos echó,
que sueño me paresció,
ser tan presto en Alicante.

Demos gracias a Dios
y hazer siempre buena cara,
pero ¿quién se alegrara
sino en ver, señor, a vos?[9]
Cavalleros esforçados,
hagamos cara de hierro[10]
que tras casos desastrados
parescer regozijados
nadi lo terná por yerro.

Si hazemos de donosos
No's devéys maravillar,

---

[5] Viento del Norte.

[6] En términos marineros equivale a tormenta. Valga como ejemplo, Pedro Manuel Ximénez de Urrea: *Penitencia de amor* (Burgos, 1514). Ed. Hathaway, Robert L. Exeter: Exeter University Press, 1990, "Tentemos, naueguemos; si agora haze fortuna, podrá ser que venga bonança y avn calma" (26).

[7] La principal diferencia entre una "galera" y un "bergantín" estriba en las dimensiones; mientras la galera alberga de veinticinco a treinta remeros, el bergantín es mucho más ligero por lo que usualmente no admite más de doce remeros.

[8] Nombre de dos vientos del este, uno remoto y el otro más próximo a la costa valenciana.

[9] La puntuación aquí puede ser dudosa. Me inclino por la inclusión de las comas (,) "sino en ver, señor, a vos" que indicaría una intención vocativa del término. Sin embargo, su no aparición expresaría una alegría por ver al duque como "señor" es decir, como poder dominante.

[10] Hacer cara de hierro: equivale a no mostrar pena en el rostro a pesar de los "casos desastrados" que han sufrido.

que assí suelen espantar
la fortuna valerosos.
Y fortuna despantada
en no darnos cata d'ella,
nos ha puesto en tal posada
que si es el Real nombrada,[11]
es por quien oy posa en ella.

Lo que agora diré yo
es de star enamorado,
que si el mar no m'á negado
fue por quien negado só.
Y tened esto por cierto,
como es muy cierto el morir,
que la mar como a muerto
por echarme a tan buen puerto,
he cobrado aquí el bivir.

Dixo otro comendador:

Perdone sobre ste passo,[12]
por la parte que me toca,
que no's bien calle mi boca
pues d'amores me traspasso.
Si no me negó ste mar,
fue tanbién por ser negado
en aquella del amar,
donde amor haze tragar
el morir que ya he tragado.

Dixo otro comendador:

¡Ay amor!, ¿yo qué diré?
habla tú por mí agora,

---

[11] "Real" es el palacio valenciano en el que residen tanto el duque como Germana de Foix (vid. Capítulo 5)

[12] *Passo*: al igual que significa "lance especial y digno de reparo," también denomina al "hecho de armas, torneo o justa" (*Dic. Autoridades*), con lo que el comendador se sitúa en un doble juego; de un lado la ficción dramática del suceso que se dispone a relatar y que considera "digno de reparo" y, de otro, avanza el juego de armas que acto seguido va a tener lugar.

negóme una señora
que yo nunca la negué.
Y al tiempo que me negava
en mi alta mar d'amor,
de lo mucho que llorava,
un paje se me ahogava
si no fuera nadador.

Dixo otro comendador:

No's mi pena assí tan poca
como la que s'a contado,
pues de sed me so ahogado,
teniendo el agua a la boca.[13]
Como me negara aquí,
en aquesta mar salada,
pues huye el agua de mí
si por la que no beví[14]
siento mi vida negada.

Dixo otro comendador:

Nunca fuera acontescido,
ni jamás ojos lo vieran,
que los peces me comieran
siendo ya d'amor comido;
que donosa cosa fuera,
todo fuera por demás,
que ballena me comiera;
y si fuera, que tal fuera
verme por vos un Jonás.

Dixo otro comendador:

Yo sólo fuy sabidor
de lo que nos sucedió,
pues a mí me aparesció

---

[13] *tener el agua a la boca*: frase con la que se da a entender que uno está en un gran peligro, desconsuelo o aflicción, con el consuelo cerca, pero imposible de alcanzar.

[14] Referencia al suplicio de Tántalo y de un claro sentido erótico.

por Santelmo, el dios d'amor.[15]
Díxome que no quisiesse
esta aparición contar,
porque en tal fortuna viesse
quien sería el que dixesse:
amor no's puede salvar.

Dixo otro comendador:

Pensamientos fueron vanos
sino en mar d'amor negarnos,
pues no podemos negarnos,
muertos d'amorosas manos.
Pues negar no nos podemos,
mártyres enamorados,
de reyr es que pensemos,
por mucho que naveguemos,
que podamos ser negados.

Dixo otro comendador:

Mucho fuera gran dolor
que muriéramos negados,
siendo tan enamorados,
si no fuera en mar d'amor.[16]
Y pues no podía ser,
ya yo estava confiado
que no me podía perder,
que en la mar de mi querer
ya estoy hecho un pescado.

Prosigue el capitán:

Como al Ecco parescieron.
Desculpados son, señor,
que en oyr hablar d'amor
todos ellos respondieron.[17]

---

[15] *Santelmo*: Especie de meteoro. Llama pequeña que en tiempo de tempestades suele aparecer en los remates de las torres y edificios, y en las antenas de los navíos (*Dic. Autoridades*). "Por Santelmo" sería también una expresión de asombro.

[16] *Mar de...*:En abundancia de amor. (*Dic. Autoridades*)

[17] El capitán recoge las intervenciones de todos cerrándolas y dando entrada a un nuevo momento de la representación.

Y también porque se vea
que coxquean en amar,
que coxo d'amor no afea
quando la dama no's fea
la que haze coxquear.[18]

Las damas por quien andamos
en amores tan de veras
vienen en las tres galeras
por ver cómo peleamos.
Peleando en su presencia
seremos fuertes guerreros
contra toda otra potencia,[19]
que no hallan resistencia
amadores cavalleros.

Suplicamos su excellencia,[20]
por un correo sin tardar,
mande luego atalayar[21]
por la costa de Valencia,[22]
que de todos tomen lengua[23]
si avrán visto[24] las galeras,
porque algún aviso venga,
que sería muy gran mengua
descuidarse en las de veras.

---

[18] *Coxquear* o "cojear," además de en su significado ordinario puede leerse metafóricamente como "falsear, proceder no rectamente, sino con doblez y engaño," así como también "flaqueza," que parece ser el significado más idóneo aquí. (*Dic. Autoridades*)

[19] *Potencia:* Cada uno de los gobiernos de la Tierra ya sean reinos o repúblicas. (*Dic. Autoridades*)

[20] *Excellencia:* Título con que se denomina a los Grandes de España.

[21] *Atalayar:* Dominar como reconociendo la campaña, observar, reconocer o mirar desde lo alto. (*Dic. Autoridades*)

[22] En las Cortes de 1528 se establece que la guardia de costa ha de ser de 24 horas al día y con las funciones de dar aviso y proteger de los ataques de los piratas turcos, impedir el acercamiento al mar de los nuevos convertidos, y estar prestos para defenderse ante un posible ataque francés.

[23] *Tomar lengua:* Dar noticia o informe de algo. (*Dic. Autoridades*)

[24] Valor subjuntivo del verbo.

Gilot y Joan de Sevilla[25]
podrán yr en tal despacho,[26]
que harán muy poco empacho
al cavallo ni a la silla.[27]
Tan ligeros siempre stán
de cabeças y de pies,[28]
que sin duda bolarán
y por donde passarán
cada qual dirá quién es.

Mándeles, señor, venir.
Vaya un paje bien criado,
tráyganles mucho a su grado,
los que han de hazer reyr.[29]
Si me da la comissión,
presto los despacharé
porque haré la provisión
más conforme a la razón
que yo en ellos hallaré.[30]

Manda el Duque que partáys
para hazer luego un viaje.
Por correos de aventaje,
pues siempre en todo boláys,
yréys hasta a Gibraltar,
muy en seso y muy de veras;
orillas siempre a la mar.
Y mandad atalayar
si verán nuestras galeras.

---

[25] Gilot (o Gilote) y Joan Sevilla son dos de los bufones de la corte.

[26] *Despachar*: se toma asimismo por enviar. (*Dic. Autoridades*)

[27] Referencia al pequeño tamaño de ambos.

[28] Alusión a sus oficios de bufón en el que tendrían que hacer quizá juegos malabares y demostraciones de ingenio.

[29] Naturalmente este "los que han de hacer reír" supone una ruptura de la fantasía dramática. La misión de los dos bufones en la farsa no es, en realidad, nada divertida, más bien al contrario.

[30] Luis Milán no quiere poner en ningún aprieto el duque, por lo que resuelve "despachar" él mismo una orden que atribuye al duque. Es un modo de introducirle en la propia representación a la vez que de mantenerlo en el nivel de espectador.

Buelven Joan de Sevilla y Gilot y dizen que una armada de Turcos han tomado las tres Galeras, y están en Denia.[31] Y dize el capitán:

> ¡A consejo, a consejo,
> que bien será menester!
> Dadme todos parescer,
> cada qual como hombre viejo.
> Que el consejo en perfición
> en los viejos floresció;
> que en moços ay confusión,
> sino fue el de Scipión,
> cuando a Roma libertó.

Dixo otro comendador:

> Cavalleros de Sanct Joan,
> oyan todos este mote:
> "¡a las armas, moriscote!"[32]
> que bien menester serán.
> Por armas quiero mi dama
> del Turco que la tuviere,
> que ganalla por la fama
> es mejor que por la cama,[33]
> véngame lo que viniere.

Dixo otro comendador:

> Yo pedir quiero la mía,
> que no bivo ya sin ella,

---

[31] Si bien las palabras del capitán y los caballeros comendadores están convenientemente escritas, no sucede así con las de los bufones, de los cuales se esperaría mayor improvisación.

[32] "A las armas moriscote" se trata del comienzo del romance "A las armas moriscote / si las has en voluntad / los franceses son entrados, / los que en romería van, / entran por Fuenterrabía, / salen por Sant Sebastián. [...]" (Reconstrucción fragmentaria de R. Menéndez Pidal en *Romancero hispánico*. Vol. 2. Madrid, 1953. 55-56). Fue musicado por Fuenllana y por Diego Pisador, pero no parece que lo hiciera Luis Milán.

[33] Es sabido que un modo de sellar matrimonio era mediante la realización del acto sexual con la dama. Aquello suponía un matrimonio *de facto*, sin embargo en este texto se aboga por un modo cortesano de consecución de la dama. También recuerda a la famosa sentencia de Guillermo IX de Aquitania que cuentan que llevaba la imagen de su dama pintada en el escudo y que decía que "era su voluntad llevarla en la batalla, ya que ella le había llevado en la cama" (*apud* Keen 49).

porque star tanto sin vella
ya paresce covardía.
Batallar será por fe,
pues por fe será el motivo.
Y si muero, ganaré;
y si preso, ya yo sé
a qué sabe ser cativo.[34]

Dixo otro comendador:

Yo también no veo el hora,
pues que sé que ha de vencer
la que m'á de dar poder
para hazella vencedora.
Ella es la que vencerá,
con su fuerça y mi persona,
pues a mí vencido m'á
d'sta suerte días ha
mi dulce brava leona.

Dixo otro comendador:

Por metellcs más cspanto,
vamos presto, que ya's tarde,
que me dirá de covarde
mi señora en tardar tanto.
¡Suenen, suenen, nuestras mallas![35]
¡Vaya, vaya muy de veras!
Peleémos por ganallas
y será vencer batallas
y cobrar nuestras galeras.

Dixo otro comendador:

Ya véys que siento en tardar.
Pues ¿qué traygo yo en mis armas?
Mis arreos son las armas,

---

[34] Alusión al tópico de la cárcel de amor.
[35] *Malla*: Cierto género de sortijas de acero, encadenadas y unidas unas con otras, de las cuales se hacen las cotas y otras armaduras. (*Dic. Autoridades*)

mi descanso es pelear.[36]
Mi costumbre ésta es:
por vencer al dios d'amor,
ya veys si será gran pres[37]
libertar la que después
puede hazerme vencedor.

Dixo otro comendador:

Yo también d'armas me arreo,
peleando por vencer;
pero no para ofender
la que causa mi desseo.
Ésta es ya mi condición,
mi señora la causó,
pues ya veis si es gran razón
para salir de prisión,
que la dexe presa yo.[38]

Dixo otro comendador:

Mi señora, ¿qué dirá?
¿Qué podrá dezir de mí
sino que si stoy aquí,
es por no star todo allá?
Este mote contradize,
que por oración lo digo:
pues que por ella lo hize,
siempre mi boca lo dize,
"quando menos,[39] más contigo."

Dize el capitán:

Pues tenéys tanto en memoria

---

[36] Versos del conocido romance "Mis arreos son las armas, / mi descanso es pelear / mi cama las duras peñas / mi dormir siempre el velar" publicado en el *Cancionero de Amberes*.

[37] Apócope de *presea*: alhaja, joya u cosa preciosa y de mucho valor y estimación. (*Dic. Autoridades*)

[38] Cautivarla él a ella, enamorarla. Nótese que es el único de los comendadores que se atreve a tanto.

[39] *Quando menos*: Modo adverbial que sirve para ponderar o exagerar alguna cosa. (*Dicc. Autoridades*)

> cada uno vuestra dama,
> cavalleros de gran fama,
> yo's prometo la victoria.
> Yo no quedo en la posada,
> de gana de verme en ello.
> Primero será mi spada
> por quien mi vida colgada
> tiene siempre de un cabello.

Va el capitán y viene con los Turcos[40] con quien han de combatir los comendadores, uno a uno, para lo que veréys, y dize:

> ¡Cavalleros, sedlo en todo!
> Ya véys que'l Turco me spera.
> Si dios quiere que aquí muera,
> regíos con muy buen modo.
> Turco, ¡buélvete christiano[41]
> y dame mi linda amada,
> que sto te será más sano!
> Y si no, pon luego mano
> como yo pongo a mi spada.[42]

Vence el capitán al Turco y cobra su dama Griega, y dízele:[43]

> Gracias hago a mi Dios,
> gran victoria me ha dado,
> pues que vos la havéys ganado,
> que yo no venço sin vos.

---

[40] Nótese que el capitán viene con los turcos, pero no con las damas, de las que en ningún momento se nos dice el momento en el que entran a escena.

[41] En la primera jornada de *El Cortesano*, cuando los caballeros y las damas discuten acerca de las reglas básicas para todo buen cortesano, el virrey explica que "no se ha de hablar ni con hereje, ni con moro, si no por necessidad o conversión dellos" (E5r; 250). Nótese además que el moro no replica a ninguno de los combatientes cristianos.

[42] En estos versos el capitán nos da un magnífico ejemplo del combate del caballero cristiano: en primer lugar arenga a sus subordinados y se somete a la voluntad de Dios. Posteriormente, y momentos antes de iniciar la lucha contra el turco le insta para que se convierta y le devuelva a su amada –que vienen a significar lo mismo– o, en caso contrario, no habrá más remedio que luchar.

[43] Aquí, como en los demás casos posteriores, naturalmente, tendría lugar una breve representación de *justa de a pie* en la cual saldrá vencedor siempre el cristiano.

Respóndele su dama:

Cavallero de verdad,
de muy alto coraçón,
siempre stuve en libertad
porque en vuestra gran bondad
nunca se siente prisión.

Pelea otro comendador:[44]

Si tan Turco más no fuesses
como hasta aquí has sido,
harás muy mejor partido[45]
si mi dama me bolviesses.
Y si no, pon mano luego
al espada, como yo,
y verás que si te ruego
es porque no vayas ciego
para aquel que te crió.[46]

Dize a su dama:

Vuestra es ésta mi victoria.
Vos, señora, la vencistes,
pues que siempre lo tuvistes
de vencer en mi memoria.

Su dama responde:

Cavallero, vuestra es.
Nunca vos seréys vencido
de valiente y muy cortés,
porque muy tarde verés
cortesano ser perdido.

---

[44] Aunque no hay verbo introductorio de lengua, hemos de sobreentender que el verso quiere decir algo así como "sale a pelear otro comendador y dice..."

[45] *Partido*: Se usa asimismo por trato, conveniencia o condiciones que se ponen para el ajuste de alguna cosa. (*Dic. Autoridades*)

[46] *Aquel que te crió*: Aquel que te creó, es decir, Dios.

Pelea otro comendador:

Turco, oye lo que digo.
Dexa tu secta enemiga
y a mí buélveme mi amiga;
yo bolverme [he] tu amigo.
Y si no, guarte[47] de mí,
que de ti guardado stoy,
que la ley en que nascí
me defenderá de ti
por la fe que yo le doy.[48]

Dize a su dama:

Gracias a Dios verdadero,
mi dama llevó el mejor,[49]
qu'ella ha sido el vencedor[50]
siendo yo su prisionero.

Su dama responde:

Cavallero, vos vencistes
a mí y al Turco en verdad;
a él, pues que lo rendistes,
y a mí, porque causa distes
de cobrar yo libertad.

Pelea otro comendador y dize:

Lástima tengo de ti,
siendo tan Turco en tu ley.
Yo terné contigo ley,[51]
si tú la ternás con mí.
Déxame mi dama ya,
que contigo va corrida,
y si no, aquí estará

---

[47] Guárdate, protégete de mí.

[48] En el parlamento de este comendador el tono parece variar algo, pues le ofrece amistad a cambio de su dama y la conversión del turco.

[49] *Mi dama llevó el mejor*: Mi dama cobró el mejor.

[50] Concordancia: "la vencedora."

[51] *Ley*: Se toma asimismo por establecimiento voluntariamente formado para algún acto particular. (*Dic. Autoridades*)

quien dexarte la hará,
o te dexará la vida.

Vence al Turco, y cobra su dama Griega y dízele:

Señora, ser no pudiera,
pues que fuera sinrazón
ser vos en mi corazón
y que Turco me venciera.[52]

Respóndele su dama:

Cavallero vencedor,
a vos se ha de atribuyr,
que teniendo tanto amor
no había matador,
sino vos hazer morir.

Pelea otro comendador y dize:

Turco, no lo seas tanto,
y conviértete a Dios,
y pornáse entre los dos
paz con l'Espíritu Sancto.
Y por dama cobrarás
la reyna virgen María,
y mi Griega dexarás,
y si no, conoscerás
que rogar no's covardía.

Gana en el combate a su dama y dízele:

Señora, Dios que os crió
permitió lo que ha sido,
que si el Turco fue vencido,
vos soys la que le venció.

Respóndele su dama:

Cavallero, para dos,
aunque fuessen más Romanos,

---

[52] Dentro del tópico *amor vincit omnia* de la égloga X, v. 69 de Virgilio.

hazed gracias a Dios,
que no se dirá por vos:
"más tuvo lengua que manos."

Pelea otro comendador y dize:

Yo ternía por mejor,
Turco, que te convirtiesses,
y mi dama me bolviesses,
porque toda es desamor.
Créeme, que yo lo sé;
déxala qu'es muy ingrata,
y si no, aparéjate,
que tal qual la cobraré,
aunque más y más me mata.

Cobra su dama y dízele:

Lo que dixe, engaño era,
señora, para engañar,
que de vos sale el matar,
si el Turco aquí muriera.

Respóndele su dama:

Buen cavallero engañoso
y muy sabio en combatir,
vuestro engaño gracioso
a vos hizo venturoso
y a mí me hizo reyr.

Pelea otro comendador:

¿Quién te puso en tal favor,
Turco malaventurado?
¿Quién te hizo enamorado,
siendo el mismo desamor?
Déxame mi dama, can,[53]

---

[53] Can o perro es la denominación metafórica por ignominia que se da a los moros y judíos.

que no's huesso de roer.[54]
Buélvesela a su galán,
que tus ojos no verán
que yo te la dexe ver.

Dize a su dama:

Vos, victoriosa dama,
soys semblante[55] al amazona
que al gran Héctor en persona
quiso ver por su gran fama.[56]

Respóndele a su dama:

Si yo el amazona soy,
vos soys Héctor ciertamente,
que si tal renombre os doy,
es por lo que hezistes hoy,
contra un Turco tan valiente.

Pelea otro comendador y dize:

Pues que cada qual venció
a su Turco con gran fama,
Turco, buélveme mi dama,
pues que para mí nasció.
Y si no, sé combidado
que, si me acampares bivo,[57]
nunca serás libertado
por haver tú cativado
a quien[58] me tiene cativo.

---

[54] *Roer el huesso*: trabajar o hacer algo con mucha fatiga y dificultad pero sin mucha utilidad o, también, murmurar de las acciones de uno y buscar en el nacimiento de alguien para desacreditarle y quitarle la estimación en que se tiene. (*Dic. Autoridades*)

[55] Semejante.

[56] En realidad, las amazonas, bajo el mando de Pentesilea, no llegan a Troya sino inmediatamente después de la muerte de Héctor (*Eneida* I, 490 y ss.)

[57] Que si me introdujeras preso en tu campamento

[58] Ya Vicent Josep Escartí corrige el original "quieu" por "quien."

Cobra su dama y dízele:

Mi señora, ya me véys,
que vos misma os libertastes.
Vos soys la que peleastes,
pues que todo lo vencéys.

Respóndele su dama:

Cavallero, no burláys
mucho. Gran verdad dezís,
que los que d'amor penáys,
fuerças son con que matáys
las fuerças con que morís.

Quedan vencidos los Turcos y cativos, y requiébranse los comendadores con sus damas.

Cavallero:

¡Qué triumpho, qué victoria,
toda de gloria tan llena,
ganar damas para pena,[59]
que la pena toda es gloria!

Dama:

Cavallero, bien mostráys
quanto en todo merescéys,
pues que tanto nos honrráys,
que las penas que passáys
por gran gloria las teneys.

Cavallero:

Diga qué sintió, señora,
ver a sus pies, d'un revés,
quando el Turco vio a sus pies,
siendo d'él triumfadora.

---

[59] Ganar damas por las que sufrir penas de amor.

Dama:

Lo que yo podré dezir,
alabar, señor, a Christo,
que entre la muerte y bivir,
vos me havéys hecho reyr,
que en tal caso no s'á visto.

Cavallero:

Señoras, bien es saber
cómo's fue de servidores,
y a los Turcos de favores,
que otro no podía ser.

Dama:

A mi Turco le ha ydo
como vos lo havéys gustado,
que según me ha temido
tan mandado l'e tuvido
que jamás s'a desmandado.

Cavallero:

Yo también tengo un dolor,
pues ser otro no podía,
que favor al Turco haría
más de miedo que d'amor.

Dama:

Esso no pudiera ser
que de miedo yo le amasse,
que sperando su valer
no tenía que temer
que más no me assegurasse.

Cavallero:

Turcos requiebros dirían,
Turcos tan enamorados.

Dama:

No merescen ser burlados,
pues que tanto nos querían.

Cavallero:

Celos querría tener,
si licencia me days.

Dama:

Bien los havéys menester,
pues mostráys menos querer
de lo que, señor, mostráys.

Cavallero:

Señora, ¿qué le presentó
el Turco, su servidor?

Dama:

Lo que pudo y buen amor,
pues con obras lo mostró:
l'arco y flechas[60] que trahía,
en mis manos todo stava.

Cavallero:

Ya vuessa merced tenía
arco y flechas, pues hería
con los ojos que mirava.

Cavallero:

Señora, ¿quién me dirá,
este tiempo que no's vi,
si os acordastes de mí,
que yo siempre stuve allá?

---

[60] El arco y las flechas son icono de Cupido, dios del amor, y la referencia, claramente sexual.

Dama:

Nadi os lo dirá, señor,
como yo con más razón,
pues perdí todo temor,
confiando en el valor
de vuestro gran coraçón.

Caballero:

¡O, quién supiese, señora,
si sentistes unos tiros,
no de bronzo, mas sospiros
que os tirava cada hora![61]

Dama:

Sí sentí, pues hallegaron
las pelotas[62] hasta mí,
y a los Turcos espantaron,
que'n mi boca retumbaron,
que por Ecco os respondí.

El capitán:[63]

¡Ea ya, señores, ea!
¡vamos, vamos, a dançar!
Porque yo quiero storvar[64]
con dançar esta pelea.
Sea trisca[65] si querrán,
y cantemos en la fiesta,
y las damas callarán,
y callando mostrarán,
que'l callar dan por re[s]puesta.

---

[61] Los suspiros del caballero eran tan fuertes que parecían tiros de cañón.
[62] Las balas del cañón.
[63] De nuevo vemos la función organizadora de la representación que realiza el capitán, en este caso para iniciar la danza.
[64] Interrumpir.
[65] Haciendo mucho ruido con los pies sobre el suelo y con grandes saltos.

Dama:

Fiesta de tanto plazer
no se puede festejar
con baylar y no cantar,[66]
por vengarme en responder.

Cavallero:

Damas que vengarse quieren,
pues no quieren amistades,
respondan lo que quisieren,
que, pues matan y no mueren,
cantar quiero las verdades.[67]

Canta el cavallero:

En mi gesto se os amuestra
gran amor,
y en el vuestro a culpa vuestra
ay desamor.
Siempre stoy mirando al cielo
quando yo no's puedo ver,
y vos daysme por plazer
del pelillo pelo a pelo.[68]
Callo y mi gesto os amuestra
gran amor,
y en el vuestro a culpa vuestra
ay desamor.

Re[s]puesta de la dama:

Si en el gesto se ha de ver
quánto queréys,
poca mostráys el querer
que me tenéys.
Vos mostráys en vuestro gesto

---

[66] Rara vez en nuestro teatro del XVI se danzan músicas únicamente instrumentales sin que los propios bailarines la acompañen con una letra.

[67] Los caballeros cantarán "las verdades" de sus sentimientos amorosos y las damas responderán con desdén no creyendo las palabras de los galanes, por lo que mantienen el juego amoroso que parecía concluido tras su rescate.

[68] Dar algo muy pequeño en fracciones ínfimas.

que tenéys muy poco amor,
que tan sano servidor
no podrá star mal dispuesto.
Ya por vos no puede ser
que amor mostréys,
pues que nunca por querer
enflaquescéys.[69]

Canta otro cavallero:

Yendo y viniendo
voyme enamorando,
una vez riendo
y otra vez llorando.[70]
No's la de mí, ciego,
voluntad pequeña,
mas arde mi fuego
si le añaden leña.
Vánmela añadiendo
mis ojos mirando,
una vez riendo,
y otra vez llorando.

Re[s]puesta de la dama:

Quando más os veo
yr apasionado,
más y menos creo
que stáys namorado.
Más amor y menos
veo en su manera;
más amor de fuera,
y de dentro menos.
Soys otro Theseo,
muy falsificado:
más y menos creo
que stáys namorado.

---

[69] Siendo de porte tan galán el caballero no es posible que sufra de amor.

[70] Canción número 6 cancionero del duque de Calabria, editado como *Canciones españolas del siglo XVI. Cancionero de Uppsala*. Ed. Rafael Mitjana. Madrid: Clásicos El Árbol, 1909. La glosa, no obstante es distinta.

Canta otro cavallero:

Quando más y más os miro,
más sospiro.
Tanto tengo que mirar
en su gesto muy hermoso,
que me haze sospirar,
pues no soy su venturoso.
Si me quiero retirar
de miraros como os miro,
más sospiro.[71]

Re[s]puesta de la dama:

Si os creyesse cantaría:
"Sopirastes Baldoýnos,
las cosas que yo más quería..."

No tengo mucha razón
de cantar este cantar,
pues que vuestro sospirar
muy falsos sospiros son.
Si no's corréys, cantaría:
"Sospirastes Baldoýnos,
las cosas que yo más quería..."

Canta otro cavallero:

¡Ay, que me matáys !

[Dama]:[72]

Cavallero, ¿qué tenéys?

[Caballero]:

Señora, muerto m'avéys.

---

[71] Variación sobre el clásico topico de la lírica renacentista "si no os hubiera
mirado no penara..." en el que el suspiro amoroso se produce igualmente tanto por
la contemplación de la dama no poseída como por no verla.

[72] Obsérvese cómo a raíz de esta interrupción de la dama se agiliza el ritmo del
diálogo entre ambos, rompiendo el tempo repetitivo de las anteriores intervenciones.

[Dama]:
Por mi vida que os burláys.

[Caballero]:
¿Cómo puedo yo burlar
burlas que son tan de veras?
Pues matáys de mil maneras,
para más enamorar,
cruelmente me matáys.

[Dama]:
Cavallero, ¿qué tenéys?

[Caballero]:
Señora, muerto m'avéys,
por mi vida que os burláys.

Respóndele su dama:
Cavallero burlador,

[Caballero]
Más lo sóys vos, mi señora.
¿Para qué os burláys d'amor?
Porque vos soys burladora.

Huélgome que lo otorgáys,
no havéys menester tormento.
Por vida vuestra que miento,
que vos soys la que burláys.

[Dama]:
¿Para qué os burláys d'amor?
Tened vergüença en mal'ora.

[Caballero]:
Más burláys vos, mi señora,
que yo no soy burlador.

Canta otro cavallero.
¡Vaya, vaya, en hora mala
vaya, vaya!

He perdido mi dormir,
y no le quiero cobrar
porque más quiero morir
que bivir para penar.
No lo quiero más buscar
si Dios me vala.[73]
¡Vaya, vaya, en hora mala,
vaya, vaya![74]

Re[s]puesta de su dama:
¡Venga, venga, en hora buena,
venga, venga!
Dizen si quiero un truan
que burla de servidores.
Burlará de mi galán,
que quiere morir d'amores.
Dalles ha, pues son traidores,
mala strena.[75]
¡Venga, venga, enhorabuena,
venga, venga![76]

Canta otro cavallero:
Loco stoy del mal que siento.
Piedras me hazéys tirar.
Búscame mi entendimiento,
yo no lo quiero cobrar.

Mucho más vale ser loco
que morir con la cordura.

---

[73] Así Dios me valga.

[74] Canción y glosa de "vaya, vaya, en hora mala"

[75] *Estrena*: "Dádiva, alhaja o presente que se da en señal y demostración de algún gusto, felicidad o beneficio recibido." (*Dic. Autoridades*)

[76] La dama responde igualmente al caballero glosando y modificando la canción originaria, creando un juego de lucha de ingenio de sensación improvisatoria.

Yo moría poco a poco,
y ora bivo con locura.
Con ser loco estoy contento,
pues no siento mi penar,
búscame mi entendimiento,
yo no lo quiero cobrar.

Re[s]puesta de su dama:

Un loco tengo donoso;
por amar,
no quiere el seso cobrar.

Yo querría que sanasse.
Vale buscando su seso.
Tírale piedras y vasse
como si fuesse sabueso.
Muestra tener más reposo
en loquear;
no quiere el seso cobrar.

Canta otro cavallero:

Con dolores descorteses
voy cantando por las calles:
"mala la vistes, Franceses,
la caça de Roncesvalles..."
Tengo mal francés d'amor,
que's peor que mal francés,[77]
que jamás curado es
sino de quien da el dolor.
D'este mal ha muchos meses
que me sienten por las calles:
"Mala la vistes, franceses,
la caça de Rocesvalles..."

---

[77] Nótese que se distingue "mal francés de amor" del "mal francés" o sífilis. El "mal francés de amor" podría responder a que la dama a la que se dirigiera el caballero durante la representación fuera una dama francesa de las que acompañaban a Germana de Foix, y el mal sería de amor.

Re[s]puesta de su dama:

¡Buena pro os haga, señor,
buena pro!
¿Mal francés tenéys d'amor?
¡Tenéoslo!
[M]al francés d'amor no sé,
buscad quién os l'á pegado;
yo no's tengo enamorado,
que nunca vistes porqué.
¡Buena pro os haga el dolor,
buena pro!
¿Mal francés tenéys d'amor?
¡Tenéoslo!

Canta otro cavallero:

No sé qué me digo,
no sé qué me hago;
dame amor un higo,[78]
y tómole por pago.

Tal os pague amor
a quantos burláys,
pues no tragáys
higos por amor.
Ya no stoy conmigo,
no sé qué me hago;
dame amor un higo
y tómole por pago.

Respóndele su dama:

Si l'amor no's da un higo,
yo's daré una castañeta,[79]
pues que tenéys falsa riseta
de enemigo.

---

[78] *Dar un higo*: Hacer poco caso (*Dic. Autoridades*), pero juega con la referencia metafórica al aparato genital femenino.

[79] *Castañeta*: metáfora de pequeño golpe que se da con los nudillos sobre la cabeza de alguien.

Vos tenéys muy buena paga,
pues que de burlar servís;
buena pro, señor, os haga,
ya que todo os lo reys.
Vuestra cara es el testigo;
tomad una castañeta,
pues tenéys falsa riseta
de enemigo.

[Capitán]: [80]

No más trisca y acabemos
con tener devida ley;
pues vieron cara de rey,
a los Turcos libertemos[81]
y mandémosles baylar,
pues su mal bolvió alegría,
que no sentirán pesar,
pues se vean libertar
para bolverse a Turquía.
Turcos, pues lo merecéys,
cobrad vuestra libertad,
y si lo mandáys, baylad,
como en Turquía soléys.

Y por más regozijar
día que tan día fue,
que en plazer bolvió el pesar,
le podremos acabar
con un torneo de pie.

Esso es lo que hazer devemos.
¡Vamos por las armas, vamos!
Pues con armas nos honramos,

---

[80] Aunque el texto no especifica a quien corresponde este parlamento hemos de deducir que sea dicho por el capitán de las galeras, ya que ha sido él quien ha marcado en todo momento el tempo de la representación.

[81] *Pues vieron cara de rey*: referencia a la misericordia del rey. Como vemos, además, ninguno de los turcos, por tanto ha fallecido en el combate, sino que tan sólo fueron derrotados.

> con las armas acabemos.
> Y vosotros no dexéys
> de baylar, pues dáys plazer;[82]
> que tam bién paresceréys[83]
> con el baile que haréys,
> que podréys entretener.

Acabado el torneo se acaba la farça con esta copla:

> Si nos da, señor, licencia,
> bolvernos hemos a Malta,
> aunque paresce que falta
> vista en no ver su excellencia.

> La fortuna que passamos,
> pasaremos en no veros;[84]
> que si dulce lo gustamos,
> muy amargo lo speramos
> lo que se pierde en perderos.

Dixo el duque: Don Luys Milán, bien havéys mostrado que no son farças las que vos hazéys. Pues de vuestras burlas se pueden sacar avisadas veras y de las veras avisadas burlas, como mostraron los comendadores: "por mi mal os vi;" que esto puede cantar Joan Fernández, vuestro competidor, pues los vio para tener embidia de vos, por havellos hecho tan cortesanos en las burlas como en las veras.

Dixo don Luys Milán: Si las de vuestra excellencia no fuessen burlas para favorescer, creería que son veras para burlar; que de reyes es, burlando, hazer mercedes.

---

[82] La escena final debía de ser bastante impresionante con los caballeros haciendo una demostración del manejo de las espadas simulando la justa de a pie y los turcos disfrazados (probablemente de vivos colores) danzando al modo oriental.

[83] Tan galanes se les ve.

[84] El no ver al virrey se compara con el sufrimiento de la tormenta (fortuna) en el mar que "dio al través la capitana / y las otras tres galeras" con que se inició esta farsa.

BIBLIOGRAFÍA

Agustín, San, Obispo de Hipona. *De civitate Dei*. Ed. William G. Most. Washington: Catholic University of America, 1949. Texto impreso.

Aldana Fernández, Salvador, coord. *Monumentos desaparecidos de la Comunidad Valenciana*. Vol. 1. València: Consell Valencià de Cultura, 1999. Texto impreso.

Alfonso X. *General Estoria*. Cuarta parte. Ed. Pedro Sánchez-Prieto Borja. Alcalá de Henares: Universidad de Alcalá, 2002. Texto impreso.

———. *Las Siete Partidas del rey don Alfonso el Sabio*. 3 vols. Madrid: Real Academia de la Historia, 1807; reimpreso en 1972. Texto impreso.

Alín, José María y María Begoña Barrio. *El cancionero teatral de Lope de Vega*. Woodbridge, Suffolk, UK: Támesis, 1997. Texto impreso.

Almela i Vives, Francesc. *El Duc de Calàbria i la seua cort*. València: Sicània, 1958. Texto impreso.

Añón Feliú, Carmen. "La literatura de jardines en el siglo XVI. Del Hortus al Jardín de las Delicias." *A propósito de la* Agricultura de Jardines *de Gregorio de los Ríos*. Ed. Joaquín Fernández Pérez e Ignacio González Tascón. Madrid: Real Jardín Botánico – C.S.I.C., 1991. 81-101. Texto impreso.

Arciniega García, Luis. "El legado de la Casa Real de Aragón en Nápoles. Conservación y dispersión." *Actas del XI Congreso Nacional de Historia del Arte*. Generalitat Valenciana – Ministerio de Educación y Cultura: Valencia, 1998. 114-21. Texto impreso.

———. y Amadeo Serra. "El palacio del Real en tiempos de doña Germana: visitas reales y cortes virreinales." *Germana de Foix i la societat cortesana del seu temps*. Coord. Rosa E. Ríos Lloret y Susana Vilaplana Sánchis. València: Biblioteca Valenciana, 2006. 161-77. Texto impreso.

Arcipreste de Hita. *Libro del buen amor*. Ed. G. B. Gybbon-Monypenny. Madrid: Castalia, 1990. Texto impreso.

Armada Diez de Rivera, Juan e Inmaculada Porras Castillo. "Las plantas de Gregorio de los Ríos." *A propósito de la* Agricultura de Jardines *de Gregorio de los Ríos*. Ed. Joaquín Fernández Pérez e Ignacio González Tascón. Madrid: Real Jardín Botánico – C.S.I.C., 1991. 27-62. Texto impreso.

Armistead, Samuel G. "La poesía oral improvisada en la tradición hispánica." Ed. M. Trapero. *La décima popular en la tradición hispánica: actas del Simposio Internacional sobre la Décima*. Las Palmas de Gran Canaria: Universidad de Las Palmas de Gran Canaria, 1994. 41-69. Texto impreso.

Arriaga, Gerardo. "Reflexiones en torno a Luis Milán: vida, obra, historiografía." *Roseta. Revista de la Sociedad Española de la Guitarra* 0 (2007): 6-35. Texto impreso.

Arriaga, Gerardo. "Luis Milán, poeta y compositor." Estudio preliminar a *Luis Milán, Libro de música de vihuela de mano intitulado El Maestro*. Madrid: Sociedad de la vihuela, 2008. Texto impreso.

Asensio, Eugenio. *Poética y realidad en el cancionero peninsular de la Edad Media*. Madrid: Gredos, 1957. Texto impreso.

Baena, Juan Alfonso de. *Cancionero*. Ed. José María Azáceta. 3 vols. Madrid: C.S.I.C., 1966. Texto impreso.

Barros, Alonso de. *Filosofía cortesana*. 2 vols. Ed. facs. Trevor J. Dadson. Madrid: Comunidad de Madrid, 1987. Texto impreso.

Becker, Danièle. "Formes et usages en société des pièces chantées chez les vihuélistes du XVIe siècle" en *Música y literatura en la España de la Edad Media y del Renacimiento*. Ed. Virginie Dumanoir. Madrid: Casa de Velázquez, 2003. 21-54. Texto impreso.

Belchí Navarro, María de los Peligros. *Felipe II y el virreinato valenciano (1567-1578). La apuesta por la eficacia gubernativa*. Valencia: Biblioteca Valenciana, 2006. Texto impreso.

Belenguer, Ernest. *Fernando el Católico*. Barcelona: Península, 1999. Textò impreso.

Beltrán, Rafael y Estela Pérez Bosch: "'Si amores me han de matar…': Literatura i poesia amorosa en la cort de Germana de Foix." *Germana de Foix i la societat cortesana del seu temps*. Coord. Rosa E. Ríos Lloret y Susana Vilaplana Sánchis. València: Biblioteca Valenciana, 2006. 217-33. Texto impreso.

Bernáldez, Andrés. *Memorias del reinado de los Reyes Católicos*. Ed. M. Gómez Moreno y J. de Mata Carriazo. Madrid: C.S.I.C., 1962. Texto impreso.

Blázquez Mateos, Eduardo. *El Edén manchego: El palacio de los Bazán como templo de la fama*. Ciudad Real: Instituto de Estudios Manchegos - C.S.I.C., 2003. Texto impreso.

Bocángel y Unzueta, Gabriel. *Obras completas*. 2 vols. Ed. Trevor J. Dadson. Madrid: Iberoamericana, 2000. Texto impreso.

Boscán, Juan. *Obra completa*. Ed. Carlos Clavería. Madrid: Cátedra, 1999. Texto impreso.

Bosch Cantallops, Margarita. *Contribución al estudio de la imprenta en Valencia en el siglo XVI*. 2 vols. Editorial Universidad Complutense – Departamento de Filología Hispánica. Tesis doctoral, 1989. Texto impreso.

Boucher, J. "La commistione fra corte e Stato in Francia sotto gli ultimi Valouis." *Cherion* 1.2 (1983): 93-130. Texto impreso.

Bourdieu, Pierre. *Language and Symbolic Power*. Cambridge, Massachusetts: Harvard University Press, 1991. Texto impreso.

——. "Sobre el poder simbólico." *Intelectuales, política y poder*. Trad. Alicia Gutiérrez. Buenos Aires: UBA – Eudeba, 2000. 65-73. Texto impreso.

Burke, Peter. *Los avatares de* El Cortesano. Barcelona: Gedisa, 1998. Texto impreso.

Cabeza Sánchez-Albornoz, María Cruz y Gennaro Toscano. "La biblioteca de los reyes de la Corona de Aragón entre Nápoles, París y Valencia." *La Biblioteca Real de Nápoles: de Alfonso el Magnánimo al Duque de Calabria*. Valencia: Biblioteca Valenciana, 1999. 19-31. Texto impreso.

Campo Muñoz, Juan del. "La familia Peroli y otros italianos en Viso del Marqués (1575-1613)." *Boletín del Museo e Instituto Camón Aznar* 71 (1998): 53-64. Texto impreso.

Campo Tejedor, Alberto del y Ana Corpas García. *El mayo festero. Ritual y religión en el triunfo de la primavera*. Sevilla: Fundación José Manuel Lara, 2005. Texto impreso.

Campo Tejedor, Alberto del. "Diversiones clericales burlescas en los siglos XIII a XVI: las misas nuevas." *La corónica* 38.1 (2009): 55-95. Texto impreso.

Calderón, Manuel. "Prólogo" al *Teatro castellano de Gil Vicente*. Ed. Manuel Calderón. Barcelona: Crítica, 1996. xxiii-liii. Texto impreso

Calvete de Estrella, Juan Cristóbal. *El felicissimo Viaje del...Príncipe don Phelipe,* Anveres, 1552. Texto impreso.

———. *El Túmulo Imperial, adornado de historias y letreros y epitaphios en prosa y verso latino*. Valladolid, 1559. En la Biblioteca Real. [RBPR, IX/6269]. Texto impreso.

Cancionero de poesías varias. Manuscrito No. 617 de la Biblioteca Real de Madrid. Ed. José Labradror, C. Ángel Zorita y Ralph A. DiFranco. Madrid: El Crotalón, 1986. Texto impreso.

Cancionero de romances (Anvers 1550). Ed. Antonio Rodríguez-Moñino. Madrid: Castalia, 1967. Texto impreso.

Cancionero de Uppsala. 2 vols. Ed. María del Carmen Gómez Muntané. Valencia: Biblioteca Valenciana, 2003. Texto impreso.

Cancionero tradicional. Ed. José María Alín. Madrid: Castalia, 1991. Texto impreso.

Capellán, Andrés el *Tratado del amor cortés*. México D.F.: Editorial Porrúa, 1992. Texto impreso.

Carlos I, Rey de España. *Traslado de la carta que el emperador y rey nuestro señor embió al Duque de Calabria en la qual se le haze saber la victoria avida contra Barbarroja y tomada de Túnez.* [*ca.* 1535.] B.N.E.: R/12804 (3). Texto impreso.

Carlos, Alfonso de. "La batalla de Mühlberg. Armas, libros y grabados del Patrimonio Nacional." *Reales Sitios* 69.3 (1981): 21-28. Texto impreso.

Carlson, M. L. "Pagan Examples of Fortitude in the Latin Christian Apologists." *Classical Philology* 43.2 (1948): 93-104. Texto impreso.

Caro, Rodrigo. *Días geniales o lúdicos.* 2 vols. Madrid: Espasa-Calpe, Clásicos Castellanos, 1978. Texto impreso.

Castiglione, Basdassare. *El Cortesano.* Ed. Mario Pozzi. Trad. Juan Boscán. Madrid: Cátedra, 1994. Texto impreso.

———. [Baldassar Castiglione]. *Il libro del Cortegiano*. Ed. Amedeo Quondam. Milano: Garzanti, 1981. Texto impreso.

Castillo, Hernando del. *Cancionero general. Valencia, 1511.* Facsím. Ed. Antonio Rodríguez-Moñino. Madrid: Real Academia Española, 1958. Texto impreso.

Catalán, Diego. *Por campos del romancero. Estudios sobre la tradición oral moderna.* Madrid: Gredos, 1970. Texto impreso.

Cervantes, Miguel de. *El ingenioso hidalgo don Quijote de la Mancha.* Ed. Luis Andrés Murillo. 2 vols. 5 ed. Madrid: Castalia, 1991. Texto impreso.

Checa Cremades, Fernando. *Pintura y escultura del Renacimiento en España (1450-1600).* 4 ed. Madrid: Cátedra, 1999. Texto impreso.

Cheney, Patrick Gerard. *Spenser's Famous Flight: A Renaissance Idea of a Literary Career.* Toronto: University of Toronto Press, 1993. Texto impreso.

Chevalier, Maxime. "Estudio preliminar" a Melchor de Santa Cruz, *Floresta española.* Barcelona: Crítica, 1997. Texto impreso.

Cicerón. *Sobre el orador.* Trad. José Javier Iso. Madrid: Editorial Gredos, 2002. Texto impreso.

Cincuenta y cuatro canciones españolas del siglo XVI. Cancionero de Upsala. Ed. Rafael Mitjana. Uppsala: Almquist & Wiksell, 1909. Texto impreso.

Correas, Gonzalo. *Vocabulario de refranes y frases proverbiales.* Ed. Víctor Infantes. Madrid: Visor Libros, 1992. Texto impreso.

Cortijo Ocaña, Adelaida y Cortijo Ocaña, Antonio. "Carnaval y teatro en los siglos XVI y XVII, *El Cortesano* de Luis de Milán y la comedia burlesca barroca." *Revista de Filología Española* 84.2 (2004): 399-412. Texto impreso.

Covarrubias Horozco, Sebastián de. *Tesoro de la lengua castellana o española.* Ed. Ignacio Arellano y Rafael Zafra. Madrid: Iberoamericana, 2006. Texto impreso.

Croce, Benedetto. *España en la vida italiana durante el Renacimiento*. Trad. Herederos de Francisco González Ríos. Prólogo de Antonio Prieto. Sevilla: Editorial Renacimiento, 2007. Texto impreso.

Cruciani, Fabrizio. "Per lo studio del teatro rinascimentale: la festa." *Biblioteca Teatrale* 5 (1972): 1-16. Texto impreso.

Cruïlles, Marqués de [Vicente Salvador y Montserrat]. *Noticias y documentos relativos a doña Germana de Foix, última reina de Aragón*. 1891. Ed. Ernest Belenguer. Valencia: Universitat de València, 2007. Texto impreso.

Cruz, Anne J. y Elias L. Rivers. "Three Literary Manifestos of Early Modern Spain." *PMLA Modern Language Association of America* 126.1 (2011): 233-42. Texto impreso.

D'Agostino, Maria. "Apuntes para una edición crítica de la obra poética de Juan Fernández de Heredia." *Convivio: Estudios sobre la poesía de cancionero*. Ed. Vicente Beltrán Pepió y Juan Salvador Paredes Núñez. Granada: Universidad de Granada, 2006. 319-36. Texto impreso.

De Armas, Frederick. "Ovid's Mysterious Months: The *Fasti* from Pedro Mexía to Baltasar Gracián." *Ovid in the Age of Cervantes*. Ed. Frederick de Armas. Toronto: University of Toronto Press, 2010. 56-73. Texto impreso.

Delicado, Francisco. *La lozana andaluza*. Ed. Jacques Joset y Folke Gernert. Barcelona: Galaxia Gutenberg - Círculo de lectores. Biblioteca clásica, 2007. Texto impreso.

Derrida, Jacques. *La escritura y la diferencia*. Trad. Patricio Peñalver. Barcelona: Anthropos, 1989. Texto impreso.

Díez Borque, José María. *Los géneros dramáticos en el siglo XVI: El teatro hasta Lope de Vega*. Madrid: Taurus, 1987. Texto impreso.

Doussinague, José María. *Fernando el Católico y Germana de Foix: un matrimonio por razón de estado*. Madrid: Espasa Calpe, 1944. Texto impreso.

Duby, Georges. *Historia de la vida privada. De la Europa feudal al Renacimiento*. Vol. 2. Madrid: Taurus, 1988. Texto impreso.

Elias, Norbert. *La sociedad cortesana*. Madrid. Fondo de Cultura Económica, 1993. Texto impreso.

―――. *The Civilizing Process*. Oxford: Blackwell, 2000. Texto impreso.

Encina, Juan del. *Obra completa*. Ed. Miguel Ángel Pérez Priego. Madrid: Biblioteca Castro, 1996. Texto impreso.

Escartí, Vicent Josep. "*El cortesano* i Lluís del Milà: Notes al seu context." Lluís del Milà, *El Cortesano*. Ed. Vicent Josep Escartí. vol. 1. València: Biblioteca Valenciana, 2001. 11-74. Texto impreso.

―――. "Aportacions a la biografia i a la ideologia de Lluís del Milà." *Miscel·lània Joaquim Molas*. Barcelona: Publicacions de l'Abadia de Montserrat, 2009. 23-53. Texto impreso.

Fantoni, Marcello. "The Future of Court Studies: The Evolution, Present Successes and Prospects of a Discipline." *The Court Historian* 16.1 (2011): 1-6. Texto impreso

Federico I de Aragón. "Carta de Federico I de Aragón, Rey de Nápoles a su hijo el duque de Calabria, estando próximo a la muerte, 1503." 225r-226v. BNE, Mss. 11592. Texto manuscrito.

Fernández Álvarez, Manuel. *Carlos V. El César y el hombre*. Madrid: Espasa Calpe, 2000. Texto impreso.

Fernández de Heredia, Juan. *Obras*. Ed. Rafael Ferreres. Madrid: Espasa-Calpe, Clásicos Castellanos 139, 1955. Texto impreso.

Fernández de Oviedo, Gonzalo. *Batallas y Quinquagenas*. Ed. Avalle-Arce. Salamanca: Diputación de Salamanca, 1989. Texto impreso.

Ferrer Valls, Teresa. *La práctica escénica cortesana: de la época del emperador a la de Felipe III*. London: Tamesis, 1991. Texto impreso.

Ferrer Valls, Teresa. *Nobleza y espectáculo teatral (1535-1622). Estudio y documentos*. Valencia: UNED, 1991. Texto impreso.

Flecha (el viejo), Mateo. *Las ensaladas*. 2 vols. Ed. y estudio de María del Carmen Gómez Muntané. Valencia: Institut Valencià de la Música, 2008. Vol. 1, texto impreso; vol. 2, música notada.

Foronda y Aguilera, Manuel. *Estancias y viajes de Carlos V: desde el día de su nacimiento hasta su muerte*. Madrid: Sucesores de Rivadeneyra, 1914. Texto impreso.

Fosalba, Eugenia. "Égloga mixta y égloga dramática en la creación de la novela pastoril." *La égloga*. Ed. Begoña López Bueno. Sevilla: Universidad de Sevilla, 2002. Texto impreso.

Frazer, James G. *The Golden Bough: A Study in Magic and Religion*. New York: Cosimo, 2009. Texto impreso.

Frenk Alatorre, Margit. *Corpus de la antigua lírica popular hispánica (siglos XV - XVII)*. 2ª ed. Madrid: Castalia, 1990. Texto impreso.

———. "Símbolos naturales en las viejas canciones populares hispánicas." *Lírica popular / Lírica tradicional. Lecciones en homenaje a Emilio García Gómez*. Ed. Pedro M. Piñero Ramírez. Sevilla: Universidad de Sevilla - Fundación Machado, 1998. 159-82. Texto impreso.

———. *Nuevo courpus de la antigua lírica popular hispánica (siglos XV – XVII)*. México D.F.: Fondo de Cultura Económica, 2003. Texto impreso.

Frye, Northrop. *Anatomía de la crítica. Cuatro ensayos*. Trad. Edison Simons. Caracas: Monte Ávila Editores, 1977. Texto impreso.

Fullana Mira, L. D. *Don Fernando de Aragón y Sicilia. Príncipe jurado de Nápoles*. Biblioteca Municipal Valenciana, sin año. Texto inédito mecanografiado.

Garay, Jesús de. *Diferencia y libertad*. Madrid: Rialp, 1992. Texto impreso.

García Barrientos, José Luis. *Drama y tiempo*. Madrid: C.S.I.C., 1991. Texto impreso.

García Cárcel, Ricardo. "Germana de Foix i les Germanies / Germana de Foix y las Germanías." *Germana de Foix i la societat cortesana del seu temps*. Coord. Rosa E. Ríos Lloret y Susana Vilaplana Sánchis. València: Biblioteca Valenciana, 2006. 35-49. Texto impreso.

García García, Bernardo José y María Luisa Lobato, coords. *Dramaturgia festiva y cultura nobiliaria en el Siglo de Oro*. Madrid: Iberoamericana, 2007. Texto impreso.

García Mercada, Javier. *La segunda mujer del Rey Católico. Doña Germana de Foix, última reina de Aragón*. Barcelona: Editorial Juventud, 1942. Texto impreso.

Gesta Romanorum. Ed. Von Hermann Oesterley. Hildesheim: G. Olms, 1963. Texto impreso.

———. Ed. Ventura de la Torre y Jacinto Lozano Escribano. Madrid: Akal, 2004. Texto impreso.

Gil Polo, Gaspar. *Diana enamorada*. Ed. Francisco López Estrada. Madrid: Castalia, 1988. Texto impreso.

Giustiniani, Sebastiano. *Four Years at the Court of Henry VIII*. Trad. Rawdon Brown. 2 vols. London: Smith, Elder & Co., 1854. Texto impreso.

Gombrich, E. H. *Art and Illusion. A Study in the Psychology of Pictorial Representation*. 11 ed. Princeton: Princeton University Press, 2000. Texto impreso.

Gómez, Jesús. "La variedad del paradigma cortesano en el diálogo renacentista." Librosdelacorte.es 2.2 (2010): 4-8. Web.

González Palencia, Ángel y Eugenio Mele. *La maya. Notas para su estudio en España*. Madrid: C.S.I.C., 1944. Texto impreso.

Gonzalo Sánchez-Molero, José Luis. *El erasmismo y la educación de Felipe II (1527-1557)*. Universidad Complutense de Madrid, Departamento de Historia Moderna, 1997. Tesis doctoral inédita.

Gracián, Baltasar. *Agudeza y arte de ingenio*. 2 vols. Ed. Evaristo Correa Calderón. Madrid: Castalia, 1969. Texto impreso.

Greenblatt, Stephen. *Renaissance Self-Fashioning: From Moore to Shakespeare*. Chicago: University of Chicago Press, 1980. Texto impreso.

Greer, Margaret. *The Play of Power. Mythological Court Dramas of Calderón de la Barca*. Princeton: Princeton UP, 1991. Texto impreso.

Greer, Margaret y J. E. Varey. *El teatro palaciego en Madrid: 1586-1707. Estudio y documentos*. Madrid: Támesis, 1997. Texto impreso.

Griffiths, R. A. "The King's Court During the Wars of the Roses: Continuities in an Age of Discontinuities." *Princes, Patronage, and the Nobility. The Court at the Beginning of the Modern Age, c. 1450-1650*. Oxford: Oxford UP, 1991. 41-68. Texto impreso.

Güel, Carmen. *Jaque a la reina muerta*. Madrid: La Esfera de los Libros, 2010. Texto impreso.

Guevara, Fray Antonio de. *Menosprecio de corte y alabanza de aldea*. Ed. M. Martínez de Burgos. Madrid: Espasa-Calpe, 1942. Texto impreso.

———. *Libro primero de las Epístolas familiares*. Ed. J. M. de Cossío. Madrid: Real Academia Española, 1950. Texto impreso.

Haar, James. "The Courtier as Musician: Castiglione's View of the Science and Art of Music." *Castiglione: The Ideal and the Real in Renaissance Culture*. Ed. Robert W. Hanning y David Rosand. New Haven: Yale University Press, 1983. 165-89. Texto impreso.

Hart, Thomas R. "The Early Court Theater in Portugal and Valencia: Gil Vicente, Luis Milán, Juan Fernández de Heredia." *Modern Language Notes* 87.2 (1972): 307-15. Texto impreso.

Hearn, Karen. *Dynasties: Painting in Tudor and Jacobean England 1530-1630*. New York: Rizzoli, 1996. Texto impreso.

Herrera, Fernando de. *Anotaciones a la poesía de Garcilaso*. Ed. Inoria Pepe y José María Reyes. Madrid: Cátedra, 2001. Texto impreso.

Horozco, Sebastián de. *Cancionero*. Ed. Jack Weiner. Frankfurt: Herbert Lang, 1975. Texto impreso.

Iniesta Corredor, Alfonso. *La educación de Felipe II*. Gerona: Dalmau Carles Pla, 1960. Texto impreso.

Inventario de los libros de don Fernando de Aragón, duque de Calabria. Madrid: Aribau, 1875. Texto impreso.

Kamen, Henry. *Felipe de España*. Trad. Patricia Escandón. 12ª ed. Madrid: Siglo XXI, 1998. Texto impreso.

———. *El enigma del Escorial. El sueño de un rey*. Madrid: Espasa, 2009. Texto impreso.

Keen, Maurice. *La caballería. La vida caballeresca en la Edad Media*. Trad. Elvira de Riquer e Isabel de Riquer. Barcelona: Ariel, 2010. Texto impreso.

Lalinde Abadía, Jesús. *La institución virreinal en Cataluña*. Universidad de Barcelona, 1958. Tesis doctoral inédita.

Lapesa Melgar, Rafael. "Poesía de cancionero y poesía italianizante." *De la Edad Media a nuestros días. Estudios de historia literaria*. Madrid: Gredos, 1982. 145-71. Texto impreso.

———. "Sobre el mito de Narciso en la lírica medieval y renacentista." *Epos* 4 (1988): 9-22. Texto impreso.

Llompart, Gabriel. "En torno a la iconografía renacentística del Miles Christi." *Traza y baza* 1 (1972): 63-94. Texto impreso.

Llull, Ramón. "Libro de la Orden de Caballería." *La Orden de Caballería, anónimo del siglo XIII. Libro de la Orden de Caballería, Ramón Llull*. Ed. y trad. Javier Martín Lalanda. Madrid: Siruela, 2009. 63-103. Texto impreso.

Lobato, María Luisa y Bernardo José García García, coords. *La fiesta cortesana en la época de los Austrias.* Valladolid: Consejería de Turismo, 2003. Texto impreso.

López Alemany, Ignacio. "Dignidad real y acción mayestática en la 'Farsa de las galeras' de Luis Milán." *eHumanista. Journal of Iberian Studies* 2 (2003): 177-88. Web.

———. "La configuración cortesana como destino trágico en Cristóbal de Virués. El vituperio de Celabo en *La gran Semíramis.*" *Hacia la tragedia áurea.* Ed. Frederick de Armas, Luciano García Lorenzo y Enrique García Santo-Tomás. Madrid: Iberoamericana, 2008. 243-54. Texto impreso.

———. "'Lengua spada' y 'buen palacio' en los motes eróticos y burlescos de *El Cortesano* de Luis Milán." *La corónica* 38.1 (2009): 315-31. Texto impreso.

López Alemany, Ignacio y J. E. Varey. *El teatro palaciego en Madrid: 1707-1724. Estudio y documentos.* Woodbridge, UK: Tamesis, 2006. Texto impreso.

López de José, Alicia. *Los teatros cortesanos en el siglo XVIII: Aranjuez y San Ildefonso.* Madrid: Fundación Universitaria Española, 2006. Texto impreso.

López López, Consuelo, y José González Negrete. "Referencias clásicas en la música festiva de la Corte de los Duques de Calabria." *Nassarre: Revista Aragonesa de Musicología* 4.1-2 (1988): 95-103. Texto impreso.

López-Ríos, Santiago. "La educación de Fernando de Aragón, duque de Calabria, durante su infancia y juventud (1488-1502)." *La literatura en la época de los Reyes Católicos.* Ed. Nicasio Salvador Miguel y Cristina Moya García. Pamplona. Iberoamericana - Vervuert, 2008. Texto impreso.

Lorenzo, Javier. *"Nuevos casos, nuevas artes." Intertextualidad, autorrepresentación e ideología en la obra de Juan Boscán.* New York: Peter Lang, 2007. Texto impreso.

Lyotard, Jean-François. *The Postmodern Condition: A Report on Knowledge.* Trad. Geoff Bennington - Brian Massumi. Minneapolis: U of Minnesota Press, 1984. Texto impreso.

Maravall, José Antonio. *Estado moderno y mentalidad social.* 2 vols. Madrid: Alianza, 1972. Texto impreso.

Marsden, C. A. "Entrées et fêtes espagnoles au XVIe siècle." *Les fêtes de la Renaissance. II. Fêtes et cérémonies au temps de Charles V.* Ed. Jean Jacquot. Paris: Centre National de la Recherche Scientifique, 1960. 389-411. Texto impreso.

Marino, Nancy F. "El Cancionero de Valencia: Ms. 5593 de la Biblioteca Nacional." *Revista de Literatura* 47 (1985): 255-66. Texto impreso.

———. "The Literary Court in Valencia 1526-36." *Hispanófila* 104 (1992): 1-15. Texto impreso.

Martí Ferrando, Josep. *El poder sobre el territorio (Valencia, 1536-1550).* Valencia: Biblioteca Valenciana, 2000. Texto impreso.

Martí Grajales, Francisco. "Introducción" a *Obras de Juan Fernández de Heredia.* Valencia: Casa de Manuel Pau, 1913. Texto impreso.

Martin, J. J. *Myths of Renaissance Individualism.* New York: Palgrave Macmillan, 2004. Texto impreso.

Martínez Kleiser, Luis, comp. *Refranero general ideológico español.* Madrid: Real Academia Española, 1953; Facs. ed. Madrid: Editorial Hernando, 1989. Texto impreso.

Melion, Walter S. "Memorabilia aliquot Romanae strenuitatis exempla: The Thematics of Artisanal Virtue in Hendrick Goltzius's *Roman Heroes.*" *Modern Language Notes* 110.5 (1995): 1090-1134. Texto impreso.

Menéndez Pidal, Ramón. *El romancero español. Conferencias dadas en la Columbia University de New York.* New York: Hispanic Society of America, 1910. Texto impreso.

———. *Romancero hispánico.* 2 vols. Madrid: Espasa-Calpe, 1953. Texto impreso.

Meregalli, Franco. "La corte valenzana del duca di Calabria ne *El Cortesano* di Luis Milán." *Annali - Sezione Romanza* 30.1 (1988): 53-69. Texto impreso.

Mérimée, Henri. *El arte dramático en Valencia*. 2 vols. Trad. Octavio Pellissa Safont. Valencia: Institució Alfons el Magnànim, 1985. Texto impreso.

Milán, Luis. *El Cortesano*. Valencia: Juan Arcos, 1561. Texto impreso.

———. *Libro intitulado El Cortesano*. *Extracto manuscrito*. Copiado por Francisco Asenjo Barbieri. Madrid, 1866. [B.N.E: Mss/ 12446]. Manuscrito.

———. *Libro intitulado El Cortesano*. *Libro de motes de damas y caballeros*. Madrid: Sucesores de Rivadeneyra, 1874. Texto impreso.

———. [Milà, Lluís del.] *El Cortesano*. 2 vols. Ed. V. J. Escartí y A. Tordera. Valencia: Universidad de Valencia, 2001. Texto impreso.

———. [Milà, Lluís del.] *El Cortesano*. Ed. Vicent Josep Escartí. Valencia: Institució Alfons el Magnànim, 2010. Texto impreso.

———. *Libro de música de vihuela de mano intitulado El Maestro*. Valencia: Francisco Díaz Romano, 1535-1536. Texto impreso.

———. *El libro de motes de damas y caballeros*. Ed. Isabel Vega Vázquez. Santiago: Universidad de Santiago de Compostela, 2006. Texto impreso.

———. *Libro de motes de damas y caballeros intitulado el juego de mandar*. Ed. facsímil. Trad. [al catalán] Justo García Morales. Barcelona: Torculum, 1951. Texto impreso.

Molas, Joaquim. "Teatre català del segle XVI." *Lectures crítiques*. Barcelona: Edicions 62, 1975. 15-21. Texto impreso.

Morin, Edgar. *El Método*. Vol. 4, "Las ideas." Madrid: Cátedra, 1992. Texto impreso.

Morreale, Margherita. *Castiglione y Boscán: El ideal cortesano en el Renacimiento español*. 2 vols. Madrid: Anejos del Boletín de la Real Academia Española, 1959. Texto impreso.

Mozzarelli, Cesare. "Principe e corte nella storiografia italiana del novecento." *La corte nella cultura e nella storiografia*. Ed. Cesare Mozzarelli e Giuseppe Olmi. Roma: Bulzoni, 1983. 237-73. Texto impreso.

Navarrete, Ignacio. "The Problem of the Soneto in the Spanish Renaissance Vihuela Books." *Sixteenth Century Journal* 23.4 (1992): 769-89. Texto impreso.

Navarro Durán, Rosa. "Sobre la fortuna literaria de la retama." *Boletín de la Biblioteca Menéndez y Pelayo* 59 (1983): 205-26. Texto impreso.

Nelson, Bernadette. "The Court of don Fernando de Aragón, Duke of Calabria in Valencia, c. 1526 – c. 1550: Music, Letters and the Meeting of Cultures." *Early Music* (May 2004): 194-222. Texto impreso.

Oleza, Joan. "Hipótesis sobre el génesis de la comedia barroca y la historia teatral del siglo XVI." *Teatro y prácticas escénicas. Quinientos valenciano*. 2 ed. Ed Joan Oleza. Valencia: Institución Alfonso el Magnánimo, 1984. 9-41. Texto impreso.

———. "La corte, el amor, el teatro y la guerra." *Edad de Oro* 5 (1986): 149-82. Texto impreso.

Orosio, Paulo. *Historias*. 2 vols. Madrid: Gredos, 1982. Texto impreso.

Ortega y Gasset, José. *Ideas sobre el teatro y la novela*. Madrid: Revista de Occidente - Alianza Editorial, 1999. Texto impreso.

Palmerín de Olivia. Ed. Giuseppe di Stefano. Alcalá de Henares: Centro de Estudios Cervantinos, 2004. Texto impreso.

Palau y Dulcet, Antonio. *Manual del librero hispanoamericano*. 7 vols. Barcelona, 1948. Texto impreso.

Panofsky, Erwin. *Problems in Titian, Mostly Iconographic*. New York: NYU Press, 1969. Texto impreso.

———. *Studies in Iconology. Humanistic Themes in the Art of the Renaissance*. Boulder, CO. Westview Press, 1972. Texto impreso.

Pastor Fuster, Justo. *Biblioteca valenciana de los escritores que florecieron hasta nuestros días con adiciones y enmiendas a la de D. Vicente Ximeno.* 2 vols. Valencia: Imprenta y Librería de José Ximeno, 1827-30. Reproducción facsimilar. Valencia: Librerías París-Valencia, 1980.

Pavis, Patrice. *Diccionario del teatro.* Barcelona: Paidós, 1984. Texto impreso.

Pemán, José María. "La Andalucía de los buenos motes" en *El Debate* (Madrid), 15 de agosto de 1930. Reimpreso en *Artículos.* Biblioteca Pemán, vol. 6. Ed. Ana Sofía Pérez-Bustamante Mourier. Puerto Real, Cádiz: Grupo Joly, 2006. 68-73.

Petrarca, Francesco. *Cancionero.* 2 vols. Ed. bilingüe de Jacobo Cortines. Madrid: Cátedra, 1999. Texto impreso.

———. *Triunfos.* Ed. Guido M. Cappelli. Madrid: Cátedra, 2003. Texto impreso.

Pieri, Marzia. "La scena pastorale." *La corte e lo spazio: Ferrara Esténse.* Ed. G. Papagno y A. Quondam. 3 vols. Roma: Bulzoni, 1983. 489-525. Texto impreso.

Prieto, Antonio. *La poesía española del siglo XVI.* 2 vols. Madrid: Cátedra, 1991. Texto impreso.

Pinilla Pérez de Tudela, Regina. *El virreinato conjunto de doña Germana de Foix y don Fernando de Aragón (1526-1536).* Universidad de Valencia, 1982. Tesis doctoral inédita.

Poliziano, Angelo Ambrogini. *L' Orfeo e le Rime.* Ed. Giosuè Carducci. Firenze: Barbèra, 1863. Texto impreso.

———. *Letters.* Edited and translated by Shane Butler. Cambridge, MA: Harvard University Press, 2006. Texto impreso.

Pozzi, Mario. Introducción a Baldasare Castiglione. *El Cortesano.* Trad. Juan Boscán. Ed. Mario Pozzi. Madrid: Cátedra, 1994. 9-70. Texto impreso.

Querol Roso, Luis. *La última reina de Aragón, virreina de Valencia.* Valencia: Imprenta de José Presencia, 1931. Texto impreso.

Quondam, Amedeo. "La forma del vivere. Schede per l'analisi del discorso cortegiano." *La Corte e "Il Cortegiano."* Ed. A. Prosperi. Vol. 2. Roma: Bulzoni, 1980. 15-68. Texto impreso.

Ravasini, Ines. "Crónica social y proyecto político en *El Cortesano* de Luis Milán." *Studia Aurea Monográfica* 1 (2010): 69-92. Texto impreso.

———. "Polifonia ed eclettismo ne *El Cortesano* di Luis Milán." *Da Papa Borgia a Borgia Papa. Letteratura, lingua e traduzione a Valencia.* Ed. A. De Benedetto y I. Ravasini. Lecce: Pensa, 2010. 185-200. Texto impreso.

Rebhorn, Wayne A. *Courtly Perfomances. Masking and Festivity in Castiglione's Book of the Courtier.* Detroit: Wayne State University Press, 1978. Texto impreso.

Ríos, Gregorio de los. *Agricultura de jardines.* Madrid: P. Madrigal, 1592. Texto impreso.

Ríos Lloret, Rosa. Germana de Foix. *Una mujer, una reina, una corte.* Valencia: Biblioteca Valenciana, 2003. Texto impreso.

Ríos Lloret, Rosa E. y Susana Vilaplana Sánchis, coord. *Germana de Foix i la societat cortesana del seu temps.* València: Biblioteca Valenciana, 2006. Texto impreso.

Riquer, Martín de. *Los trovadores.* 3 vols. Barcelona: Planeta, 1975. Texto impreso.

Romancero. Ed. Paloma Díaz-Mas. Barcelona: Crítica, 2001. Texto impreso.

Romancero general. Ed. Agustín Durán. Vol. 1. Madrid: B.A.E., 1859. Texto impreso.

Romeu i Figueras, Josep. "Literatura valenciana en *El Cortesano.*" *Revista Valenciana de Filología* 1 (1951): 313-39. Texto impreso.

———. "Mateo Flecha el Viejo, la corte literariomusical del duque de Calabria y el Cancionero llamado de Upsala." *Anuario Musical* 12 (1958): 1-77. Texto impreso.

Ruan, Felipe E. *Pícaro and Cortesano. Identity and the Forms of Capital in Early Modern Spanish Picaresque Narrative and Courtesy Literature.* Lewisburg: Bucknell UP, 2011. Texto impreso.

Rufo, Juan. *Las seiscientas apotegmas y otras obras en verso*. Ed. Alberto Blecua. Madrid: Espasa-Calpe, 1972. Texto impreso.

Ruiz-Domènec, José Enrique. *El Gran Capitán*. Barcelona: Península, 2007. Texto impreso.

Ruiz de Lihory, José. *La música en Valencia. Diccionario biográfico y crítico*. Valencia: Establecimiento Tipográfico Domenech, 1903. Texto impreso.

Salisbury, Juan de. *Policraticus*. Ed. Miguel Ángel Ladero. Madrid: Editora Nacional, 1984. Texto impreso.

Salvá y Mallen, Pedro. *Catálogo de la Biblioteca de Salvá*. 2 vols. Valencia: Ferrer de Orga, 1872. Texto impreso.

Sánchez Palacios, Esmeralda. "Retòrica i subgèneres de la poesia de cançoner: lemes, divises i empreses a *El Cortesano* de Lluís del Milà (1561)". *El (re)descobriment de l'edat moderna: estudis en homenatge a Eulàlia Duran*. Ed. Eulàlia Duran et alii. Barcelona: Publicacions de l'Abadia de Montserrat – Universitat de Barcelona, 2007. 409-29. Texto impreso.

Sannazaro, Jacopo. *Arcadia*. Ed. Francesco Tateo. Madrid: Cátedra, 1993. Texto impreso.

Sarthou Carreres, Carlos. *Jardines de España. Artísticos del Tesoro Nacional y Parques Reales*. Valencia: Semana Gráfica, 1949. Texto impreso.

———. *El castillo de Játiva y sus históricos prisioneros*. 4ª ed. Valencia: Signo Gráfico, 1988. Texto impreso.

Schaffer, Martha E. "'Ben vennas Mayo:' A 'Failed' Cantiga de Santa Maria." *Estudios Galegos Medievais*. Ed. Antonio Cortijo Ocaña et alii. University of California, Santa Barbara. Centro de Estudios Galegos, 2001. 97-137. Texto impreso.

Schapiro, Meyer. *Theory and Philosophy of Art. Style, Artist, and Society*. New York: George Baziller, 1994. Texto impreso.

Shergold, N. D. *A History of the Spanish Stage. From Medieval Times until the End of the Seventeenth Century*. London: Clarendon Press - Oxford University Press, 1967. Texto impreso.

Shergold, N. D. y J. E. Varey. *Representaciones palaciegas: 1603-1699. Estudio y documentos*. London: Tamesis, 1982. Texto impreso.

Sigüenza, Fray José de. *Historia de la orden de San Jerónimo*. 3 vols. Madrid: Bailly-Ballière. Nueva Biblioteca de Autores Españoles, 1907-1909. Texto impreso.

Silva, Feliciano de. *Lisuarte de Grecia*. Ed. Emilio J. Sales Dasí. Alcalá de Henares: Centro de Estudios Cervantinos, 2002. Texto impreso.

———. *Amadís de Grecia*. Ed. Ana Carmen Bueno Serrano y Carmen Laspuertas Sarvisé. Alcalá de Henares: Centro de Estudios Cervantinos, 2004. Texto impreso.

Sirera, Josep Lluís. "El teatro en la corte de los duques de Calabria." *Teatro y prácticas escénicas I. El Quinientos Valenciano*. Ed. Joan Oleza et alii. València: Alfons el Magnànim, 1984. 259-80. Texto impreso.

———. "Panorama crítico de los estudios sobre la historia del teatro valenciano (siglos XIII al XVII)." *Teatro y prácticas escénicas I. El Quinientos Valenciano*. Ed. Joan Oleza et alii. València: Alfons el Magnànim, 1984. 43-60. Texto impreso.

Snyder, J. R. "Il disincanto del corpo. Similazione e dissimilazione nella *Civile Conversazione*." *Stefano Guazzo e Casale tra Cinque e Seicento*. Ed. D. Ferrari. Roma: Bulzoni, 1996. 311-24. Texto impreso.

Soberana orden militar de San Juan de Jerusalén o de Malta, por un caballero de la orden. Madrid: Sucesores de Rivadeneyra, 1899. Texto impreso.

Solervicens, Josep. *El diàleg renaixentista: Joan Lluís Vives, Cristòfor Despuig, Lluís del Milà, Antoni Agustí*. Barcelona: Publications de l'abadia de Montserrat, 1997. Texto impreso.

Timoneda, Juan de. *Buen aviso y Portacuentos. El Sobremesa y Alivio de caminantes*. Ed. Pilar Cuartero y Maxime Chevalier. Madrid: Espasa Calpe, 1990. Texto impreso.

Tordera, Antoni. "Drama i estratègies escèniques en *El Cortesano*." *El Cortesano*. Vol. 1. Ed. Vicent Josep Escartí y Antoni Tordera. Valencia: Universidad de Valencia, 2001. 99-172. Texto impreso.

Torres Corominas, Eduardo. *Literatura y facciones cortesanas en la España del siglo XVI: Estudio y edición del* Inventario *de Antonio de Villegas.* Madrid: Polifemo, 2008. Texto impreso.

Trend, J. B. *Luis Milan and the Vihuelistas*. Oxford: Oxford University Press, 1925. Texto impreso.

Valdés, Juan. *Diálogo de la lengua*. Ed. José F. Montesinos. Madrid: Espasa-Calpe, Clásicos Castellanos, 1953. Texto impreso.

Vattimo, Gianni. *El fin de la modernidad*. Barcelona: Gedisa, 1987. Texto impreso.

Vázquez Gestal, Pablo. "La corte en la historiografía modernista española. Estado de la cuestión y bibliografía." *Cuadernos de Historia Moderna* (2003, anejo 2): 269-310. Texto impreso.

Vega, Lope de. *El peregrino en su patria*. Ed. Juan Bautista Avalle-Arce. Madrid: Castalia, 1973. Texto impreso.

Veyne, Paul. *Cómo se escribe la historia*. Madrid: Alianza Editorial, 1984. Texto impreso.

Vicente, Gil. *Teatro castellano*. Ed. Manuel Calderón. Barcelona: Crítica, 1996. Texto impreso.

Villalón, Cristóbal de. *El Crotalón*. Ed. Asunción Rallo. Madrid: Cátedra, 1982. Texto impreso.

Virgilio. *Eneida*. Intro. y trad. Rafael Fontán Barreiro. Madrid: Alianza Editorial, 2002. Texto impreso.

Whinnom, Keith. *La poesía amatoria de la época de los Reyes Católicos*. Durham Modern Languages Series. University of Durham, 1981. Texto impreso.

Wiltrout, Anne E. *A Patron and a Playwright in Renaissance Spain: the House of Feria and Diego Sánchez de Badajoz*. London: Tamesis, 1987. Texto impreso.

Wittgenstein, Ludwig. *Tractatus Logico-Philosophicus*. Trad. Jacobo Muñoz e Isidoro Reguera. Madrid: Alianza Universidad, 1997. Texto impreso.

Wright, Elizabeth R. *Pilgrimage to Patronage. Lope de Vega and the Court of Philip III (1598-1621)*. Lewisburg: Bucknell UP, 2001. Texto impreso.

Ximeno, Vicente. *Escritores del reyno de Valencia chronológicamente ordenados.* 2 vols. Valencia: Joseph Estevan Dolz, 1747-1749. Texto impreso.

Zapata, Luis. *Miscelánea*. Ed. Pascual de Gayangos. Madrid: Imprenta Nacional, 1859. Texto impreso.

Zúñiga, Francés de. *Crónica burlesca del emperador Carlos V*. Ed. José Antonio Sánchez Paso. Salamanca: Universidad de Salamanca, 1989. Texto impreso.

INDEX

NORTH CAROLINA STUDIES IN THE ROMANCE LANGUAGES AND LITERATURES

Recent Titles

AN EARLY BOURGEOIS LITERATURE IN GOLDEN AGE SPAIN. *LAZARILLO DE TORMES, GUZMÁN DE ALFARACHE* AND BALTASAR GRACIÁN, by Francisco J. Sánchez. 2003. (No. 277). *-9280-7.*

METAFACT: ESSAYISTIC SCIENCE IN EIGHTEENTH-CENTURY FRANCE, by Lars O. Erickson. 2004. (No. 278). *978-0-8078-9282-3.*

THE INVENTION OF THE EYEWITNESS. A HISTORY OF TESTIMONY IN FRANCE, by Andrea Frisch. 2004. (No. 279). *978-0-8078-9283-1.*

SUBJECT TO CHANGE: THE LESSONS OF LATIN AMERICAN WOMEN'S *TESTIMONIO* FOR TRUTH, FICTION, AND THEORY, by Joanna R. Bartow. 2005. (No. 280). *978-0-8078-9284-X.*

QUESTIONING RACINIAN TRAGEDY, by John Campbell. 2005. (No. 281). *978-0-8078-9285-8.*

THE POLITICS OF FARCE IN CONTEMPORARY SPANISH AMERICAN THEATRE, by Priscilla Meléndez. 2006. (No. 282). *978-0-8078-9286-6.*

MODERATING MASCULINITY IN EARLY MODERN CULTURE, by Todd W. Reeser. 2006. (No. 283). *978-0-8078-9287-4.*

PORNOBOSCODIDASCALUS LATINUS (1624). KASPAR BARTH'S NEO-LATIN TRANSLATION OF *CELESTINA*, by Enrique Fernández. 2006. (No. 284). *978-0-8078-9288-2.*

JACQUES ROUBAUD AND THE INVENTION OF MEMORY, by Jean-Jacques F. Poucel. 2006. (No. 285). *978-0-8078-9289-0.*

THE "I" OF HISTORY. SELF-FASHIONING AND NATIONAL CONSCIOUSNESS IN JULES MICHELET, by Vivian Kogan. 2006. (No. 286). *978-0-8078-9290-4.*

BUCOLIC METAPHORS: HISTORY, SUBJECTIVITY, AND GENDER IN THE EARLY MODERN SPANISH PASTORAL, by Rosilie Hernández-Pecoraro. 2006. (No. 287). *978-0-8078-9291-2.*

UNA ARMONÍA DE CAPRICHOS: EL DISCURSO DE RESPUESTA EN LA PROSA DE RUBÉN DARÍO, por Francisco Solares-Larrare. 2007. (No. 288). *978-0-8078-9292-0.*

READING THE *EXEMPLUM* RIGHT: FIXING THE MEANING OF *EL CONDE LUCANOR*, by Jonathan Burgoyne. 2007. (No. 289). *978-0-8078-9293-9.*

MONSTRUOS QUE HABLAN: EL DISCURSO DE LA MONSTRUOSIDAD EN CERVANTES, por Rogelio Miñana. 2007. (No. 290). *978-0-8078-9294-7.*

BAJO EL CIELO PERUANO: THE DEVOUT WORLD OF PERALTA BARNUEVO, by David F. Slade and Jerry M. Williams. 2008. (No. 291). *978-0-8078-9295-4.*

ESCAPE FROM THE PRISON OF LOVE: CALORIC IDENTITIES AND WRITING SUBJECTS IN FIFTEENTH-CENTURY SPAIN, by Robert Folger. 2009. (No. 292). *978-0-8078-9296-1.*

LOS *TRIONFI* DE PETRARCA COMENTADOS EN CATALÁN: UNA EDICIÓN DE LOS MANUSCRITOS 534 DE LA BIBLIOTECA NACIONAL DE PARÍS Y DEL ATENEU DE BARCELONA, por Roxana Recio. 2009. (No. 293). *978-0-8078-9297-8.*

MAPPING THE SOCIAL BODY. URBANISATION, THE GAZE, AND THE NOVELS OF GALDÓS, by Collin McKinney. 2009. (No. 294). *978-0-8078-9298-5.*

ENCOUNTERS WITH BERGSON(ISM) IN SPAIN: RECONCILING PHILOSOPHY, LITERATURE, FILM AND URBAN SPACE, by Benjamin Fraser. 2009. (No. 295). *978-0-8078-9299-2.*

IMPERIAL STAGINGS. EMPIRE AND IDEOLOGY IN TRANSATLANTIC THEATER OF EARLY MODERN SPAIN AND THE NEW WORLD, by Chad M. Gasta. 2013. (No. 296). *978-1-4696-0996-6*

INSTABLE PUENTE. LA CONSTRUCCIÓN DEL LETRADO CRIOLLO EN LA OBRA DE JUAN DE ESPINOSA MEDRANO, por Juan M. Vitulli. 2013. (No. 297). *978-1-4696-0997-3*

ILUSIÓN ÁULICA E IMAGINACIÓN CABALLERESCA EN *EL CORTESANO* DE LUIS MILÁN, por Ignacio López Alemany. 2013. (No. 298). *978-1-4696-0998-0*

THE TRIUMPH OF BRAZILIAN MODERNISM. THE METANARRATIVE OF EMANCIPATION AND COUNTER-NARRATIVES, by Saulo Gouveia. 2013. (No. 299). *978-1-4696-0999-7*

ETNOGRAFÍA, POLÍTICA Y PODER A FINALES DEL SIGLO XIX. JOSÉ MARTÍ Y LA CUESTIÓN INDÍGENA, por Jorge Camacho. 2013. (No. 300). *978-1-4696-1000-9*

Send orders to: University of North Carolina Press
P.O. Box 2288
Chapel Hill, NC 27515-2288
U.S.A.
www.uncpress.unc.edu
FAX: 919 966-3829